KB272743

왼쪽에서 본 세계는
지금 어디쯤 있을까?

UNS GEHÖRT DIE WELT. Macht und Machenschaften der Multis

by Klaus Werner-Lobo

ⓒ Carl Hanser Verlag München Wien 2008

Korean Translation ⓒ 2012 by ALMA Publishing Co., Ltd.

All right reserved.

The Korea language edition is published by arrangement with
Carl Hanser Verlag GmbH&Co. KG through MOMO Agency, Seoul.

왼쪽에서 본 세계는 지금 어디쯤 있을까?

클라우스 베르너 로보 지음 | 송소민 옮김

최후의 나무가 벌목되고, 최후의 물고기가 잡히고,
최후의 강이 오염되었을 때에야 비로소
돈을 먹을 수 없다는 사실을 깨달을 것이다.

알마

매일 10만 명이 굶어 죽는다. 그중에 4분의 1이 어린이다. 14세 이하의 어린이 1200만 명이 수출산업 현장에서 노동한다. 어린이들의 노동조건은 대개 비참하기 이를 데 없다. 이 어린이들이 생산하는 물품은 전 세계로 팔려 나가 수십억의 이익을 낳는 유명 메이커의 소비 제품이 된다. 수백만 명이 전쟁에서 죽어가지만, 대기업은 전쟁을 통해 무기 거래를 하고 귀중한 원자재를 얻는다. 글로벌화는 부유한 사람들을 더 부유하게 만들었다. 그러나 세계 인구의 대다수를 한층 더 가난하게 만들었다.

유럽에서도 "자린고비가 제일이다"라는 광고문이 대변하는 경제체제의 결과가 피부로 느껴진다. 기업들이 저임금 국가로 눈을 돌리면서 일자리가 줄고 있다. 부자들이 세금을 거의 내지 않기 때문에 사회제도가 너무 큰 부담을 지고 있다. 빈곤을 피해 유럽으로 도망친 사람들은 유럽 국경에 막혀 고향으로 되돌려 보내지거나 유럽에서 불법 체류자가 된다. 환경 파괴와 기후변화가 지구의 생명을 위협한다.

이처럼 세계경제와 정치적 상관관계 그리고 전 세계적인 불공평에 대한 얘기를 들을 때면 기운이 쭉 빠진다. '너무 복잡해'라는 생각에 이어, '내가 무슨 일을 할 수 있겠어'라는 좌절감도 든다.

그러나 그런 태도는 잘못된 것이다. 세계의 불공평에 대해 알기 위해 경제학 학위를 딸 필요는 없다. 사회참여를 위해 정당이 필요한 것도 아니다. 그렇다고 해서 제대로 알지도 못하는 상태에서 주장하면 남을 설득할 수 없다. 자기 자신을 신뢰하고 이 모든 문제들이 서로 연관되어 있음을 알아채면 행동에 나서는 일이 한결 쉬워진다. "그건 경제문제잖아, 바보!" 미국 전 대통령인 빌 클린턴이 자주 하던 말이다. 빈곤과 전쟁, 인종차별과 환경 파괴, 사회 해체와 차별의 배후에는 대부분 경제적인 이해관계가 버티고 있다. 더 정확히 말하면, 누구나 남보다 더 부유해지려 하고 부를 통해 더 강한 권력을 잡으려 하기 때문이다.

이 책은 내가 글로벌화를 주제로 학교에서 수많은 강연을 하고 청소년 대상 워크숍에서 많은 의견을 나눈 뒤에 쓴 것이다. 청소년을 대상으로 강연하게 된 계기는 한스 바이스와 공동 집필해 도이티케 출판사에서 2001년에 낸 《유명 메이커 회사 흑서Schwarzbuch Markenfirmen》(《나쁜 기업, 그들은 어떻게 돈을 벌고 있는가》라는 제목으로 2008년에 우리나라에서 출간되었다. 이후로 《나쁜 기업》이라 부르겠다—옮긴이)에서부터 시작되었다. 《나쁜 기업》에서 우리는 거대 콘체른(Konzern, 생산, 유통, 금융 따위의 여러 업종의 기업들이 법적으로 독립되어 있으면서도 특정 은행이나 기업을 중심으로 긴밀하게 관련되어 있는 기업의 결합 형태—옮긴이)의 음모와 글로벌 경제의 어두운 면을 조사하여 적나라하게 밝혔다. 2006년에는 울슈타인 출판사에서 개정판이 나왔다. 청소년들은 자신들이 좋아하는 유명 메이커 제품의 생산이 어린이를 착취하고 벌어들인 돈으로 전쟁에 자금을 대며 생활공간 전체를 파괴한다는 사실을 알게 되었을 때, 불같이 화를 내고 실망을 금치 못했다. 그리고 이 문제에 대해 정확하게 알고 싶어 했다. 왜 대기업들은 인권과 환경을 완전히 무시할 정도로 파렴치할까? 왜 정치가들은 대기업의 파렴치함을 보고도 가만히 있을까? 이를 바꾸려면 우리는 무엇을 할 수 있을까?

이 질문에 대한 대답으로 《왼쪽에서 본 세계는 지금 어디쯤 왔을까?》를 썼다. 우리는 《나쁜 기업》에서 다국적 콘체른이 자신들의 이익을 위해 세계에 무리하게 큰 부담을 지운다는 사실을 밝힐 수 있었다. 유감이지만 지금도 그 사실은 변함이 없다. 그래서 몇 가지 현장 고발 중에 전과 다름 없이 지금도 행해지거나 유난히 파괴력이 큰 내용은 《나쁜 기업》에서 인용했다. 그러나 이 책에는 현장 고발보다 더 중요한 주제가 있다. 빈곤, 착취, 부패, 전쟁, 인종차별, 기후변화와 같은 전 세계적 문제 사이의 연관관계를 개인의 일상생활에서 꿰뚫어볼 수 있어야 한다는 것이다. 이 주제를 알고 싶어 하는 청소년들과 성인들에 의해 우리의 미래가 결정된다.

1장에서는 불공평한 부의 분배를 다뤘다. 책을 읽기 시작하자마자 몇 가지 통계 숫자가 쏟아지겠지만, 이 점에 대해서는 안심하시라. 통계 숫자를 비롯해 조금 어려운 내용은 외우라고 실어놓은 게 아니다. 객관적인 자료를 제시해서 세계에서 벌어지고 있는 불공평을 독자들이 더 직접적으로 느낄 수 있기를 바라기 때문이다. 또 독자들이 토론을 벌일 때 통계 자료로 활용할 수 있다면 더 좋겠다.

일부 사람들은 이 책이 과격하고 편파적이라고 주장할 것이다. '과격한radikal'은 라틴어 'radix(뿌리)'라는 단어에서 파생된 말이다. 나는 실로 뿌리를 파내는 일을 시도했다. 세상의 모든 사람이 인간답게 살 권리가 있다는 것이 과격하다고 생각한다면, 그렇다, 이 책은 과격하다. 또 한쪽으로 치우친 내용이므로 편파적이라고 할 것이다. 어쩌면 그럴 수도 있다. 이 책은 대기업과 부유한 특권층의 권력 아래에서 신음하는 약자의 편에 서 있기 때문이다. 그러니까 나는 광고와 매스컴 그리고 학교에서도 잘 가르쳐주지 않는 일에 대해 이야기하려는 것이다.

이 책에서 불변의 진실을 전달하려는 것은 아니다. 나는 '진실'은 존재하지 않는다고 생각하는 사람이다. 우리 모두는 현실을 자기 자신의 시선, 가장 사적인 시선으로 바라볼 뿐이다. 아무리 객관성을 추구하는 사람이라도 늘 자신의 관심사에 이끌리게 마련이다. 내 관심사는 지금의 세상을 지배하고 있는 "자린고비가 제일이다"라는 광고 이데올로기에 미약한 힘으로나마 저항하는 데 있다. 나는 직접 조사해서 이 책에 실은 사실들을 모두 증명할 수 있고, 각각의 출처를 정확하게 댈 수 있다. 내 목적은 독자가 스스로의 의견을 결정하고, 자신의 의견에 따라 행동할 수 있도록 도와주는 데 있다.

여성이 세계 어디에서나 경제적, 사회적으로 불이익을 당하고 있고, 남성보다 훨씬 더 빈번하게 억압과 성폭행을 당한다. 정부와 경제 분야의 지도자들 대부분이 남성인 반면에, 빈곤은 주로 여성들의 몫이다. 언어 또한 생각에 영향을 미치기 때문에 성차별적인 표현보다는 중성적인 표현을 쓰려고 애썼다.

오늘날의 특징을 한마디로 나타내는 '글로벌화'는 자연적으로 생겨난 것이 아니라 콘체른의 로비와 정부의 적극적인 장려 덕에 만들어졌다. 그 바람에 민주주의, 사회의 안전, 세계 인구 다수의 복지와 안녕이라는 가치는 모두 퇴락하고 말았다. 그런데 콘체른의 권력은 오로지 소비자들의 보호에 의해 유지된다. 그렇다고 더 이상 아무것도 사지 않거나 각각의 브랜드에 불매운동을 벌이자는 얘기가 아니다. 소비와 광고가 우리의 삶을 좌지우지하지 않도록 하는 것이 중요하다. 세계는 물건이 아니다. 세계는 우리 모두의 것이다. 그리고 우리는 세계를 좋게 만들 수 있다. 날이 갈수록 더 많은 사람들이, 특히 청소년과 청년층이 다국적기업의 권력에 위트와 창조성으로 맞선다. 동아리, 인권 단체, 노동조합, 환경 단체, 일상생활에서 자신과 타인이 정보를 나누고, 같이 행동하고, 정치적 행위를 통해 더욱 공평한 글로벌화를 위해 싸운다. 그런 일을 하면서 즐거움을 느낀다면 우리는 이미 승리한 셈이다. 인도의 독립운동가 마하트마 간디가 무엇이라고 말했는가? "처음에는 사람들이 너를 무시할 것이다. 그다음에는 너를 비웃을 것이고, 그다음에는 너와 맞서 싸울 것이다. 그러면 너는 이긴다."

나는 《왼쪽에서 본 세계는 지금 어디쯤 왔을까?》에서 우리가 자신을 조금만 신뢰하면 얼마나 강해지는지를 보여주고 싶었다. 책의 앞부분은 부와 가난, 경제와 전쟁을 비롯해 의류, 장난감, 전자제품, 생활용품, 에너지와 의약품과 같은 소비 분야의 배경 정보로 이루어져 있다. 그다음으로 '더 나은 세계는 어떤 모습일까' '우리가 더 나은 세계를 위해 무엇을 할 수 있을까'라는 질문을 던진다. 마지막으로 누구나 아는 유명 메이커를 선별해 기업의 실태를 소개했다. 이들 기업은 특히 이익 추구에 집착하고 윤리적 기본 원칙을 무시하는 데 뛰어난 회사들이다. 물론 여기에 언급되지 않은 거대 콘체른이라고 해서 조금도 나을 바가 없다. 그런 회사들을 일일이 예로 들자면 책 한 권을 가득 채우고도 넘친다.

이 책은 독자들을 분노하게 만들 것이다. 그리고 분노에서 변화를 일으켜야겠다는 욕구와 신선한 아이디어가 많이 생겨난다면 내 목표는 이루어진 셈이다. 이 책의 뒷부분에 있는 출처를 복사해 여러 곳에 나눠 주어도 좋다. 또 자신의 아이디어를 인터넷 사이트에 올리고 싶을 때는 'unsdiewelt'라는 단어만 치면 www.unsdiewelt.com 홈페이지로 바로 접속된다. 이 홈페이지를 통해 아이디어와 다양한 정보를 나눌 수 있다.

우리를 팔아넘기지 말자. 무엇보다도 어리석음에 우리를 팔아넘기지 말자. 그러면 세상은 우리의 것이다!

사랑을 담아,
클라우스 베르너 로보

01

세계는 누구의 것인가?

부자와 가난한 사람이
저만치 서서 서로를 쳐다본다.
그리고 가난한 사람이 핏기 없이 말한다.
만일 내가 가난하지 않았다면, 넌 부자가 될 수 없었어.
– 베르톨트 브레히트

바보 같은 질문이다. 안 그런가? 그야 물론 세계는…. 그렇다, 사실 누구의 것인가? 어떤 이들은 세계가 우리 모두의 것이라고 말한다. 혹은 누구의 것도 아니라고도 한다. 신을 믿는 사람들은 세계가 사랑하는 신의 소유라고 한다. 정녕 세계는 누구의 것일까? 예를 들어 지구에 존재하는 재화, 모든 사유재산과 자금, 주택을 비롯해 여러 가지 재산은 과연 누구의 것인가?

물론 세계의 재산에 대한 정확한 자료는 없다. 아무도 세계에 존재하는 모든 화폐와 재산을 헤아릴 수는 없다. 그래도 국제연합 소속 연구소인 유엔대학세계개발경제연구소UNU-WIDER의 학자들이 세계의 전 재산이 얼마나 되는지 어림잡아보았다. 세계의 재산을 계산하기 위해 학자들은 각 국에 등록되어 있는 은행 계좌와 부동산 등 일련의 자료를 종합했다. 이 결과가 아주 정확한 것은 아니지만, 그래도 세계에 부가 대략 어떻게 분 배되어 있는지를 보여준다. 세계적으로 성인 인구의 가장 부유한 2퍼센트 가 전 세계 사유재산의 50퍼센트 이상을 소유하고 있다. 다시 말해 2퍼센 트밖에 안 되는 세계 최고 부자들이 전체 인구의 절반이 쓸 수 있는 재산 보다 더 많이 가지고 있다는 뜻이다. 10퍼센트까지 따지면 재산 점유율은 전 세계 재산의 85퍼센트에 이른다. 반면에 빈곤자 절반의 재산은 전 세계 재산의 겨우 1퍼센트에 달한다. 쉽게 표현해서 원래 한 사람 몫인데 그것 을 50명이 나누어 가진다는 소리다.

다시 말하자면, 세계는 부자들의 것이다. 또는 거의 모든 세상이 부자 들의 것이다. 그리고 이 어마어마한 부를 나누어 가진 사람들은 상대적으 로 아주 적다. 갑부 중에 몇몇은 상상을 초월할 만큼 재산이 많다. 세계 최고 부자는 미국의 증권 소유자 워런 버핏이다. 그는 약 620억 달러(1억 은 0이 8개다)를 보유하고 있다. 마이크로소프트 사를 창설한 빌 게이츠는 약 580억 달러의 재산을 소유하고 있다. 이는 대략 계산해서 최빈국 50개 국의 전 인구가 1년간 버는 수입과 같다.

독일에서 최고 부자는 슈퍼마켓 체인점 알디(오스트리아에서는 '호퍼'라는 상호를 쓴다)를 창설한 카를 알브레히트와 테오 알브레히트 형제다. 이 형제는 공동으로 500억 달러를 소유하고 있다. 이는 최빈국 40개국의 1년 경제활동 수입액보다 더 많다.

국제연합 산하기구 국제연합개발계획UNDP에 따르면, 세계 최고 갑부 500명의 연간 수입이 최빈국의 인구 4억 1600만 명의 수입을 합한 것보다 많다고 한다. 그리고 전 세계 빈곤층 인구 절반이 1년 수입을 한꺼번에 은행에 넣는다고 가정했을 때, 그 액수는 세계 최고 갑부 200명이 소유한 재산보다도 적다.[1]

가난한 다수에게는 아무것도 없다

세계 인구의 절반이 2달러도 안 되는 돈으로 하루를 먹고살아야 한다. 심지어 인구의 5분의 1은 하루에 쓰는 돈이 1달러도 되지 않는다. 10억 명은 지낼 거처가 없고 깨끗한 식수를 마실 수 없다. 이들 대부분이 의료 혜택을 받지 못할 뿐만 아니라, 학교에 다닐 수 없어서 글을 읽지 못한다. 8억 5000만 명의 인구(그중 1억 7000만 명이 어린이다)가 굶주림에 지속적으로 시달린다. 대체 얼마나 많은지 가늠하기 쉽게 숫자로 비교해보자. 독일의 인구가 약 8300만 명이다.

세계 최악의 질병은 빈곤이다. 국제연합개발계획에 따르면, 매 시간마

아르헨티나의 노숙자. 인류의 6분의 1은 지낼 거처가 없다.

다 1,200명의 어린이들이 영양실조 또는 치료할 수 있는 질병이지만 의약품을 구할 수 없어서 사망한다. 3초마다 어린이 한 명이 죽는다. 지금 한 어린이가 죽었고, 지금 또 한 어린이가 죽었고, 또 지금 한 어린이가 죽었다. 이런 식으로 매 순간 어린이들이 끝없이 죽어가고 있다.

최근 수년간 세계경제가 전례 없이 크게 성장했는데도 매년 어린이 1100만 명이 다섯 살이 되기 전에 죽는다. 뿐만 아니라 에이즈와 같은 질병도 가난한 사람들의 문제다. 많은 이들에게는 콘돔과 약품 사용에 대한 정보를 얻을 경로가 없다. 전염병이 매년 약 300만 명의 목숨을 앗아가고, 거기에 500만 명이 재전염된다. 이들 대부분이 남아프리카에 산다. 그리고 그 결과, 수백만 명의 어린이들이 고아가 된다.

빈곤 때문에 여성은 남성보다 더욱 열악한 상황에 처한다. 여성들은 가족을 거의 혼자서 먹여 살려야 하는 경우가 많고, 그와 동시에 급료도 남성들보다 적게 받는다. 전 세계에서 가난한 사람들의 70퍼센트가 여성들이다. 세계의 모든 여성을 합쳐도 전 세계 수입의 겨우 10분의 1을 벌고, 전 세계 재산의 단 1퍼센트를 소유한다.

국제연합이 계산하기를, 미화 3000억 달러를 들이면 최빈곤층 10억 명이 극빈자의 문턱을 넘을 수 있다고 한다. 그 액수는 세계 갑부 10퍼센트가 버는 수입의 60분의 1에도 미치지 못한다. 달리 표현하면, 세계 최고 갑부 여덟 명이 소유한 재산이다. 세계 갑부들이 가진 재산을 조금만 기부해도 최악의 상황에서 벗어날 수 있다.

그런데 갑부들은 왜 그러지 않을까?

자린고비가 제일이다!

새턴Saturn 회사의 예전 광고 문구는 마치 돈을 많이 버는 사람들의 절절한 신앙고백 같다. 투자은행 메릴린치가 매년 발표하는 '세계 부자 보고서 World Wealth Report'에서 100만 달러 이상 소유하고 있는 약 1000만 명에 달하는 사람들이 어디에 재산을 썼는지 공개했다. 이들은 주로 고급 자동차, 요트, 개인 비행기와 같은 사치품을 비롯해 액세서리와 보석을 구입하는 데 소비했다. 미국에만 해도 자가용 제트기가 1만 대 정도 있는데, 그중에 어떤 것의 가격은 1억 유로가 넘는다. 많은 억만장자들이 개인 섬을 소유하고, 마치 현대의 왕처럼 수십 명의 피고용인을 거느리며 어마어마하게 넓은 부지에 지은 성이나 빌라에서 산다. 어떤 부자들은 재산을 지키기 위해 소규모의 군대를 동원하기도 한다.

부자들 중에 돈을 기부하는 사람들도 있다. 백만장자들의 11퍼센트, 그리고 억만장자들의 17퍼센트[2]가 평균적으로 소유한 재산의 7~10퍼센트를 기부한다. 세계 부자 보고서에 따르면 자선 목적으로 내놓은 액수가 적어도 2850억 달러에 이른다고 한다. 이 액수는 국제연합이 산출한 극빈층 퇴치에 필요한 액수와 맞먹는다. 물론 '기부금'의 대부분은 가난한 사람들에게 전달되지 않는다. 기부금은 투자 펀드로 흘러들어가 대기업 주식에 투자되므로, 사실 대기업의 성장에 기여한다. 돈이 필요한 몇몇 사회 사업들, 예를 들어 에이즈 퇴치나 기후 보호 사업들은 공적인 관리 감독을 받지 못한다. 그렇기 때문에 빈곤이나 환경 파괴로 인해 고통받는 당사자들은 정작 기부금을 한 푼도 받지 못할 때가 많다.

마이크로소프트 사를 세운 빌 게이츠는 빌&메린다게이츠재단을 창설해서 에이즈와 말라리아와 같은 질병 퇴치와 더불어 빈국의 교육 프로그램을 후원한다. 재단은 376억 달러를 소유하고 있고, 거기에 세계 최고의 부자 워런 버핏이 재단의 재산을 두 배로 늘리겠다고 공언했다. 그렇게 되면 전 세계 국가들이 공동으로 내는 발전기금 액수와 맞먹는다. 참으로 훌륭하지 않은가?

듣기에는 참 좋다. 그런데 실제로 공익사업을 위해 게이츠재단 재산의 겨우 5퍼센트만이 지출될 뿐이고, 이는 재단 재산의 평균 수익에 해당한다. 사실 지금까지 재단 재산의 대부분이 사람들을 돕는 데 쓰였다기보다는 사람들을 불행에 빠뜨린 대기업에 투자되었다. 재단은 약 15억 유로를 에이즈 퇴치를 위해 지출한 반면, 메르츠와 화이자 같은 제약회사 주식에 투자해 엄청난 돈을 벌어들였다. 그런데 이 제약회사들은 에이즈 약품을 너무 비싸게 팔아서 아프리카를 비롯해 빈국의 환자들이 도저히 약을 살 수 없게 만든 곳들이다.

게이츠재단은 나이지리아에 소아마비와 홍역 예방접종 프로그램을 위해 1억 6700만 유로를 지원했다. 하지만 이 재단은 나이지리아에서 환경을 파괴하고 석유를 태워 수백 가지의 독성 물질을 내뿜은 셸, 엑손모빌, 토탈과 같은 석유 기업에 투자해서 두 배의 돈을 벌어들였다. 그래서 게이츠재단 덕에 홍역 예방접종을 받고 고마워하는 바로 그 어린이들이 석유 기업 때문에 최악의 호흡기 질환에 시달리고 있는 것이다.[3]

이와 동시에 빌 게이츠를 비롯한 억만장자들은 온갖 수단을 동원해 자신의 재산과 수익에 따른 세금을 내지 않으려 애쓴다. 그들이 내는 세금이면 사회 공공 프로그램을 지원하기에 충분한 돈이다. 비록 부자들이 수백만 또는 수십억을 내놓지 않으려 한들 문제가 되지 않는다. 문제는 권력이 부자들에게 부를 주고, 부자들은 권력을 절대로 포기하지 않으려 한다는 사실이다.

돈이 세상을 지배한다

돈은 권력을 뜻한다. 수백억을 가진 갑부들이 그토록 큰 권력과 영향력을 가지지 않았더라면 그처럼 어마어마한 부를 누릴 수 없었을 것이다. 부자들은 이미 소유한 부로 권력을 산다. 마치 고양이가 자기 꼬리를 물고 있는 꼴이다. 다시 말해, 돈을 많이 가진 사람은 상대적으로 쉽게 돈을 불릴 수 있고, 소유한 부를 더욱 쉽게 지킬 수 있다. 부자의 대부분은 더욱 재산을 늘리거나 최소한 줄어들지 않게 하려고 한다. 그 밖에도 자신의 목적을 위해 정부에 영향력을 행사함으로써 정치적으로 특권을 보장받으려 한다.

한때 왕과 군주들이 나라 전체를 자신의 소유로 간주하고 왕과 종복들의 것으로 규정한 적이 있었다. 지금은 수십 억대 갑부들이 그 일을 대신한다. 즉, 돈이 세계를 지배한다.

그렇지만 우리는 현재 민주주의 국가에서 살고 있지 않은가?

그렇다. 세계에서 가장 부유한 국가, 특히 미국과 유럽연합 국가들은 민주주의 국가다. 그런데 이 국가에서도 선출된 정당과 정치가들이 제한된 권력만 가지고 있을 뿐이다. 그래서 정치가들이 부를 소유한 자들의 이해관계에 대항하는 일은 거의 불가능하다. 대체 왜 그럴까?

부자에게 대항하는 일이 불가능하다시피 한 이유는 정당과 정치가들이 경제를 이끄는 지도자들과 억만장자들에게 의존하기 때문이다. 정치가들은 선거운동을 위해 기부금과 매스컴의 지지가 필요한데, 이 또한 부유한 투자자와 대기업이 돈을 대주어야 가능한 일이다. 그래서 정치가들은 일자리를 만들거나 부자들이 없애고픈 정책을 수립할 경우에 비교적 손쉽게 협박당할 수 있다.

이제 상상력을 발휘해보자. '유토피아'라는 이름의 민주주의 국가에는 정부가 있는데, 이렇게 선언한다. "지금부터 재산세를 아주 많이 올리고, 그 세금을 이용해 세계의 빈곤을 퇴치하려 한다. 따라서 모든 부자들은 즉시 재산의 대부분을 내놓아야 한다. 우리는 그 돈을 전 세계에 있는 기아에 허덕이는 사람들에게 나눠줄 것이다."

이 선언에 유토피아 국가의 억만장자들이 이렇게 대답한다.

"잠깐! 누가 당신들에게 우리의 돈을 내주어도 된다는 권리를 주었는가?"

아니면, 억만장자들은 이렇게 협박할 수도 있다.

"당신들이 세금을 올리면 경제가 타격을 입는다. 경제가 원활하게 돌아가야 만사가 잘 돌아간다. 당신들이 세금을 올리겠다고 결정하면, 우리는 회사와 자금을 가지고 다른 나라로 옮겨 가겠다. 그러면 유토피아 국가의 수십만 국민이 일자리를 잃고 국가는 가난해질 것이다. 그것이 당신들이 원하는 것인가?"

그래서 유토피아의 국민들은 공포에 떨며 부자들에게서 세금을 많이 거두지 않는 정부를 선택하게 된다.

부유함이 왜 문제가 되는 것일까?

이는 부유함을 어떻게 정의하느냐의 문제다. 타인이나 주변 세계의 희생으로 만들어진 것이 아닌 양질의 삶이라는 의미에서 복지는 이론적으로 전 세계의 모든 사람들에게 가능하다. 그러나 원래 모든 사람이 써야 할 재산 중에 월등하게 많은 몫을 소수가 지니고 있다면 문제가 된다.

세계 인구의 절반을 훨씬 넘는 수의 사람들이 가난하다. 심지어 대부분은 사람으로서의 기본적인 욕구를 채울 수 없을 만큼 극심하게 가난하다. 기본적인 욕구에는 음식, 주거, 교육, 의료, 깨끗한 식수가 들어가지만 또한 자유, 안전, 문화 활동과 같은 일도 속한다. 그다음으로는 중산층

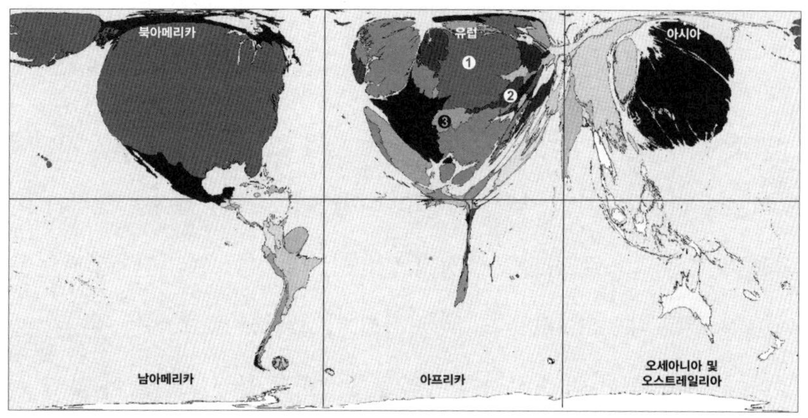

▶ 불공평한 분배: 국가의 수입을 그 면적에 반영한다면 세계는 이런 형태로 보일 것이다. 분명하게 알아볼 수 있는 국가는 독일❶, 오스트리아❷, 스위스❸이다.

이라고 부르는 사람들이 제법 많다. 이들은 살아갈 만큼은 돈이 있지만, 그렇다고 해서 엄청난 부자는 아니다. 산업국가 인구의 대다수가 중산층에 속한다. 그러니까 이 책의 저자나 독자들 대부분이 중산층에 속할 것이다. 그다음으로는 부자와 더 큰 부자, 즉 백만장자와 억만장자 그리고 마지막 최상층부에는 몇 십조 단위의 부자들이 있다.

날이 갈수록 빈자와 부자의 격차가 점점 더 벌어진다. 수백억 달러를 가진 세계의 부자 946명이 3.5조 달러를 소유하고 있다. 이들은 1년 전보다 3분의 1이나 재산이 늘었다. 부유한 국가 20개국에 속하는 국민들이

1962년에 빈국 20개국의 국민보다 54배나 더 많은 수입을 올렸고, 2002년에는 121배나 더 많이 벌어들였다.

그것이 부자들의 잘못인가? 부자가 몇 명만 있었더라면 우리도 기뻐했을지 모른다. 말하자면, 부자가 몇 명뿐이라면 그들이 사람들 모두가 이익을 누리는 쪽으로 경제를 조정했으리라는 말이다. 수십억대 부자들은 더 많은 돈을 내놓고, 결국 그 돈은 사회 하층계급으로 스며들 것이기 때문이다. 예를 들어 어떤 부자가 기업을 창설하고 물건을 만들어 많이 판매하면 그 행위로 일자리를 만들어내고, 다른 사람들에게 안정된 수입을 얻게 해줄 것이다.

세간에는 이런 견해가 널리 퍼져 있다. 이 견해는 18세기에 자유 시장경제의 선구자였던 경제이론가 애덤 스미스의 이론을 끌어들인다. 오늘날 이 현상을 '물이 차서 넘치면 흘러내린다'는 뜻으로 트리클 다운Trickle down 효과라고 부른다. 이 경제 용어를 알기 쉽게 부자들의 풍성한 식탁으로 비유해보자. 부자들의 식탁에서 빵 부스러기가 바닥으로 떨어지고, 떨어진 빵 조각으로 가난한 사람들이 먹고살 수 있다는 뜻이다. 하지만 실제로 몇몇의 소수만이 철철 넘치게 식사를 할 수 있고 다수는 그들이 먹고 남긴 나머지로 근근이 살아가야 한다면, 과연 만족할 수 있을까?

물론 이렇게도 말할 수 있겠다. "부자가 되는 것은 부자들의 권리다. 그들은 부를 벌어서 얻은 것이지, 누구의 것을 빼앗은 게 아니다"라고 말이다. 그러나 개인이 수십억에 이르는 어마어마한 부를 정말로 순수하게 벌어서 만들 수 있을까? 우리는 이 책에서 곧 엄청난 부자들의 돈이 대부분 절대로 순수하게 벌어서 이루어진 것이 아니라는 사실을 알게 될 것이다. 그들의 재산은 투기 또는 착취의 방법으로 부를 축적한 다국적 콘체른의 지분에서 나온 경우가 허다하다.

개인으로서는 겨우 수백만 정도를 챙길 수 있는데, 그것도 돈을 아주 조금밖에 벌지 못하는 수많은 사람들이 한 사람을 위해 일을 해야만 그 정도를 벌 수 있다. 혹은 많은 사람들에게 필요한 자원(식품이나 원료)을 몽땅 자신의 개인 재산으로 만들면 큰 부자가 될 수 있다. 엄청나게 많은 재산을 축척할 수 있는 마지막 가능성은 재산이 스스로 늘어나는 경우다 (유산을 받거나 특별한 술수를 써서). 금융시장에서 높은 대출이자나 투기를 통해 이른바 돈이 돈을 버는 방식이다. 이 방법은 재산의 대부분을 차지하고 있는 사람이 규칙을 정하는 게임과도 같아서, 다른 사람은 그 게임에 돈을 내야만 한다.

부는 아무리 죽어라 노력해도 누구나 얻을 수 있는 것이 아니다. 세상의 재화가 분배되어 있듯이, 극단적으로 거대한 부는 언제나 타인의 빈곤을 기반으로 한다. 다시 말해, 지구는 제한된 자원을 가진 체계이므로 음식, 에너지, 자원 공급에 한계가 있다. 그런데도 거대한 부가 있다는 것은 지구가 인류 모두에게 충분하게 공급한다는 뜻이 된다. 학자들은 지구가 120억 인구를 먹여 살릴 수 있다고 계산한다. 현재 인구는 70억에 조금 못 미친다. 국제연합이 예상하기를, 2050년에 인구는 90억으로 늘어나다가 이후 얼마간 감소할 것이고 90억 명이 먹을 식량도 충분할 것이라 예상한다. 우리는 환경을 매우 조심스럽게 다뤄야 한다. 사실상 인구 과밀은 크게 문제가 되지 않는다. 인류가 자연을 경시하는 태도와 자원의 불공평한 분배가 실로 심각한 문제다.

10명이 한 집에 갇혀 있다고 상상해보자. 집에는 충분한 음식과 20명이 지낼 수 있는 생활용품이 있다. 그중에 최강자가 말한다. "이 재화의 80퍼센트는 내 것이다." 최강자는 네 사람을 지정해 그들에게 나머지 재화를 나눠주면서 다음과 같은 조건을 내건다. "당신들은 나머지 다섯 사람들이 저항할 경우에 내 편이 되어야 한다." 결국 나머지 다섯 사람은 아무것도 가지지 못한다. 현재 우리가 살고 있는 세상은 대략 이런 모습이다.

나를 포함해 유럽 사람들은 네 명에 속한다. 비록 최강자는 아니지만 충분히 가진 자다. 바로 우리가 '중산층'을 형성한다. 최강자는 부를 소유한 자들의 편이다. 부를 소유한 자들은 대기업과 정치적으로 결탁하여 규율을 만든다. 아무것도 가지지 못한 나머지에 해당하는 자들의 상황은 세계 인구의 대다수를 반영한다. 이들은 아프리카, 아시아, 라틴아메리카를 비롯해 우리 주변에서 날로 증가하고 있는 가난한 사람들이다. 위에서 든 예에서 '중산층'을 형성하는 네 사람이 주어진 규율을 더 이상 지키지 않고 정당한 분배를 주장하며 나선다면 잃게 되는 것은 무엇일까? 또 얻는 것은 무엇일까?

경제 발자국

물론 현실 세계는 앞에서 든 단순한 예보다 훨씬 복잡하다. 현실에서는 '악한 부자' 또는 '착한 빈자'가 존재하지 않는다. 부와 가난이 서로 의존하고 있다는 사실, 그리고 세계 인구 중에 부유한 측이 가난한 측의 희생 덕에 살고 있다는 사실을 아는 사람은 극소수다. 특히 산업국가들이 환경을 심하게 훼손했고, 최근에 와서야 환경 파괴로 인한 파국적 결과를 고려하는 추세다. 전 세계에 걸친 기후변화는 환경 파괴의 결과를 보여주는 한 가지 예에 불과하다. 미국의 환경연구가 스티븐 파칼라Stephen Pacala의 말을 들어보면, 환경 파괴와 부유함이 얼마나 밀접한 관계에 있는지를 잘 알 수 있다. 파칼라는 지구의 부자 5억 명이 기후변화에 전적인 책임이 있다고 생각한다.

엄청난 부를 축적하는 일이 대부분 환경 파괴에도 영향을 미치는 것이

국가	지구
세계 평균	
독일	
오스트리아	
유럽연합	
미국	
중국	
인도	

▶ 경제 발자국: 우리는 이만큼의 '지구'를 필요
로 한다.

사실이다. 이는 누구나 지구에 남기는 흔적, 이른바 '경제 발자국'을 이용
해 측정할 수 있다.

그러면 경제 발자국이란 무엇일까? 생산에 이용할 수 있는 지구의 영역
을 모든 사람에게 공평하게 분배한다면 한 사람이 약 1.8헥타르(1만 8,000
제곱미터, 축구장 두 개 반 정도)를 자신이 필요한 모든 것을 얻는 데 쓸 수
있다. 경제 발자국을 측정하려면 에너지, 원료, 생활용품 등 개인의 소비
를 물품 생산에 필요한 면적으로 환산한다. 그러면 한 사람이 1킬로그램
의 곡물을 생산하는 데 경작면적이 얼마나 필요한지 계산할 수 있다. 또

한 소고기 1킬로그램을 생산하기 위해 필요한 에너지 소비량이나 난방에 쓴 에너지 소비량도 알아낼 수 있다. 이렇게 산출한 에너지 소비량을 학자들이 숲의 면적으로 환산해보았다. 그 결과, 숲 면적은 에너지를 만들어내면서 방출한 이산화탄소를 대기 밖으로 내보낼 수 있을 만큼의 면적이 되었다.

그렇다면 다시 출발점으로 돌아가보자. 이론적으로는 한 사람이 쓸 수 있는 면적이 1.8헥타르라고 했다. 그러나 실제로는 1인당 평균 2.2헥타르를 사용한다. 그 말은 인류가 지구를 4분의 1쯤 더 크다고 여기며 산다는 소리다. 하지만 우리가 현재 가지고 있는 지구는 하나밖에 없다. 이처럼 지구를 많이 쓸수록 그만큼 지구를 훼손하는 셈이다.

여기에도 격차가 크다. 인도인들은 면적을 더 적게 소모한다. 만일 우리 모두가 인도인처럼 산다면 지구의 절반만 있으면 충분하다. 반면에 유럽에서는 1인당 경제 발자국이 4.7헥타르에 달한다. 즉, 유럽인의 생활방식으로는 지구가 2와 2분의 1이 더 있어야 살아갈 수 있다. 또 전 세계가 미국처럼 경제 발자국이 크다고 가정할 때, 전 인류의 욕구를 충족하려면 지구가 5와 2분의 1이 더 있어야 한다.

유럽에서 인도로 가는 편도 비행을 경제 발자국으로 환산한 면적은 인도의 한 가족이 1년 동안 먹고살 수 있는 면적과 맞먹는다.

결국 부의 분배 문제는 본질적으로 환경문제이기도 하다. 만일 우리 모두가 부자 국가의 생활방식으로 살아간다면 지구는 짧은 시간 내에 '소모'되어버릴 것이다.

요약

- 상대적으로 몇 안 되는 억만장자와 수십억대 부자들이 세계 재화의 대부분을 소유한다. 그들은 가난한 대다수가 더욱 가난해질수록 더욱 부자가 된다.
- 부는 중립적이지 않다. 부는 가난을 만들어낸다. 부자들이 경제 자원을 자신들의 욕구를 위해 더 많이 점유하고, 환경을 더 많이 오염시키기 때문이다. 그들은 자신들의 이해를 위해 정치권력 기구를 오용한다.
- 부유한 소수의 이해를 지원할 것인지, 아니면 불이익을 당하는 사람들과 힘을 합쳐 부의 정당한 분배를 주장하는 입장을 택할 것인지는 중산층에게 달려 있다.

기타 정보

- www.myfootprint.org

  자신의 경제 발자국을 간단하게 계산해볼 수 있다.
- www.globalrichlist.com

  자신이 세계 인구와 비교해 얼마나 부유한지 계산할 수 있다.
- www.wemgehoertdiewelt.de

  부의 불공평한 분배를 연구하는 학자들이 운영하는 사이트다.
- hdr.undp.org

  유엔개발계획UNDP이 매년 '인류 발전에 대한 보고서'를 발표한다.

콘체른의 세계

어린아이 모리츠가 정치에 대해 상상하는 것처럼
정치는 실로 그런 식이다.
– 칼 크라우스

글로벌화는 다국적기업들이 세계의 새 주인이 되게끔 했다. 다국적기업
들은 정부에 압력을 가하고, 착취와 인권침해와 환경 파괴를 통해 이익을
얻으며, 민주주의를 위협한다.

세계의 부가 왜 그처럼 불공평하게 분배되어 있는지를 이해하려면 경
제 이론을 조금 알아야 한다. 18세기에 유럽이 산업화된 이후로 자본주
의 시장경제는 결정적인 경제체제가 되었다. 시장경제에서는 물건과 서비
스가 공급과 수요에 의해 조절된다. 그래서 돈을 가지고 있는 사람은 물건
을 사거나 자신을 위해 노동하고 물건을 생산하는 사람에게 돈을 지불할

수 있다. 물건은 샀다가 다시 팔 수 있기 때문에 순환된다. 즉, 자본이 형성되는 것이다. 그리고 그 자본을 가지고 다시 물건과 서비스를 생산하는 일이 계속된다.

자본주의와 시장경제를 찬성하는 사람들은 그 체제가 비교적 공정한 시스템이라고 본다. 결국 물건을 팔고, 이를 통해 재산을 증식하는 일은 각자가 결정권을 가지고 있다. 예를 들어 빌 게이츠는 사업을 처음 시작했을 때 아이디어는 뛰어났지만 자본이 없었다. 빌 게이츠는 마이크로소프트 사를 창립했고, 그가 개발한 컴퓨터 구동 시스템인 윈도우를 사려는 사람들이 많았기 때문에 회사가 점점 커졌다. 오늘날 빌 게이츠는 세계에서 세 번째 가는 갑부로, 그를 위해 수천 명이 일한다.

하지만 대다수의 사람들에게는 그런 행운이 오지 않았다. 이들은 빌 게이츠처럼 뛰어나거나 성공할 만한 아이디어를 가지지도 못했고, 그런 경력을 쌓을 수 없는 조건 속에서 살았다. 부유하게 태어난 사람은 나중에 부를 증식할 수 있는 좋은 기회가 생긴다. 그러나 가난하게 태어난 사람은 좋은 교육을 받을 방법도 없고 경우에 따라서는 충분하게 먹을 음식도 없으며, 기초적인 의료 처치도 받지 못한다. 이런 가난한 사람들의 경우, 타인의 도움 없이 비참함에서 벗어나는 일은 거의 절망적인 것 같다.

자본주의에 대한 비판

19세기 말에 이 같은 불공평함 때문에 많은 사람들이 자본주의를 비판하기 시작했다. 비판자들 가운데 가장 유명한 사람이 카를 마르크스다. 그는 자신의 저서 《자본론》을 비롯해 프리드리히 엥겔스와 같이 집필한 《공산주의 선언》에서 자본주의 체제를 비판했다. 마르크스와 엥겔스는 모든 재화가 공평하게 분배되는 계급 없는 사회를 추구했다. 당시는 특히 수많은 실업자들이 제국의 지배계급에 의해 억압당한다는 울분으로 반란을 일으키려던 시절이었다.

이것이 러시아에서 일어난 20세기 공산주의 혁명의 기초였다. 이들에 의해 사회주의 국가가 탄생했다. 사회주의는 공산주의의 전 단계로 이해되었다. 공산주의는 계급 없는 사회의 이상, 다시 말해 사유재산을 소유하지 않고 사회적 차별이 존재하지 않는 사회를 말한다.

그러나 소비에트연방을 선두로 한 사회주의 국가의 현실은 생각했던 것과 전혀 달랐다. 혁명 이후 부패한 정치가들이 권력을 잡더니, 국민을 억압하고 감시했다. 그래서 소비에트공화국을 비롯해 사회주의와 이와 관련된 국가들의 역사는 지독한 인권침해의 역사이기도 했다. 중국과 북한은 지금까지도 인권침해의 역사를 계속 이어가고 있다.

그러다가 베를린장벽이 무너지고 1989년부터 사회주의가 점차 붕괴되

▶ 자본주의 체계의 피라미드. 1911년 국제노동조합운동 '세계산업노동자'에서 사용된 구독신청을 위한 전단지.

면서, 자본주의 시장경제가 전 세계적으로 통용되는 체제가 되었다. 이와 동시에 20세기의 마지막 20년 사이에 새로운 시대가 시작되었다. 컴퓨터를 통한 기술적 진보, 인터넷과 같은 새로운 의사소통 테크놀로지, 더 빠르고 값싼 운송 수단, 세계무역에 대한 정치적 규제 해체(예를 들어 관세) 등의 요인이 특히 경제 분야에서 국제적 기업합병에 어마어마한 가속화를 불러일으켰다. 이 과정을 글로벌화라고 한다.

글로벌화와 그 결과

글로벌화라는 단어는 경제, 정치, 문화, 의사소통 등 모든 분야에 걸쳐 날로 증가하는 전 세계적 네트워킹의 결합을 말한다. 글로벌화 그 자체는 좋다. 예를 들어 나는 브라질, 콩고, 오스트리아에 있는 친구들과 여러 언어로 무료나 다름없는 비용을 들여 채팅할 수 있고 메일을 보내고 온라인으로 전화를 걸 수 있다. 저널리스트인 나는 대부분의 조사를 인터넷을 통해 한다. 또 〈뉴욕 타임스〉나 인도의 지역 신문의 글을 읽을 수 있고, 홍콩이나 나이지리아에 있는 인권 단체에서 정보를 얻을 수도 있다. 뿐만 아니라 블로그를 통해 전 세계에 있는 사람들과 의사소통도 할 수 있다. 세계적으로 유명한 밴드의 최신 곡을 다운 받고, 유튜브에서 전 세계의 영화를 본다. 게다가 공정무역을 통해 볼리비아산 커피, 가나산 초콜릿과

코스타리카산 바나나를 즐긴다. 또한 생태학적 측면에서 볼 때 그리 좋지 않고 몇몇 사람들만 누릴 수 있다는 것을 알지만, 나도 먼 지역을 방문할 때는 가끔 비행기를 탄다.

글로벌 지구촌

인터넷은 세계를 하나의 '지구촌'으로 만들었고, 그 속에서 여러 대륙에 사는 사람들이 모여 가상의 티타임을 가질 수 있게 해주었다. 우리의 일상도 '글로벌 슈퍼마켓'이나 마찬가지다. 네덜란드에서 재배된 토마토가 마로코에서 세척되고, 청바지는 인도산 면직물을 중국에서 재봉질해서 미국 회사를 통해 판매된다. 휴대전화는 핀란드에서 디자인한 것을 타이완에서 부품을 조립해 완성하는데, 부품의 원료는 콩고에서 가져와 독일에서 가공해서 쓴다. www.getfriday.com 같은 홈페이지에 들어가면 다양한 일을 처리해주는 매니저나 비서를 구할 수도 있다. 인도에 있는 매니저와 비서가 뉴욕에 있는 여러분을 위해 치과 예약을 대신 처리해준다. 이편이 미국에 있는 비서에게 월급을 주는 것보다 비용이 훨씬 저렴하다.

글로벌화의 문제는 무엇보다 이미 부유한 사람들에게만 이익을 더해준다는 데 있다. 자본주의와 비슷하다. 일개 소작농은 생산물을 지역 시장에만 내다팔 수 있다. 시장에서 정하고 매긴 가격에 따라 농부와 그 가족의 생존이 좌우된다. 반면에 거대한 경작지를 소유한 거대 농업 콘체른은 전 세계가 유일한 시장이다. 세계에서 가장 싼 곳에서 원료를 사들여 인건비가 싼 곳에서 적은 비용을 들여 가공한 후, 전 세계에 상품을 내놓는다. 이때 운송비 역시 문제될 게 없다. 콘체른이 정부에 압력을 가해 국가가 많은 원조를 하도록 조종하기 때문이다. 이들 콘체른은 세금을 너무 많이 내지 않거나 강한 규정으로 법적 제약을 받지 않도록 미리 손을 쓰는 것이다.

콘체른의 권력

콘체른은 여러 기업들이 경제적 단일성을 위해 연합을 이룬 것을 가리키는 말이다. 글로벌화는 상품, 자본, 서비스의 국제 간 교환을 손쉽게 함으로써 다국적 콘체른의 형성을 촉진시켰다. 오늘날 여기에 속한 모든 기업들이 인건비가 낮은 저임금 국가에서 생산하는 특권을 누리는데, 일반적으로 가난한 나라에서는 인건비가 아주 낮다. 따라서 그런 나라에서는 무척 효율적으로 생산할 수 있다. 그리고 상품은 전 세계로 팔려 나가 높은 이익을 낸다.

1980년대쯤에 아디다스 공장이 독일 바이에른의 헤르초게나우라흐에서 신발을 생산했을 당시에는 독일 사회의 규정과 환경 규정을 지켜야 했다. 아디다스는 현재 글로벌화로 인해 예전보다 훨씬 많이 벌어들인다. 지금은 중국이나 인도네시아에서 40센트의 인건비만 들이면 아디다스 운동화 한 켤레를 만들 수 있다. 독일에서 운동화의 판매 가격은 약 100유로에 이른다. 물론 지구 반 바퀴를 돌아야 하므로 운송 비용이 그리 경제적이지는 않다. 더욱이 빈국의 국민들이 저임금으로 우리가 쓰는 소비용품을 생산하는 한편, 산업국가에서는 수십만 명이 일자리를 잃었다. 그러나 글로벌화는 콘체른을 부유하게 만들고 권력을 쥐게 했다.

1980~2004년에 다국적기업이 1만 7,000개에서 7만 개가 넘게 생겨났다. 오늘날 세계 최대 500개 기업이 글로벌 무역의 약 70퍼센트를 조종한다. 그들의 매상은 1994년에 세계 국내총생산의 25퍼센트에 달했고, 2005년에는 이미 33퍼센트를 넘어섰다.

국내총생산BIP, Bruttoinlandsprodukt은 한 국가의 경제행위의 지표다. 이 수치는 한 국가의 국민 전체가 일정한 기간(예를 들어 1년)에 생산품과 서비스를 생산하고 소비한 정도를 나타낸다.

한 기업의 매출 또는 수익이란 기업이 일정한 기간에 상품을 판매하거나 서비스를 통해 벌어들인 전체 액수를 말한다. 매출은 비용을 공제한 후에 남은 순수익과는 다른 개념이다.

이와 동시에 콘체른에서는 세계 인구의 겨우 0.05퍼센트만 일한다. 따라서 콘체른이 일자리를 만들어냈다고는 말할 수 없다. 사실 콘체른이 중소기업들의 수많은 일자리를 빼앗고 지역 경제를 파괴했으며, 앞으로도 그럴 것이다.

세계에서 가장 부유한 나라들의 국내총생산과 주도적 콘체른의 매출을 비교해보면, 최대 100위에 오른 경제행위 주체인 콘체른의 수가 국가 수에 버금간다는 사실을 알 수 있다.[1]

국가/콘체른	BIP/매출 (단위: 10억 달러)	국가/콘체른	BIP/매출 (단위: 10억 달러)
1. 미국	13,202	16. 네덜란드	658
2. 일본	4,340	17. 터키	403
3. 독일	2,907	18. 벨기에	392
4. 중국	2,668	19. 스웨덴	385
5. 영국	2,345	20. 스위스	80
6. 프랑스	2,231	21. 인도네시아	364
7. 이탈리아	1,845	22. **월마트**	351
8. 캐나다	1,251	23. **엑손모빌**	347
9. 스페인	1,224	24. 폴란드	339
10. 브라질	1,068	25. 오스트리아	322
11. 러시아	987	26. **로얄더치셸**	319
12. 인도	906	27. 노르웨이	311
13. 대한민국	888	28. 사우디아라비아	310
14. 멕시코	839	29. 덴마크	275
15. 오스트레일리아	768	30. 남아프리카	255

국가/콘체른	BIP/매출 (단위: 10억 달러)
31. **BP**	247
32. 그리스	245
33. 이란	223
34. 아일랜드	223
35. 아르헨티나	214
36. 핀란드	209
37. **제너럴모터스**	207
38. 태국	206
39. **도요타**	205
40. **셰브런**	201
41. 포르투갈	193
42. 홍콩	190
43. **다임러크라이슬러**	190
44. 베네수엘라	182
45. **코노코필립스**	172
46. **토탈**	168
47. **제너럴 일렉트릭**	168
48. **포드**	160
49. **ING그룹**	158
50. 말레이시아	149
51. **시티그룹**	147
52. 칠레	146
53. 체코 공화국	142
54. **AXA**	14
55. 콜롬비아	136
56. 싱가포르	132
57. **폭스바겐**	132
58. **시노펙**	132

국가/콘체른	BIP/매출 (단위: 10억 달러)
59. 아랍에미리트연합국	130
60. 파키스탄	129
61. **크레디아그리콜**	128
62. **알리안츠**	125
63. 이스라엘	123
64. 루마니아	122
65. **포티스**	121
66. **뱅크 오브 아메리카**	117
67. 필리핀	117
68. **HSBC 홀딩스**	115
69. 알제리	115
70. 나이지리아	115
71. **아메리칸인터내셔널(AIG)**	113
72. 헝가리	113
73. **CNPC**	111
74. **BNP 파리바스**	109
75. **ENI**	109
76. **UBS**	108
77. **지멘스**	107
78. **스테이트 그리드**	107
79. 이집트	107
80. 우크라이나	106
81. 뉴질랜드	104
82. **앗시쿠라치오니 제네랄리**	102
83. **JP모건**	100
84. **까르푸**	99
85. **버크셔해서웨이**	99
86. **페멕스**	97

국가/콘체른	BIP/매출 (단위: 10억 달러)	국가/콘체른	BIP/매출 (단위: 10억 달러)
87. **도이체방크**	96	94. **HP**	92
88. **덱시아그룹**	96	95. IBM	91
89. 혼다	95	96. **발레로 에너지**	91
90. **매케슨**	94	97. 홈디포	91
91. 페루	93	98. **닛산**	90
92. **버라이즌**	93	99. **삼성**	89
93. **닛폰**	92	100. **크레디트스위스**	89

이 표에 나온 수치는 많은 콘체른이 국가보다 경제적으로 더 강하다는 사실을 증명한다. 미국의 슈퍼마켓 체인 월마트가 석유회사 엑손모빌과 함께 오스트리아와 폴란드를 이미 추월했다. 월마트 창립자 샘 월튼의 자손들은 오늘날 전 재산이 약 820억 달러에 이르며, 세계에서 가장 부유한 가족이 되었다.

그러면 콘체른의 권력은 구체적으로 어떤 것일까? 다국적기업 대부분은 부강한 산업국, 특히 미국, 유럽연합, 일본에 거점을 두고 있다. 다국적기업들의 정치적인 영향력은 어마어마하다. 여기에 언급된 국가들은 전부 민주주의 국가인데도 그렇다. 민주주의 국가란 권력이 국민으로부터 나오는 것이지, 거대 기업으로부터 나오는 것이 아니다. 나는 다음 장에서 상상으로 만들어낸 '유토피아'가 근거 없이 꾸며낸 것이 아니라는 사실을 보여주려 한다. 우선 세계에서 가장 강력한 국가의 상황은 어떤지 살펴보자.

국내총생산 수치로도 알 수 있는 것처럼 미국은 세계에서 가장 부유한 나라다. 그런데 미국에서도 개발도상국과 다름없는 비참한 생활을 하는 가난한 사람들이 수백만 명에 이른다. 미국 인구(3700만 명)의 12.7퍼센트가 빈민 이하의 수준으로 산다. 수많은 주택들이 빈민가에 있고, 이곳의 주민들은 좋은 학교나 현대식 병원에 다닐 방법이 없다. 반면에 부유한 미국 시민들은 흥청망청 살아간다. 그것도 세계 기후의 변화라는 희생의 대가로 말이다. 전 세계 온실가스의 25퍼센트가 미국에서 배출되는데, 미국의 인구수는 세계 인구의 단 4퍼센트에 지나지 않는다.

미국에 빈민이 존재하는 이유는 극단적으로 불공평한 부의 분배 때문이다. 미국은 세계적인 백만장자와 억만장자 대부분이 사는 곳이자 세계 최대의 콘체른이 본사를 둔 나라다. 미국 정부는 다수의 국민들보다 부유한 소수의 이해를 위해 정치를 하는 것처럼 보인다. 또한 미국이 취하는 대외 안보정책도 근본적으로 인간적인 가치를 수호하기보다는 거대 콘체른(예를 들어 무기 산업)에 더 많이 기여한다. 그래서 미국은 매년 5000억 달러를 군비에 지출한다. 저개발국 원조를 위한 예산은 겨우 150억 달러에 그친다.

왜 그럴까?

미국에서는 두 정당, 즉 공화당과 민주당이 정치체제를 지배한다. 19세기 후반부터 미국의 모든 정부와 대통령이 두 정당 중 한 곳에 속해 있었다. 두 정당의 공통된 점은 대기업과 대기업 소유주의 이해에 반하지 않는다는 것이다. 거기에는 여러 가지 이유가 있다. 미국에서는 선거에서 이기려면 엄청난 돈이 필요하다. 선거운동원들에게 돈을 지불해야 하며, 대규모 집회를 조직하고, 선전 활동을 해야 한다. 이 막대한 돈이 대부분 콘체른과 자산가에게서 나오기 때문에 정부는 그들로부터 자유롭지 못하다. 예를 들어 엑손모빌을 비롯한 석유 회사들은 조지 부시 대통령의 선거운동을 가장 크게 지원했다. 이것이 미국 정부가 환경보호를 위해 하는 일이 거의 없는 주요한 원인 중에 하나일 것이다. 예를 들어 벤진에 환경보호세를 도입한다면 석유 콘체른의 이익에 손실이 생길 것이다. 정부가 자신들을 먹여 살려주는 주인의 손을 물어선 안 되지 않겠는가.

게다가 많은 정부 관료들이 대기업 출신이기도 하다. 미국의 부통령이었던 딕 체니는 정치에 참여하기 전에 석유로 돈을 번 유전 회사 핼리버튼 사의 사장이었다. 딕 체니는 이라크전쟁의 열렬한 찬성자였고, 심지어 핼리버튼 사가 선생 중에, 그리고 이후에 수십어 달러에 달하는 계약을 성사시키도록 보살펴주기까지 했다.

거기에 미국 대부분의 매스컴, 특히 신문과 텔레비전 방송국이 대기업의 소유다. 디즈니, 비아콤, CBS, 타임워너, 뉴스코퍼레이션, 베텔스만, 제너럴일렉트릭 콘체른은 미국 미디어 지사의 90퍼센트 이상을 지배한다. 이들 기업은 광고로 가장 많은 수익을 얻는다. 광고를 위탁하는 광고주들이 자신들에 대한 나쁜 기사를 원치 않는다는 것은 말할 필요도 없다.

물론 객관성과 진정성을 위해 애쓰는 비판적 저널리즘도 있다. 세계 최고의 신문 중 다수가 미국에서 발행된다. 나는 이 책을 쓸 때 주로 정평 있는 〈뉴욕 타임스〉나 〈워싱턴 포스트〉와 같은 신문 기사에서 정보를 얻었다. 그러나 아쉬운 점은 이러한 비판적인 보도가 매우 드물다는 사실이다. 여론을 형성하는 매스컴에서 이들의 역할은 너무 빈약하다. 그리고 민주주의에서 정치가들에게 권력을 쥐어주는 역할을 하는 것이 바로 여론이다.

유럽의 콘체른

그러면 유럽의 사정은 어떨까? 유럽은 민주주의의 발상지로 통하지만, 유럽 국가들 대부분이 사회복지국가다. 유럽에서도 자본주의 시장경제가 가장 강력한 경제체제다. 물론 이 체제에는 어느 정도 사회적 공평성을 보장하는 국법이 부가되어 있다. 세금과 공과금이 이에 속하는데, 세금으로 학교와 병원, 실직자 수당, 사회보장금을 꾸려나간다. 독일의 경우에는 헌법에도 "독일연방공화국은 민주주의 그리고 사회주의 연방국가다"
라고 명시되어 있다(헌법 제20조).

그러나 지난 수십 년간 사회복지 보조금이 점점 줄어드는 추세다. 유럽
은 사회복지 보조금으로 중부 유럽의 빈곤을 거의 완전히 퇴치했다. 오늘
날 많은 정치가들이 사회보장금에 비용이 많이 들어서 지속적으로 지원
하기에는 재정이 충분하지 않다고 주장한다.

그러나 그 주장은 거짓이다.

유럽은 지난 수십 년간 더욱 부유해졌다. 1995년에 27개 유럽연합국
의 1인당 국내총생산은 1만 5,200유로였고, 10년이 지난 후에는 이미 2만
3,400유로[2]에 이르렀다. 다시 말해 1.5배 이상 증가한 것이다. 물론 유럽에
서도 유난히 잘사는 사람들과 강력한 콘체른들이 부를 더 많이 늘릴 수
있었고, 반면에 사회 하층계급과 중소기업에 속하는 사람들은 점점 더 가
난해졌다. 그리고 중소기업들이 거대 콘체른에 비해 세금과 공과금을 훨
씬 더 많이 냈다. 그러는 와중에 중소기업은 일자리까지 지켜냈다. 이에
유럽경제연합[KMU] 대표 크리스토프 라이틀은 "많아야 500명의 직원을 둔
중소기업들이 500만 명의 새로운 일자리를 창출한 반면, 500명 이상의
많은 직원을 둔 대기업들은 500만 명의 직업을 없애버렸다"라고 말했다.[3]

소기업 VS 대기업

다국적 콘체른들은 대개 주식시장에 상장된 기업이다. 그런 기업에서는 사람이나 기관(예를 들어 은행)이 주식의 형태로 지분을 소유한다. 이들을 주주라고 부른다. 각 콘체른은 주주들에게 가능한 한 짧은 시간에 가능한 한 많은 이윤을 나눠주어야 한다. 그렇지 않으면 주주들이 다른 기업의 주식을 사기 때문이다. 소규모의 지역 회사와는 달리 다국적 콘체른은 거대한 규모를 바탕으로 정부에 압력을 가할 수 있다. 예를 들어 다국적 콘체른은 세금과 인건비가 낮고, 환경 규제가 느슨한 나라로 회사를 옮기겠다고 위협한다. 또한 자본 소유주들도 익명의 계좌를 열어 소위 세금 천국이라고 부르는 나라에 돈을 옮겨놓는 일이 날이 갈수록 빈번해진다. 예컨대 리히텐슈타인이나 바하마군도 같은 나라는 세금을 내지 않거나 매우 적은 세금을 징수한다.

이런 일이 실제로 벌어질 것을 우려하는 정부들은 사회 및 환경 규제 기준을 낮추고 재산과 소득에 대한 세금을 현저하게 내리기 때문에, 돈을 아주 많이 벌고 경제적인 위력을 가진 부자들이 국가와 사회의 재정에 거의 기여하지 않게 된다. 독일에서 기업의 수익과 재산에서 나온 이윤은 2000~2005년 사이에 31퍼센트 상승했다. 한편 수입에서 나온 세금은 약 10퍼센트 감소했다. 과거와 비교해보면 굉장히 급격하게 발전했다는 것을

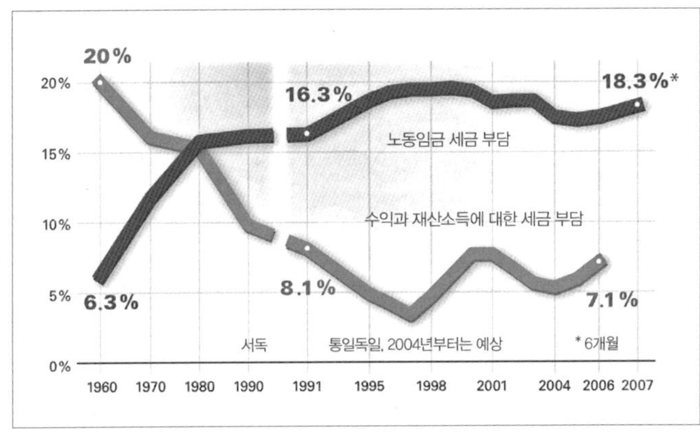

▶ 세금 격차가 점점 더 벌어진다.

알 수 있다. 1960~2006년에 기업 수익과 재산에 물린 세금은 20퍼센트에서 7.1퍼센트로 떨어졌다. 같은 시기에 임금에 매기는 세금 부담은 6.3퍼센트에서 16.3퍼센트로 상승했다. 수없이 토론의 대상이 되었던 법인세는 기업 수익과 같이 부과되는 세금으로, 1980~2007년에 45퍼센트에서 24퍼센트로 떨어졌다. 고소득층에 부과하는 상한소득세율은 같은 시기에 62퍼센트에서 48퍼센트로 떨어졌다. **이것이 우리가 원하는 것이었을까?**

반면에 '일반인'과 작은 회사는 사회체제로부터 이득을 얻는 경우가 점점 더 적어지는데도 날이 갈수록 더 많은 세금과 공과금을 낸다. 1980년에 근로수입에 대한 세금 액수가 재산세의 약 세 배에 이르렀고, 2003년에는 심지어 여섯 배에 달했다.[4] 하지만 교사나 노동자가 "뭐, 그렇다면 세금을 덜 내는 나라로 떠나면 되지"라고 쉽게 말할 수는 없는 처지다.

독일의 수십억대 부자 55명이 가진 재산은 총 1800억 유로에 이른다. 이 액수는 독일연방국가가 1년에 지출할 수 있는 금액에 육박한다. 2006년의 국가재정이 약 2600억 유로였다. 2006년에 독일은 노동 및 사회보장을 위해 약 1200억 유로를 지출했고, 교육에는 80억 유로, 저개발국 원조를 위해서는 40억 유로를 썼다. 같은 해에 실업수당을 위한 지출은 300억 유로 이하였다. 그래서 실업수당자들은 한 달에 345유로를 가지고 근근이 지내야 했다.

그렇다면 콘체른과 자본가들이 유럽 정치에 미치는 영향은 구체적으로 어떤 것일까?

경제 로비 활동의 영향

대기업과 대기업 소유주들은 강력한 이익 대표 기구를 지닌다. 예를 들어 독일에는 독일산업상공회의소, 오스트리아에는 경제회의소, 스위스에는 스위스경제연합이 있다. 이익 대표 기구들은 정부에 직접 영향력을 행사하거나 매스컴을 이용해 여론에 영향을 미치려 한다. 이를 로비 활동이라고 한다.

로비 활동은 사실 나쁜 것이 아니다. 모든 사회단체, 다시 말해 노동조합에서 조직하는 노동자 단체, 환경 단체, 인권 단체 또는 약자를 위한 대표자들도 모두 자신들의 관심사에 귀를 기울이도록 로비 활동을 벌인다.

물론 경제 분야 소수자들의 이익 대표 기구들은 재정적인 힘을 가지고 정치가나 매스컴에 압력을 가할 가능성이 매우 높다. 수년간 로비스트로 활동한 다니엘 게겐이 "미래에는 더욱 첨예한 로비 전략"이 동원될 것이고, "음모, 선동, 거짓 정보 유포와 같은 책략들이 포함될 것이다"라고 경고했다.[5]

오늘날 유럽에서 중요한 경제 정책은 대부분 벨기에의 수도 브뤼셀에서 결정된다. 최근 브뤼셀에는 약 1만 5,000명의 로비스트들이 활동하고 있다. 문제는 유럽의 '정부' 격인 유럽연합위원회가 엄밀히 말하면 민주주의적인 합법성이 없다는 사실이다. 유럽연합위원회는 사실 유럽 국가들의 국민이 선출한 것이 아니라 위원회 대표가 임명한다. 위원회 대표는 각국의 국가 및 정부의 대표가 정한다. 위원회에 미치는 경제 로비 활동은 영향력이 어마어마한데, 유럽연합위원회가 유럽연합법을 만들고 실행하는 데 더욱 많은 권리를 가질수록 경제 로비가 더 큰 역할을 한다. 그 밖에도 유럽연합위원회 위원들은 이익 대표 기구의 협력을 두 팔 벌려 환영한다. 업무가 많은 데다 많은 법조문을 결의해야 하기 때문이다. 그래서 유럽연합법의 대부분은 콘체른의 대표자들이 정치가들에게 원하는 목록 그대로 이루어졌다. 하지만 유럽연합위원회와 의회는 사실상 국민의 복지를 위해 생겨난 것이 아닌가?

로비 활동의 대표적인 예로 엑손모빌과 같은 석유 콘체른의 활동을 들 수 있다. 또 이산화탄소 배출량을 감소하여 기후를 보호하려는 취지로 유럽연합이 시행하는 관련 조처를 공격적인 태도로 방해하려 드는 독일 자동차 생산회사 BMW, 다임러와 포르세도 있다. 이들의 동기는 단순하다. 환경보호 기준이 높으면 지금껏 누리던 특권이 줄어들기 때문이다. 또 다른 예로는 소프트웨어 특허권에 엄격한 법률을 적용하려는 로비 활동도 있다. 특허권은 발명가나 개발자에게 20년 동안 본인만이 개발품을 상품화할 수 있게 보장하는 권리다. 특허권에는 상품을 만드는 방법도 포함되어 있다. 이를 알기 쉽게 문학에 빗대면 다음과 같다. 한 작가가 탐정소설에서 "정원사가 살인자다"라는 특정한 상황에 대해 특허를 신청한다. 그러면 다른 작가는 이 상황을 소설에 이용할 권리가 없다. 만일 "정원사가 살인자다"라는 상황을 이용하고 싶으면 소위 개발자인 작가에게 로열티를 지불해야 한다.

어이없는 말로 들리는가? 실로 어이없기 짝이 없다. 그렇지만 경제 분야에서는 이것이 현실이다. 예를 들어 마이크로소프트 사는 마우스의 더블클릭과 같은 간단한 기술에도 특허를 가지고 있다. 물론 마이크로소프트사에 로열티를 지불하면서까지 자신의 소프트웨어에 더블 클릭을 사용하는 프로그래머는 없다. 이렇게 유치한 특허를 내는 목적은 사실 성가신 경쟁을 손쉽게 떨쳐버리기 위해서다. 다행히 지금까지는 말도 안 되는 특허권의 과대 성장은 유럽의회의 반대에 부딪혀 실패로 돌아갔다. 그렇다고 해서 유럽연합위원회 위원들이 이해를 관철시키기 위해 줄기차게 노력하는 콘체른의 현실을 조금이라도 변화시킨 것은 아니다.

유럽연합 정치는 경제 분야에서 막강한 권력자들이 원하는 것을 그대로 행하는 일이 빈번하다. 그래서 산업친화적인 농업정책을 펴거나 산업 및 운송 기업의 이해에 따라 고속도로 확충을 추진한다. 정치가란 원래 유럽연합 시민들의 사회적, 생태학적 관심사를 지원해야 하는데도, 많은 정치가들이 원래의 목적을 잊어버린다. 그 결과 2007년 11월에 오스트리아는 유전자조작으로 생산된 식품 수입을 허가하라는 압력을 받았다. 오스트리아 국민 대다수뿐만 아니라 정부까지 반대했는데도 말이다.

저널리스트들의 머릿속에 들어 있는 검열 가위

그런 못마땅한 결정을 유권자들이 어떻게든 받아들이게끔 하기 위해 콘체른은 여론에도 영향력을 행사한다.

콘체른들은 비교적 간단하게 여론에 영향력을 미칠 수 있다. 유럽에서도 대중 매스컴의 대부분이 다국적 콘체른에 경제적으로 의존하고 있기 때문이다. 베텔스만, 스프링거, 홀츠브링크, WAZ그룹(베스트도이체차이퉁)과 같은 거대 출판사나 방송국이 수십억의 매상을 올리는 콘체른의 소유다. 또한 신문과 방송 채널은 광고로 거둬들이는 돈이 없으면 살아남을 수 없다. 이런 상황에서 사회 참여적인 저널리스트와 편집장들이 비판적인 기사나 방송을 내보내기가 얼마나 어려운지 일례를 살펴보자. 소위 '독립적'이라고 하는 빈의 주간신문 〈포마트〉의 편집실이 들려준 이야기다. 〈포마트〉 신문에 광고를 내는 회사는 특히 우호적인 기사를 기대한다. 2007년 11월에 이 신문의 공동 소유자인 라이프아이젠방크 은행 간부가 '긍정적 경제 역사'라는 기사를 칭찬했다. 그와 동시에 간부는 회사에 대해 비판적인 기사가 날 때마다 은행 고객들이 화를 내며 전화를 걸었다고 여러 번 강조했다. 고객들이 회사에 대해 비판적인 기사를 어떻게 그냥 두냐면서 간부를 질책한다는 것이다.

〈포마트〉 신문에는 뛰어난 저널리스트들이 있다. 그러나 다른 매스컴과 마찬가지로, 아무리 눈치가 없는 사람이라고 해도 콘체른에 대한 비판적인 기사를 대중들이 원하지 않는다는 간부의 말을 듣고 나면 사정을 알아챈다. 비판적인 기사를 자르는 법적 검열 기관은 더 이상 존재하지 않지만, 이러한 이유로 저널리스트 대부분의 머릿속에 이미 검열 가위가 들어 그렇다면 우리가 매스컴을 더 이상 이용하지 말아야 할까? 좋은 방법은 아닌 것 같다. 오히려 그 반대다. 우리는 매스컴이 필요하다. 그러나 매스컴에서 나오는 정보의 배후에는 경제와 권력의 이해관계가 버티고 있을 때가 많다는 사실을 알아야 한다. 그러므로 가능한 한 여러 곳에서 정보를 얻고, 여러 출처를 활용할 줄 아는 능력이 더없이 중요하다. 그래야만 다른 사람들과 토론하면서 의견을 교환할 때, 선전이나 대중 영합주의적인 정당이 은연중에 뿌려대는 영향력에 무기력하게 물들지 않고 자신의 의견을 형성할 수 있다. 이 책과 더불어 능력을 키운다면 좋은 시작이 되리라 생각한다.

신자유주의 글로벌화

콘체른의 글로벌화는 정부와 사회가 힘없이 굴복한 결과 자연발생적으로 발전한 것이 아니다. 그러나 일찍이 부유한 산업국가들이 다국적 콘체른의 압력에 굴복했고, 환경과 인권 보호에 앞장서는 대신에 콘체른에 큰 자유를 내주었다. 이런 정치를 신자유주의라고 한다. 사회의 모든 구성원의 자유를 목적으로 하는 정치의 자유주의와는 달리, 신자유주의는 오직 시장의 자유와 관련이 있다. 신자유주의는 사람과 기업의 무제한적인 거래를 가능하게 한다. 이때 이러한 거래가 사회의 복지나 지구에 유익한지, 또는 해가 되는지는 전혀 상관이 없다.

실제로 신자유주의는 대기업과 아주 부유한 사람들이 글로벌화를 자신의 목적에 오용함으로써 착취와 전쟁, 환경 파괴 또는 자금 투기 등의 방법으로 더욱 부유해지도록 하는 결과를 낳았다. 사실상 이들을 견제할 수 있는 법은 존재하지 않는 셈이다. 콘체른은 물, 음식, 에너지와 같은 생필품과 인력까지도 이익을 만들어낼 수 있는 상품으로 여긴다. 신자유주의는 성숙한 사회를 원하지 않는다. 국민을 비롯해 정치가들도 경제에서 손을 떼고 개입하지 않기를 원한다. 그래야 시장에서의 자유를 방해받지 않기 때문이다. 만일 모든 재화와 서비스가 개인의 재산이 된다면, 신자유주의 추종자들로서는 환영하리라. 그들은 국가의 소유도 해체하려 한다. 신자유주의자들은 만인에게 공동으로 속하는 것 또는 아무에게도 속하지 않는 것도 더 이상 존재하지 않아야 한다고 생각한다. 신자유주의 추종자들에게 있어서 세계는 돈을 벌 수 있게 해주는 거래 물건일 뿐이다.

증가한 민영화, 줄어든 국영화

학교, 병원, 우체국, 청소, 대중교통과 도로, 게다가 식수와 전기, 가스 등의 국민을 위한 시설, 이 모든 것은 얼마 전까지만 해도 대부분의 나라에서 국가가 관리하는 임무였다. 국가는 모든 국민들이 기초적인 재화와 서비스를 얻는 경로를 보장하려 했다. 그런데 최근 들어 몇 년 사이에 이런 시설을 민영화하려는 움직임이 커졌다. 날이 갈수록 국영기업들이 시장경제에 의해 서비스를 제공하는 사기업으로 팔려 넘어가고 있다.

이것은 무슨 의미일까?

사기업은 무엇보다 높은 수익 창출을 목적으로 한다. 그러자면 회사가 상품과 서비스를 가능한 한 값싸게 생산해서 비싸게 팔아야 한다. 스포츠화나 초콜릿처럼 반드시 필요하지 않은 사치품의 경우라면 소비자 입장에서 그런 식의 생산방식을 받아들일 수도 있다. 사치품의 경우, 상품의 질이 별로 좋지 않은데 가격이 너무 비싸면 사람들은 간단히 구매를 포기한다. 반면에 식수, 주거지, 난방, 교육기관과 병원, 대중교통의 경우는 문제가 달라진다. 이런 재화나 서비스 없이는 생활할 수 없기 때문이다. 우리는 가난한 사람을 포함해 사회의 모든 구성원들이 생활에 필수적인 물건이나 서비스를 좋은 질로, 공정한 가격에 사용할 수 있다고 배웠다. 어느 정도 공정한 사회에 산다면 그런 제도가 갖추어져 있다. 그런 사회에서는 굶는 사람이 없고 모든 아이들이 학교에 다닐 수 있으며, 환자의 수입과는 별개로 양질의 의료 서비스를 받아 질병을 치료할 수 있다. 그러므로 정부가 이처럼 중요한 임무를 사기업에 넘기는 일은 매우 위험하다. 사기업은 이를 이용해 이익을 취하려 들기 때문이다. 그러나 안타깝게도 최근 수년 동안 전 세계적으로 사유화 바람이 불었다. 오늘날 정치가들을 굳이 신자유주의적이라 일컫지 않더라도 공유재산을 사유화하는 작업은 적극 추진되고 있다.

공기업의 사유화는 1980년대에 미국 대통령 로널드 레이건과 영국 수상 마가렛 대처가 앞장서서 시작한 일이다. 영국은 식수 공급을 필두로 나중에는 철도까지 민영화했다. 그 결과, 가격은 엄청나게 오른 반면에 서비스의 질은 갈수록 나빠졌다. 철도가 기차 운행 횟수를 대폭 줄여서 승객은 잦은 연착을 감수해야 했다. 게다가 선로 연결이 충분하지 못해서 많은 사망자를 내는 사고까지 일어났다.

세계에서 가장 가난한 국가에 속하는 볼리비아는 코차밤바 도시의 수도 시설을 미국의 거대 기업 벡텔에 팔아넘겼다. 그 결과 수질은 나빠졌고 가격은 오르는 바람에 가난한 국민들은 이제 수돗물도 쓸 수 없게 되었다. 물론 격렬한 반대 시위로 민영화했던 많은 기업들이 다시 국영화되고 있다.

이처럼 대부분의 사람들에게 재앙에 가까운 결과에도 아랑곳하지 않고 콘체른과 로비 연합들은 계속해서 시장의 자유화를 추진한다. 이를 추진하는 데 있어서 콘체른은 강력한 연대를 형성하고 있다. 그중에 가장 영향력이 큰 국제기구가 세계은행IBRD, 국제통화기금IMF, 세계무역기구 WTO로, 이 기관들이 신자유주의 글로벌화를 적극 추진한다.

콘체른을 위해 일하는 국제기구들

위의 국제기구들은 애초에 회원국 및 전 세계의 경제 상황을 개선하기 위해 창설되었다. 세계은행은 빈곤을 퇴치하려는 개발도상국들을 돕기 위해, 국제통화기금은 개발도상국의 재정난을 지원해주기 위해, 세계무역기구는 국제무역 관계를 개선하기 위해 존재하는 조직이다. 그것이 대의적인 목적이다.

그러나 경험으로 미루어보면 세 조직은 특히 한 가지를 위해, 무엇보다 가난한 나라들의 '자유화'와 '민영화'를 위해 애쓴다. 이처럼 국제기구도 다국적 콘체른과 같은 목적을 가지고 행동한다.

왜일까?

이 조직들이 세계의 모든 국가들을 지원한다는 말은 맞다. 그러나 실상은 부유한 산업국가가 가난한 국가보다 세계 조직에 불어넣는 입김이 더 세다. 세 조직과 관련하여 민주적 조정은 존재하지 않는다. 국제기구에서 결정을 내리는 사람들은 민주주의 방식으로 선출된 것이 아니라 각 정부에서 임명한 사람들이다. 조직의 토의는 비공개로 진행되며, 중요한 문서는 기밀로 다루어진다. 물론 경제 로비스트들의 영향력에는 문을 활짝 열어놓는다. 국제연합보다 경제 분야에서 차지하는 비중이 훨씬 더 큰 이 세 조직이 콘체른에 친화적인 정책을 펼치면서, 수억 명에 이르는 사람들의 생활 조건은 열악해졌다. 그리고 국제기구들은 다국적 거대 기업을 더욱 부유하게 만들었다.

힘을 잃은 국제연합UN

192개 회원국으로 이루어진 국제연합은 세계에서 가장 크고 중요한 국제기구인데, 그러면 이 조직은 도대체 무엇을 하는가?

국제연합은 하부 기구들과 더불어 전 세계 70억 인구의 공동생활에 중요한 역할을 한다. 1948년에 이미 인권선언을 공표했고 전쟁 방지와 평화 유지에 주력하는 한편, 빈곤과 질병, 착취와 환경 파괴 근절을 위해 국제적으로 협력한다. 그러나 신자유주의 글로벌화를 추구하는 콘체른에 의해 국제연합도 정치적 영향력을 상실했다. 돈이 세계를 지배하기 때문이다. 그리고 세계은행, 국제통화기금, 세계무역기구는 국제연합이 소유하지 못한 경제적 권력 도구를 이용한다.

게다가 국제연합의 가장 강력한 핵심 기구인 안전보장이사회는 상임이사국인 중국, 러시아, 프랑스, 영국, 미국 없이는 아무것도 할 수 없다. 세계의 어느 곳에서 인권을 심하게 침해하는 일이 벌어져도 상임이사국이 움직이지 않으면 군사적, 경제적 제재가 결정되지 않는다. 그리고 5개국은 자신들의 경제적 이해관계(또는 콘체른의 이해관계)가 위협당할 것 같으면 제재 조치에 거부권을 행사한다.

한편 다국적 대기업들이 직접 참여해 인권을 보장하고 사회 원칙과 환경보호에 앞장서자는 시도가 있었고, 지금도 시도하고 있다. 그래서 많은 거대 콘체른들이 사회와 경제의 글로벌화를 위해 국제연합 글로벌 콤팩트Global Compact에 서명했다. 그러나 이 조약은 임의로 맺은 협정이라 한낱 종잇조각에 불과하다. 특히 기업들이 협약을 지키지 못했을 경우에 가하는 처벌 사항이 전혀 없다. 그래서 인권을 가장 많이 침해하고 그에 따르는 이익을 취한 것으로 드러난 수많은 콘체른들도 이 조약에 서명할 수 있었다. 여기에 서명한 기업들의 목적은 실제로는 털끝만큼의 책임도 지지 않으면서 대외적으로는 인권과 환경보호에 애쓰는 훌륭한 회사처럼 보이려는 겉치레를 위한 것이었다.

2003년 국제연합이 새로운 제안을 내놓았는데, 이번에는 다국적 콘체른에 관련된 법을 만들자는 취지였다. "다국적기업과 그 밖의 비즈니스 기업들이 인권 존중에 대한 책임"을 지도록 하기 위해 이를 비교적 구체적으로 촉구하는 18개 조항이 만들어졌다. 이 조항은 인권 기구와 콘체른의 대표자들이 공동으로 만들었다. 물론 콘체른과 로비 단체들은 이번에는 조약의 엄수를 강력하게 요구한다는 사실을 알게 되자, 재빨리 조약에 반대했다.

세계은행은 2차 대전 이후에 유럽 재건을 재정적으로 지원할 목적으로 1944년에 창설되었다. 세월이 흐르면서 아시아와 아프리카 그리고 라틴아메리카의 빈곤 퇴치를 위해 일하게 되었다. 185개국이 세계은행의 소유주로 있다. 지분을 많이 가지고 있는 나라에 비중을 두기 때문에 대개 부유한 국가들, 그중에서도 특히 미국, 일본, 독일, 프랑스, 영국이 투표권을 많이 가지고 있다.

세계은행은 개발도상국에 많은 돈을 빌려준다. 즉, 신용 대출을 해주는 것이다. 무엇보다도 개발도상국의 대규모 프로젝트를 재정적으로 지원해주는데, 이 프로젝트로 다국적 콘체른은 큰 수익을 보지만 자국 국민과 환경은 고통받는다. 그런 프로젝트의 예로는 수력발전소를 위한 대규모 댐 건설이나 석유 수송 라인을 들 수 있다. 그로 인해 수십만 명의 사람들이 강제로 고향을 떠나야 하고, 생활 기반을 잃는 경우도 허다하다는 사실을 세계은행의 권력자들은 크게 신경 쓰지 않는다. 궁전같이 어마어마한 정부 청사 건축과 같은 독재자의 소망조차도 세계은행 덕에 이루어진다. 이미 오래전부터 민주주의를 조성한다는 취지는 신용 대출을 위한 기준이 되지 않는다.

대신 세계은행은 1980년대 초부터 자금을 대출할 때 경제정책에 엄격한 조건을 내걸었다. '청원 국가'의 국가 인프라 구조가 자유 시장경제의 요구에 맞춰져야 한다는 것이다. 다시 말해 임금은 줄여야 하고 공공시설은 민영화되어야 하며, 사회보장금은 현저하게 줄어야 한다. 그 결과 수많은 청원 국가들이 학교와 병원 시설을 위해 돈을 쓸 수 없고, 공공 기관들이 강제적으로 민영화되고 있다. 이 일은 다시금 민영화된 기관을 운영할 수 있는 콘체른을 살찌운다. 물론 이것은 오직 부자들을 위한 일이다. 그래야 가능한 한 최대의 수익을 짜낼 수 있기 때문이다.

www.worldbank.org

국제통화기금

국제통화기금은 1946년에 창설된 이래로 세계은행과 함께 일한다. 이 기구도 마찬가지로 185개국이 참여하고, 부유한 국가가 더 많은 투표권을 가지고 있다. 국제통화기금은 나라마다 각기 다른 통화의 안정된 환시세와 외환으로 거래하는 국제무역의 순조로운 진행을 보장한다는 취지에서 만들어졌다. 그 밖에도 국제통화기금은 전 세계의 경제성장을 촉진하고, 큰 채무를 진 국가들이 빚을 갚을 수 있도록 도와주는 일도 한다.

대개 빈국들이 큰 채무를 지고 있는데, 채무 액수가 총 2만 6000억 달러에 이른다. 빈국이 빚을 진 원인은 다양하다. 그러나 그 나라 국민들의 생활방식과는 전혀 관계가 없다. 반대로 국민들은 항상 과중한 빚을 갚아왔다.

6000만 명의 콩고인들은 1960년까지 있었던 벨기에 식민지 지배자들과 끔찍한 독재자 모부투 세세 세코가 서방 정부들로부터 지원을 받으며 쌓아올린 빚더미를 오늘날까지도 갚고 있다. 모부투가 국민들에게서 강탈한 엄청난 돈은 지금도 스위스 은행에 들어앉아 있는 한편, 국민의 대부분은 기아에 허덕이고 있다. 브라질의 경우

1984년부터 지배해온 군사독재가 지멘스 기업과 도이체방크의 원조로 원자력발전소를 건설하면서 산더미 같은 빚을 지는 바람에 오늘날에도 빚을 갚고 있는 형편이다. 이와 동시에 5000만 명의 브라질 국민들이 기아에 허덕이고 있다.

빈국들이 내야 하는 빚의 이자만 해도 매년 약 1250억 달러에 달한다. 이 액수는 매년 지출되는 저개발국 원조비의 네 배에 이른다. 이 국가들이 채무를 이행할 수 있도록 국제통화기금이 돈을 빌려주지만, 이때 세계은행처럼 조건을 붙인다. 신용 대출을 한 국가들은 그 대가로 공공 서비스와 사회복지 보조금을 위한 지출을 낮춰야 한다. 이는 다시금 민영화를 부르고, 이를 통해 다국적 콘체른이 이익을 얻는다.

국제통화기금은 외환 정책으로 아르헨티나, 인도네시아, 한국, 태국과 같은 국가들을 심각한 경제 위기에 빠지게 만들어 수백만 명이 궁핍의 나락으로 떨어지게 했다는 비난도 받았다. 게다가 이 기구는 수많은 나라들에 대출이자를 가능한 한 높게 책정한다. 이로 인해 특히 외국 투자자들에게 유리해진다. 반면에 상대적으로 잘살지 못하는 내국인들은 급하게 돈이 필요해도 현실적으로 신용 대출을 받을 수 없다. 왜 일이 이런 식으로 돌아갈까? 일례로 브라질 사람이 회사를 창설할 때 자금을 은행에서 빌리면 매년 빌린 원금의 20퍼센트에 이르는 이자를 내야 한다. 일반적으로 회사가 1년에 그만큼 많은 돈을 버는 것은 불가능하다. 그러나 이미 돈을 가지고 있는 사람이나 부유한 국가에서 상대적으로 낮은 이자를 내는 사람은 국제통화기금에서 자금을 빌려 브라질에 수익성 높은 투자를 할 수 있다.

www.imf.org

세계무역기구

　세계무역기구는 세 기구 중에서 다국적 콘체른의 이해관계를 위해 가장 공격적인 태도를 보인다. 여기에는 다국적기업이 이익을 축소해야 하는 경우라면 인권보호와 환경보호 운동을 위한 국제 규정과 맞서 싸우는 일도 포함된다.

　세계무역기구는 1995년에 창설되었으며, 본부는 스위스 제네바에 있다. 세계은행과 국제통화기금은 미국 워싱턴에 본부가 있다. 세계무역기구에서는 나머지 두 기구와는 달리 투표권 동등의 원칙이 통하므로, 151개 회원국이 동등한 투표권을 가진다. 그런데도 투표 결과는 부유한 산업국가에 유리하게 결정된다. 많은 빈국들이 재정난으로 인해 제네바에서 개최되는 위원회 회의에 참석하는 것이 아예 불가능하기 때문이다. 그러나 회의에서는 세계무역기구 협약을 위한 포괄적 제안들 대부분이 논의된다. 또한 최종 결정이 2년에 한 번씩 개최되는 경제 및 무역 장관 협의에서 이루어진다고 해도 빈국의 대표들은 역시 불리한 위치에 처해 있다. 빈국들은 투표에 붙이는 개별 제안에 대해 이미 오래전부터 영향력을 행사하지 못했다. 이보다 더 문제가 되는 것은 이른바 개발도상국이 부유한 산업국가에 의존하는 부분이 많기 때문에 감히 그들의 결정에 반대하고 나서지 못한다는 점이다.

　세계무역기구의 목적은 국제 협약을 통해 세계무역에서 자본가들과 기업의 이해를 보호하는 것이다. 세계무역기구는 무역 제재 조치를 통해 전 세계적으로 협약을 적용할 수 있다. 만일 어떤 국가가 협약을 지키지 않으면 국가의 기본 방침을 바꾸거나 어마이마한 벌금을 물어야 한다. 그러므로 세계무역기구는 콘체른이 회원국 국민들의 민주주의적 의지에 반하는 일을 하더라도 콘체른의 '권리'를 지켜줄 수 있다.

　이쯤에서 예를 하나 들어보자. 유럽인들 대다수가 생활필수품과 농산물 생산에 유전자 변이 기술을 적용하는 것을 반대한다. 그래서 유럽연합에서는 유전자조작이 이루어진 유기체를 당분간 판매할 수 없다는 데 합의했다. 그러자 미국이 유전자 변이 생산물을 유럽에 판매하지 못하면 미국 콘체른이 매년 5억 달러의 손실을 본다고 주장하고 나섰다. 이어 미국은 유럽연합을 세계무역기구 법정에 고소했고, 그 결과 유럽연합은 콘체른의 뜻을 따라야 했다. 그렇지 않을 경우 심한 처벌을 받는다는 판결이 내려졌다. 국민들이 어떤 결정을 내리든 완전히 무시하는 결과였다.

그런데 세계무역기구도 주장을 관철할 수 없었던 예가 있다. 이 기구는 한동안 '서비스 거래에 관한 일반 협정GATS'으로 가능한 한 모든 회원국의 서비스업체를 자유화함으로써 자유 시장경제의 경쟁하에 몰아넣으려는 계략을 꾸며왔다. 금융과세연합(아탁Attac)처럼 글로벌화에 비판적인 단체와 노동조합들은 세계무역기구가 비밀리에 진행하는 계획을 알게 되자 곧바로 세상에 알렸다. 그 결과 전 세계적으로 반대 운동이 일어났다. 특히 청년층이 앞장섰고, 임시적으로나마 협정은 결렬될 수밖에 없었다. 따라서 우리는 힘이 없는 것이 아니다. 다만 정보에 밝아야 한다.

나는 브라질 같은 나라에서 국가가 학교와 병원을 사기업에 팔아버리면 어떻게 되는지를 직접 목격했다. 그런 나라에서는 잘사는 부모를 둔 아이들만 비싸고 좋은 사립학교에 다닐 수 있다. 반면에 가난한 아이들은 수준 낮은 교사가 가르치는 좁은 교실에 콩나물시루처럼 빼곡히 들어앉아 있을 수밖에 없다. 이런 교육을 받는 아이들은 15세가 되어서도 글을 쓸 줄 모른다. 비싼 개인 의료보험에 가입할 수 없는 사람들은 병이 나면 구빈원에 가야 한다. 구빈원은 시설이 나쁘고 비위생적이며 인력도 부족해서, 아무리 철천지원수라도 구빈원에 가는 것은 바라지 않을 정도다. 중환자와 응급환자들이 길게 줄을 서서 몇 시간 또는 하루 종일 기다린다. 병원 내부는 더럽고 사람들로 넘치며, 배설물과 피와 시체에서 나는 악취가 코를 찌른다. 그러다가 드디어 누군가가 나타나더라도 의사들은 제대로 된 의료 기구나 약품을 가지고 있지 않을 때가 허다하다. 그러니 가난한 사람은 지레 죽을 수밖에 없다.

지식재산권에 대한 세계무역기구의 협정TRIPS도 비슷한 결과를 낳았다. 이는 특허권에 대한 규정으로, 회사가 기술적인 노하우를 보호할 수 있게 한다. 지식재산권으로 인해 특허권이 있는 지식을 사용하려면 비싼 사용료를 내야 한다. 예컨대 특허가 난 의약품은 이른바 모방 의약품에 비해 30배나 더 비싼 경우도 있다. 모방 의약품이란 원래 의약품과 재료는 같지만 다른 제약회사에서 만들어진 것을 말한다. 만일 모방 의약품을 만들 수 있다면 에이즈와 같은 질병을 저렴한 비용으로 퇴치할 수 있을 것이다. 식물과 씨앗 품종에 대한 특허권은 농부들이 특허가 난 씨앗 품종으로 재배할 경우, 수확을 보관하거나 경작하거나 계속 기르지 못하게 한다.

예를 들어, 화학 콘체른인 몬산토와 바이어제약회사는 식물과 약제에 대해 수많은 특허권을 가지고 있다. 그중에는 수백 년간 전통적으로 사용해온 것도 있다. 그러나 전통 사회에서는 지식에 대해 결코 특허를 신청하지 않았다. 일반인은 민간 지식에 대해 특허를 신청한다는 생각조차 하지 못했다. 게다가 약제란 모름지기 모든 이들을 위해 있는 것이 아닌가? 한편 바이오 해적 행위라는 것도 있다. 거대 콘체른들은 아마존 우림 지역에 사람들을 보내서 그곳에 사는 원주민을 부려 원시 약제 식물을 찾게 한다. 그런 다음 식물의 약제 성분에 특허권을 내는데, 그렇게 되면 원주민들조차 자신들이 만든 생산물을 팔 때 로열티를 내야 한다.

www.wto.org

요약

- 자본주의의 글로벌화는 무엇보다 경제적 특권층과 다국적 콘체른의 권력과 부를 늘려주었다.
- 많은 콘체른이 자신의 목적을 위해 정부와 국제조직에 영향을 미친다. 그들은 여론을 조작하고 민주주의를 훼손한다.
- 신자유주의 글로벌화의 주범들이 공적 재산과 서비스업체의 민영화를 꾀하는 동시에 그와 연관된 사회적, 경제적, 인권적 법규의 해체를 촉진한다(이를 탈규제화와 자유화라고 부른다).
- 거대 콘체른은 그런 일을 하면서 영향력을 크게 발휘하는 로비 활동과 강력한 국제기구에 의지한다. 대표적인 기구로는 세계은행, 국제통화기금, 세계무역기구가 있다.

기타 정보

- www.attac.de(.at/.ch)

  국제 네트워크 사이트로, 누구나 공정한 글로벌화 형성에 참여할 수 있다.
- www.bpb.de/globalisierung

  독일연방 정치교육원의 글로벌화 주제에 대한 통계와 자료를 볼 수 있다.
- www.sourcewatch.org

  '독립적인' 학자, 단체 등이 실제로 대기업 로비 단체에 속하는지 아닌지를 알아볼 수 있다.
- www.weed-online.org

  세계경제, 생태학, 발전이라는 주제에 대한 비판적인 최신 정보를 찾을 수 있다.
- www.kritischeaktionaere.de

  '비판적 주주' 단체가 '주주 가치' 조약에 반대해 투쟁하고, 수많은 독일 콘체른들의 부정을 적발한다.

휴대전화를 위한 전쟁

처음으로 '평화'라는 말이 입 밖에 나오자 주식시장은 패닉에 빠졌다.
사람들이 고통스러움에 울부짖었다.
"우리는 벌었어! 전쟁을 하자고! 우리는 전쟁을 벌일 만해!"
– 칼 크라우스

콘체른의 글로벌화는 어두운 식민지 시대에 자행되었던 착취의 연장선 상에 있다. 수많은 예 중에 하나를 들어보자. 불법 원료 거래자로 사칭해서 바이엘이 우리 시대의 가장 큰 전쟁에 재정을 지원했다는 사실을 증명할 수 있다.

2000년 말에 베를린 신문 〈타게스차이퉁〉에서 콩고민주공화국의 전쟁에 대한 기사를 읽은 것은 우연이었다. 그때 빈에서 베를린으로 막 옮겨 와 1년 후에 출간 예정인 《나쁜 기업》을 쓰고 있었다. 나는 나이키, 맥도날드, 네슬레와 같은 유명 메이커 회사들 중에 어떤 대기업이 어린이 노동

▶ 콩고에서 나는 콜탄 광석
에서 휴대전화에 필요한
원료인 탄탈을 얻는다.

을 비롯한 인권침해로 돈을 벌고 있는지 알고 싶었고, 새로운 증거를 찾고 있었다.

신문에 난 기사[1]가 당장 관심을 끌었다. 국제연합조사위원회가 최근에 탄탈이라는 원료의 비밀스러운 불법 거래가 콩고에서 전쟁이 일어난 주요 원인 중에 하나라는 사실을 알아냈다는 내용이었다. 기사를 보니 탄탈은 특별한 화학적 특성을 가지고 있는 귀금속으로 전자 부품을 생산하는 데 필수적이며, 특히 휴대전화, 컴퓨터, 게임 콘솔에 없어서는 안 되는 원료라고 했다. 그리고 갈수록 많은 사람들이 휴대전화를 원하므로 탄탈이 점점 더 많이 필요하다고 했다. 탄탈은 콜탄(컬럼바이트–탄탈라이트 Colombo–Tantalit)이라는 이름의 광석에서 얻는다. 기사에 의하면, 콩고에서 반란군 폭도들이 콜탄을 캐냈고 그것을 팔아 수백만 명의 목숨을 앗아간 정부와의 전쟁에 돈을 댔다.

가난하고도 부유한 대륙

아프리카 하면 떠오르는 것은 자연재해, 가뭄, 기아, 가난, 내란이다. 그런데 아프리카라고 해서 다 같은 아프리카가 아니라는 사실은 잘 모른다. 아프리카의 52개국은 유럽의 각국만큼이나 서로 다르다. 유럽인 중에 그리스와 스웨덴이 같은 문화를 가지고 같은 생활 조건에서 산다고 말하는 사람은 아무도 없으리라. 아프리카에 더 자세히 다가가 많은 정보를 얻게 되면 사실 아프리카 국가들 대부분이 유럽보다 훨씬 부유하다는 사실에 깜짝 놀라지 않을 수 없다. 콩고, 앙골라, 나이지리아와 같은 나라들은 금, 다이아몬드, 석유, 귀금속, 희귀 목재 등의 자원을 독일보다 훨씬 많이 보유하고 있다. 또한 농업의 경우에도 많은 아프리카 나라들이 유럽보다 좋은 조건을 가지고 있다. 예컨대 콩고는 늘 해가 나고 매일 비가 내리며, 토지가 비옥하다. 아마 아프리카의 전 국민들이 복지를 누리며 행복하게 살아갈 수도 있을 것이다.

그런데도 대부분의 아프리카인이 기아에 허덕인다. 왜 그럴까?

천연자원이 풍부한 나라일수록 다른 나라로부터 착취당할 위험이 더

▶ 콩고의 탄탈 광산에서는 어린이들도 목숨을 걸고 일한다.

크다. 그리고 값비싼 원료에 관심을 가지는 사람이 많을수록 그것을 차지하기 위해 전쟁이 일어날 가능성이 커진다. 바로 그 때문에 아프리카에서 가장 부유한 국가의 국민들이 한없이 열악한 상황에 처하게 된다. 피범벅이 된 '씨족 싸움'과 내란을 살펴보면, 배후에 국제경제의 이해관계가 버티고 있는 경우가 드물지 않다. 국민들에게 무기가 공급되어 서로 다투는 사이에 제3자인 원료 회사는 크게 웃으며 부를 챙긴다.

분배와 지배

이 원칙은 콩고에서도 통한다. 콩고민주공화국은 아프리카에서 세 번째로 큰 국가로, 서유럽 전체 면적과 맞먹는다. 독재자 모부투 시절에는 자이르라고 불렸다. 독재가 막을 내린 후에야 비로소 지금의 이름을 얻었지만, 그 명칭에 걸맞은 '민주주의'는 아직 이루어지지 않았다. 1998년에 콩고는 전쟁으로 들쑤셔졌고, 이웃 국가인 르완다와 우간다도 전쟁에 참여했다. 500만 명이 넘는 사람들이 이 전쟁으로 희생되었다. 르완다와 우간다 측에서는 콩고 동부에서 정부를 무너뜨리려는 무장한 반란군들을 지원했다. 전쟁에 참여한 측은 탐나는 탄탈 광산에 이르는 길을 둘러싸고 치열한 전투를 벌였다. 반란군들은 중간 거래인을 거쳐 서방 콘체른에 탄탈 광석을 판매했고, 그 돈으로 전쟁을 계속하기 위한 무기를 살 수 있었다. 그렇게 해서 다국적기업은 콩고전쟁의 공범이 되었다.

대체 어떤 콘체른이었을까?

전 세계에서 채굴된 탄탈의 60퍼센트가 독일의 한 기업에서 가공된다. 고슬라르에 있는 H. C. 슈타르크다. 이 회사는 2007년 초까지 화학 및 제약 콘체른인 바이엘에 속해 있었다. 바이엘은 특히 아스피린과 같은 약품으로 유명하다. 콩고전쟁이 벌어지는 사이에 바이엘 콘체른은 반란 지역에서 생산되는 값싼 원자재로 이익을 올렸을 뿐만 아니라, 전쟁을 벌이는 측에 가장 중요한 재정 지원자가 되었다.

내가 조사하던 시점인 2000년과 2001년에는 그와 같은 사실이 전혀 알려지지 않았다. 나뿐만 아니라 바이엘 콘체른의 위험한 상거래에 대해 아는 사람은 아무도 없었다.

철통같은 비밀 유지

H. C. 슈타르크가 세계시장에서 탄탈 구매와 판매를 주도했기 때문에 나는 회사에 직접 전화를 걸어 탄탈 원료를 실제로 어디에 쓰냐고 물어보기로 마음먹었다. H. C. 슈타르크의 대변인이 "그에 대해선 말할 수 없다"라고 대답했다. 정보라고 하기엔 부족한 감이 없지 않았다. 나는 조사를 그만두지 않았다. 그때부터 전 세계를 대상으로 두루두루 전화하고 메일을 보냈으며, 독일과 미국의 원료 담당 기관을 비롯해 회사 대표와 접촉해서 콩고의 탄탈 수출에 대해 문의했다. 그렇게 노력했는데도 구체적인 자료를 얻을 수 없었다. 그러나 우연히 행운이 찾아왔다. 콩고의 저널리스트가 자신이 아는 정보에 의하면 매달 약 200톤에 달하는 탄탈 광석이 수출된다고 알려주었다. 구매자들은 대부분 중간 거래자들이고, 이들이 광석을 전 세계에 판매한다고 했다.

그러니까 콩고와의 무역은 전쟁이 벌어지는 동안에 무척 번창했으리라. 물론 철통같은 비밀 유지는 말할 필요도 없다. 그러나 여전히 죽음을 대가로 얻은 광석을 누가 사들이는지 알 수 없었기 때문에 직접 시커먼 불법 거래에 뛰어들어야겠다고 결심했다. 그래서 나는 가상이긴 하지만 원료 중간 거래자, 정확히 말해 탄탈 중간 거래자가 되었다.

어떻게 그런 일을 할 수 있느냐고? 아주 간단하다. 누구든 인터넷에서 몇 분 내에 새로운 아이디를 만들 수 있다. 수많은 웹 메일 홈페이지 중에 하나를 택해 가명으로 계정을 만든다. 그러면 순식간에 내가 아닌 다른 사람이 되고, 가명으로 만든 아이디로 이메일을 보낼 수 있다. 예컨대 george.bush@gmx.net라는 메일 주소는 이라크전쟁을 위한 정보를 보낼 때 쓰고, papst.benedikt@hotmail.com은 가톨릭교회가 콘돔 사용을 금지하기 때문에 수백만 명의 에이즈 사망자를 낸 공범이라는 사실을 이해시키려 할 때 쓴다.

물론 아무도 나를 쉽게 믿지 않으리라는 느낌이 들었다. 그래서 로버트 음바예 레만이라는 이름을 선택했다. 왠지 멋있어 보이고 아프리카식 이름인 것 같아서였다.

비윤리적 상품 제공

구글 사이트에 '탄탈'이라는 단어를 입력했더니, 이미 수많은 원료 중개상인이 온라인 거래 시장에서 귀한 원료를 사고팔고 있었다. 나는 콩고산 탄탈을 중개인을 거쳐 바이엘에 팔 수 있는지 알고 싶었다. 이메일을 작성했다. 메일에는 로버트 음바예 레만이 동부 아프리카에 살고 있고, 콩고의 반란자들과 좋은 관계를 맺고 있다고 썼다. 그런 이유로 나는 40톤에 이르는 양질의 탄탈 광석을 미친 듯이 싼 가격에 내놓을 수 있다고 했다. 나는 물건을 1만 달러에 내놓았다.

물론 거래는 가짜였다. 탄탈을 가지고 있지도, 아프리카에 있지도 않았기 때문이다. 나는 사실 2001년 1월 31일 저녁에 난방이 잘되는 베를린의 방 안에서 컴퓨터 앞에 앉아 인터넷에서 주소를 발견한 수십 명의 원료 중개상인들에게 비윤리적인 상품 제공 메일을 보냈을 뿐이다.

오래 기다릴 필요도 없었다. 메일을 보낸 지 단 16분 만에 첫 번째 답장이 날아들었다. 잠재적 고객은 내가 팔려고 하는 탄탈 광석이 니오븀, 우라늄, 토륨 성분을 얼마나 함유하고 있느냐고 물었다.

좋은 질문이었다. 이참에 내가 화학에 대해 까막눈이라는 사실을 고백할 수밖에 없다. 어렸을 때는 위험한 액체를 섞는 걸 좋아해서 학교를 공중으로 날려버릴 뻔한 적도 있었다. 그런데도 화학 공식은 언제나 수수께끼였다. 대신 나는 인터넷에서 조사하는 일에는 도사였다. 그래서 온라인으로 탄탈 광석을 팔려고 내놓은 몇몇 회사에 메일을 보내 물었다. 당신들이 판매하는 탄탈 광석에는 그런 성분들이 몇 퍼센트나 함유되어 있어야 하느냐고 말이다. 술수는 딱 들어맞았다. 나는 Ta_2O_5 30퍼센트, Nb_2O_5 25퍼센트, Th 10퍼센트와 같은 정확한 정보를 얻었다. 물론 화학

기호의 내용을 이해하지 못하는 것은 마찬가지였지만. 아무튼 받은 자료를 복사해서 내게 문의한 '고객'에게 보내는 답 메일에 붙여 넣었다.

그 결과, 내가 품질이 좋은 탄탈을 제공했다는 사실을 알게 되었다. 잠재적 고객이 관심을 보였기 때문이다. 나는 더욱 대범해져서 2001년 2월 1일에 전 세계적으로 활동하는 바이엘 콘체른의 구입 부서에 메일을 보냈다. 해당 주소는 인터넷에서 찾을 수 있었다. 바로 그날 밤에 첫 번째 답 메일이 왔다. 태국에 있는 바이엘 지사가 보낸 메일이었다.

"친애하는 레만 씨,

우리는 모든 탄탈 물질을 사고자 합니다. 우리에게 40톤 탄탈의 견본과 예상 가격을 보내서 물질 분석을 할 수 있도록 해주십시오. 당신이 보낸 정보를 우리 측에서 받는 즉시 답장을 받으실 수 있을 겁니다.

안녕히 계십시오, B. 박사."

이제 증거를 얻었다. 바이엘이 콩고 동부에서 산출되는 탄탈을 사려고 한다. 이미 국제연합의 발표로 바이엘 콘체른 측에도 불법 원료 거래가 콩고전쟁의 주요 원인이라는 사실이 알려진 때였는데도 말이다.

물론 나는 탄탈의 '견본'을 보낼 수 없었고, 화학 분석표만 보냈다. 그러자 B. 박사라는 사람에게서 더 이상 답 메일이 오지 않았다. 매스컴의 보도가 나간 이후로 콘체른이 몸을 사리고 있을 수도 있었다. 그래서 나는

Von: Robert Leman [mailto:lerobe@▓▓▓▓▓▓
Gesendet: Donnerstag, 1. Februar 2001 16:26
An:▓▓▓▓▓▓▓▓▓▓b@bayer-ag.de
Betreff: Tantalite ore

Dear Mr. B▓▓▓▓

i can offer you a larger amount of tantalite ore (approximately 40 tonnes)
which i currently have on stock in Bukavu (Democratic Republik of Congo). I
can sell it at an extremely good price, if the business is done quite soon.

With best regards

Robert Mbaye Leman
Barter Trade
Arusha - Tanzania

Von:▓▓▓▓▓▓▓▓▓▓b@bayer-ag.de [mailto:▓▓▓▓▓▓▓▓▓▓b@bayer-ag.de]
Gesendet: Freitag, 2. Februar 2001 03:52
An: - *lerobe@▓▓▓▓▓▓
Betreff: Re: Tantalite ore

Dear Mr. Leman,

we are generally interested to buy all kind of Ta-raw materials. Please let
us
have the analysis, one representative sample from the 40 t lot and your
price
idea. After having these information, you will receive our quick response!

Best regards
Dr. B▓▓▓▓

▶ 바이엘 콘체른에서 보낸 메일: 피로 얼룩진 탄탈에 대해 관심을 보였다.

답장을 보내는 중간 거래인들과 계속 접촉했다. 중간 거래인들에게서 그들

이 누구에게 물건을 파는지 알아내려고 했다. 물론 그들은 입을 꾹 다물고

고객에 대해 비밀을 철저히 지켰다. 그래서 다시금 히든카드를 꺼냈다. 누군지 모르는 고객과는 굉장히 좋지 않은 경험을 할 수도 있으니, 신원이 확실한 고객에게만 탄탈 광석을 팔겠다고 했다.

뻔뻔스러운 행동이 통했다. 중간 거래상 중에 'Bvs Ltd. Germany' 회사의 K. 박사라는 사람이 메일을 보내왔다.

"구매자는 독일 고슬라르에 본사를 둔 H. C. 슈타르크의 원료 구매부입니다."

야호! 드디어 암흑에 가려진 사실이 백일하에 드러났다. 물론 판매에는 어려움이 있었다. K. 박사가 전하길, 내가 엄청나게 싼 가격에 물건을 내놓는 것을 기업 측에서 의심스러워한다고 했다. 뭔가 문제가 있을 것이라는 말이었다.

그건 사실이었다. 나는 화학에만 까막눈이 아니라 수학도 형편없었다. 탄탈에 대해 조사하면서 파운드를 킬로그램으로 잘못 읽고는 말도 안 될 만큼 싼 가격에 물건을 내놓은 것이었다. 이제 그 일에 대해 그럴듯한 구실을 대야 할 차례였다.

바이엘—공급자와 마피아

나는 국제연합이 발표한 콩고의 불법 원료 착취에 대한 보고서에서 반란군들이 일종의 마피아 회사인 소미글에 탄탈 거래를 맡긴다는 내용을 읽은 적이 있었다. 나는 이 정보를 활용하기로 마음먹고 여기에 모든 것을 걸었다. 내가 관심을 보이는 고객에게 메일을 썼다.

"소미글 회사가 매달 나처럼 국제 판매를 도와주는 거래인에게 일정한 양의 탄탈을 맡깁니다. 당신도 알다시피 나라가 정치적으로 불안해서 공개적으로 진행되지 않는 경로를 통해 수출 및 수입을 할 필요가 있습니다. 여기는 아프리카이고, 유럽과는 다른 방식으로 바즈니스가 진행된다는 점을 알아주시기 바랍니다."

이 내용은 분명했다. 그래서 잠재적 고객에게 콘체른 지사에서 일하는 사람이라면 누구나 '어떤 장사'가 무기 거래일 수도 있다는 사실을 알고 있지 않은가, 그러니 철저히 비밀을 지켜달라고 했다. 그런데 바이엘에 물건을 대는 공급자는 내 말에 놀라기는커녕 "비밀 유지야말로 우리들의 원칙이죠"라고 확언했다. 그것 말고도 더 있었다. 그가 바이엘 측 구매자와 이미 내 이야기를 했는데, 굉장히 큰 관심을 보인다고 했다. 그는 "바이엘 계열사인 H. C. 슈타르크를 가장 확실하고 든든한 파트너로 삼을 수 있을 겁니다"라는 말로 끝맺었다. 그런데 며칠 되지 않아 K가 물러났다. 이유는 윤리적인 문제가 아니라 가격 때문이었다. 내가 제시한 가격이 영 마음에 걸린다는 것이었다.

그사이에 랄프 D.라는 다른 중개인도 내게 메일을 보냈다. 그는 바이엘 계열회사인 H. C. 슈타르크가 관심을 보이는 탄탈을 사려고 했다. 그는 "늘 그렇듯이"라는 말을 덧붙였다. 나는 랄프 D.에게도 내가 반란자 측 회사 소미글과 관계하기 때문에 가격을 그만큼 싸게 내놓을 수 있다고 말했다. 그러자 랄프 D.는 자신이 소미글 회사의 여사장 아치차 쿨슴 여사와 거래를 한 적이 있다고 메일을 보내왔다. 존경스러운 쿨슴 여사는 콩고 동부 전 지역의 마피아 여대장이자 무기 밀수업자로 잘 알려진 인물이었다.

이 일로 바이엘이 수상한 일과 관계되어 있는데도 눈 하나 깜짝하지 않는다는 사실이 명백해졌다. 그런데도 나는 더 많은 사실을 알고 싶었다.

나는 이쯤에서 이메일 사업을 접고, 르완다의 수도 키갈리로 가는 가장 빠른 비행기를 잡아탔다. 키갈리에 도착해서 작은 버스에 12명의 지역 주민과 바나나 묶음과 함께 간신히 몸을 싣고 르완다의 구릉 진 풍경을 지나 콩고 국경까지 갔다. 우리는 반란자들의 수도인 고마에 도착했다.

국경 정거장에서 삼엄하게 무장한 군인이 나더러 무슨 일로 이곳에 왔느냐고 물었다. 물론 나는 위장 원료 거래에 대해서는 말하지 않았다. 아직 삶을 마감하고 싶은 생각이 없었으니까 말이다.

"나는 저널리스트입니다. 탄탈에 대한 정보를 얻고 싶어서 왔습니다."

여기까지는 사실대로 말했다. 곧이어 거짓말을 갖다 붙였다.

"당신들이 탄탈 무역으로 학교나 병원 같은 공공시설을 지원한다는 이야기를 듣고 그 내용을 기사로 쓰려고 합니다."

잔인한 폭력으로 이름을 떨치는 반란군들에게 대놓고 비난을 퍼부을 사람이 어디 있겠는가? 반란군들이 그 말에 기분이 좋아졌는지 내 여권에 반란군 도장을 찍어주고 나를 통과시켰다.

칼라슈니코프AK 소총과 소년병

2001년 2월, 닥터 응가보가 이 방 저 방으로 바쁘게 뛰어다니며 병원에는 이 지경으로 아무것도 없다고 만인에게 호소라도 하듯 선반이며 방문을 닥치는 대로 열어젖혔다. 약장 속에는 반쯤 비어 있는 약 꾸러미 몇 개만 있었다. 수술실에는 접이식 의자 하나와 그 위로 램프가 몇 개 달려 있을 뿐, 그 밖에는 아무것도 없었다. 판자벽 안에 화장실 두 개, 샤워기 두 개가 있었다. 고마에 있는 '성모 자애' 병원에는 소독 기구는커녕 세탁기도 한 대 없었다. 닥터 응가보는 다른 두 명의 의사와 함께 수백 명의 환자를 치료했다. 컴컴한 방에는 파이다 무강구[2]가 앉아서 잿빛 벽을 응시하고 있었다.

닥터 응가보가 조심스럽게 그녀의 손을 어루만졌다. 그녀는 꼼짝도 하지 않았다. 서른 살쯤 되어 보이는 그 여성은 옆 침대에 누워 있는 아기를 심할 정도로 꽉 끌어안고 있었다. 의사가 설명하기를, 병원 측의 진단에 따르면 그녀가 위염에 걸렸다고 했다.

우리가 방을 나온 후에 닥터 응가보는 그녀가 실제로 걸린 병이 무엇인지 알려주었다. 파이다 무강구는 몇 주 전에 가족을 거의 모두 잃었다. 새벽 4시에 그녀는 군인들이 남편을 총살하고 아이들 셋을 칼로 쳐 죽이는 현장을 지켜보아야 했다. 그녀는 막내아들을 데리고 어두운 곳에 숨어 있다가 바나나 덤불로 달아날 수 있었다. 파이다 무강구는 다음 날 남편의 시체를 비롯해서 갈가리 흩어진 두 딸과 장남의 시신을 라바에르데 점토 속에 암매장했다. 그 이후 그녀는 아무것도 먹을 수 없었다. 한 주, 두 주, 세 주, 얼마나 계속 그런 상태였는지 아무도 알 수 없었다. 그러던 어느 날, 파이다 무강구는 포대기로 아기를 싸서 등에 둘러업고 병원 철문 앞에 섰다. 그녀는 정신적으로나 육체적으로 완전히 끝난 상태였다. 그녀는 거의 말이 없었다.

"범인이 누구인지 아는 사람이 없습니다."

당시에 그녀의 이야기를 들은 닥터 응가보가 말했다.

범인은 사실 콩고민주공화국 동부에 사는 모든 사람들일 수 있다. 여기에 사는 그 누구도 실제로 누가 누구를 위해 싸우는지 정확히 말할 수 없다. 민병대, 산적, 경쟁하는 부족들, 그리고 큰 전쟁을 일으킨 장본인인 군인들도 역시 숲속의 은신처와 전선의 어두운 그늘 속에서 서로 고문하고 살인하고 강간하고 약탈한다.

1998년부터 이곳은 '제1차 아프리카 세계대전'으로 아수라장이다. 이 구석까지 관심이 닿을 리가 없기에 유럽에는 거의 알려져 있지 않은 전쟁이다. 아프리카는 멀리 떨어져 있고, 그저 아프리카인들은 일찍 죽는다고만 알려져 있다. 500만 명이 이 전쟁으로 목숨을 잃었다. 희생자들 중 3분의 1은 어린이였다. 거기에 1600만 명이 기아와 질병에 시달렸다. 콩고 동부의 원조 기구 '세계식량프로그램'의 책임자 클라우드 지비다르는 세월이 지나면서 영양실조에 걸린 어린이들보다 영양실조에 걸린 성인들이 더 많아졌다고 말한다. "왜냐고요? 간단한 이야기입니다. 어린이들은 그냥 죽기 때문이지요." 국제연합의 안전보장이사회는 이 사태를 두고 "세계 최악의 인본주의 위기"라고 일컫는다.

상상을 초월하는 잔혹함

국제연합의 보고에 따르면, 콩고에서는 대량 학살, 즉결 처형, 불법 구류가 일반적이라고 한다. 일례로 200명이 넘는 사람들이 대량 학살을 당했다. "희생자의 대부분은 시민이고, 그중에 여성과 어린이들이 포함되어 있었다. 만도(벌채용 칼)로 죽임을 당한 사람도 있고, 어떤 이들은 교수형을 당했다. 시체는 하수구에 그대로 버려졌다.”[3]

여성들이 가장 가혹한 일을 당했다. “여성들에게는 상상할 수 없을 만큼 참혹한 일이 일어난다. 여성들은 군인들에 의해 사냥당하고 성폭행과 강간을 당하는데, 때로는 남편과 아이들이 보는 앞에서 당한다.” 그럴 때 더욱이 여성들은 “에이즈에 걸릴 위험이 극심하게 높아진다”.

반란군 지도자 관저에서

아돌프 오노숨바 옘바도 의사다. 그는 한때 남아프리카에서 잘나가는 병원을 운영하고 있었다. 하지만 2000년 11월부터 오노숨바는 다른 직업을 가지게 되었다. 그는 RCD 반란군 대장이다. 콩고 동부에서 RCD 반란군의 세력은 중부 유럽보다 넓고 먼 지역까지 뻗어 있다. 34세의 반란군 대장 오노숨바는 산적과는 전혀 거리가 먼 사람이었다. 고마의 외곽에 있는 삼엄하게 무장한 넓은 관저를 찾아가서 그를 만난 순간 알 수 있었다.

“이곳의 우리들 말고 다른 반란군들이 넥타이를 매고 데스크톱을 가지고 있는 모습을 보지는 못할 겁니다.”

우리가 대장의 사무실에 들어서자, 젊은 남자가 친절하게 말하며 미소를 띤 얼굴로 커튼을 쳤다. 안전을 위한 조치였다. 커튼을 열어놓은 채라면 철통같은 보안을 포기하는 셈일 테니까.

▶ 콩고의 소년병: 이처럼 어린 나이에 죽음으로 내몰린다.

세련된 반란군 대장은 내가 이미 아는 정보를 넘어서는 이야기는 전혀 하지 않았다. 대신에 그는 고마에서 자유롭게 다녀도 된다고 허가를 내주었다. 나는 그 기회에 시내를 돌아보았다.

고마는 한때 번창하던 도시였지만, 지금은 많은 사람들이 골판 함석지붕을 얹은 판잣집에서 살고 있다. 시내 중심가에 있는 주택들은 회벽이 다 떨어지고, 상점들은 대부분 텅 비어 있었다. 죄다 문을 막아두었고, 창문은 부서진 채였다. 먼지가 풀풀 이는 거리에서 반란군에 징집된 어린이 군인들이 정찰을 돌았다. 이 중에 많은 어린이들이 학교가 끝나고 집으로 가는 길에 유괴되었다. 반란군이 유괴한 아이들을 훈련소에 숨겨놓았다가 마약을 먹여 전쟁을 하도록 길들여놓은 것이다. 내가 고마에 도착한 저녁에 군복을 입은 청소년 셋이 다가왔다. 그중에 열네 살쯤 되는 아이가 내 가슴에 총구를 들이대며 공손하게 돈과 담배를 달라고 했다. 아이의 눈 흰자위는 노랗고, 마약에 동공이 풀려 있었다. 나는 이 아이가 방아쇠에 걸고 있는 손가락을 얼마 동안이나 가만히 둘지 못내 불안했고, 침착하려 애쓰며 몇 달러를 주었다. 다음 날 저녁에 내가 또 지나가자, 그 아이는 마치 잘 아는 사람을 만난 듯이 나를 보고 반갑게 인사했다.

소년병

　국제 평가에 따르면, 전 세계의 25만 명이 넘는 어린이들이 약 30개의 무장한 갈등 집단에 군인으로 투입된다. 어린이들은 대부분 정식 군대나 반란군에 의해 강제로 징집되어 전쟁터로 내몰린다. 소년병들은 무장한 집단에 들어가 싸운다. 이들 집단은 아프가니스탄, 앙골라, 미얀마, 부룬디, 콩고민주공화국, 코트디부아르, 기니, 인도, 이라크, 이스라엘, 팔레스타인, 인도네시아, 콜롬비아, 라이베리아, 필리핀, 러시아, 르완다, 스리랑카, 소말리아, 수단, 우간다에 있다. 또 어린이들은 전쟁 지역에서 스파이나 갱도 작업에 악용되기도 한다. 상관에 의한 성폭행은 특히 소녀들에게 일어난다. 많은 어린이들이 시민을 상대로, 심지어 자신의 친척들에게도 폭력을 행사하도록 강요당한다. 그것도 하나의 전략이다. 폭력을 저지른 어린이들은 부끄러움을 느끼고 더 이상 몰래 달아나려 하지 않기 때문이다.

2007년 초 〈포커스〉의 기사에 의하면, 대영제국도 나이 어린 군인을 이라크전쟁에 내보냈다. 당시의 국방부 장관 애덤 잉그램은 그 일이 착오로 결정된 일이라고 해명했다.

나는 2002년에 두 번째 콩고 여행에서 소년병과 인터뷰했다. 당시 16세였던 소년병은 11세 생일을 8일 앞두고 아홉 살짜리 여동생과 함께 학교를 마치고 집으로 가는 길에 반란군에게 납치되어 훈련소로 오게 되었다고 했다.

"밤에 달아나려고 많이들 했어요. 달아나던 아이가 붙잡히면 우리를 모두 깨웁니다. 그리고 군인이 말해요. '거기, 네!' 그러면 우리 중에 지적당한 아이가 붙잡힌 소년이나 소녀를 총으로 쏴 죽여야 했어요. 형제를 죽이는 일도 일어나곤 했지요. 만일 거부하면 그 애도 그 자리에서 죽는 거죠."

소년병은 이어서 설명하기를, 몇 주 지나지 않아 소년병들을 전쟁에 내보냈다고 했다.

"그때 처음으로 사람을 죽였어요. 두려움을 없애라고 우리들에게 마리화나를 피우게 했지만, 그래도 나는 무서웠어요. 우리 대대가 총격을 시작했을 때 5분쯤은 총을 쏠 수 없었어요. 친구들은 그대로 총을 쏘고, 쏘고, 또 쏘았지만, 난… 쏠 수 없었어요. 방아쇠를 당기기가 너무 어려웠어요. 그렇게 5분이 지나고 나서 어쩌다 보니 방아쇠가 당겨졌어요. 그러고는 총을 쏠 수 있었어요."

그리고 이후에는?

"아무렇지도 않았어요. 전혀요. 어머니가 보고 싶었죠. 먹을 게 하나도 없었어요. 잠도 잘 수 없었지요. 우린 둥지에서 떨어진 어린 새나 다름없었어요. 그러다 조금 지나서, 안타깝게도 어린 여동생이 죽었어요. 어느 날 아침에 눈을 떴더니 여동생이 보이지 않았어요. 여동생이 있는 쪽을 보았는데 없는 거예요. 내가 동생을 찾으니까 친구가 그랬어요. '안됐지만 네 동생이 밤에 살해당했어. 동생이 싸우러 나가지 않겠다고 하니까 지휘관이 머리에 총을 쐈어.' 나는 동생을 묻어주는 일조차도 할 수 없었어요. 그저 돌 몇 개를 얹어준 게 전부였습니다. 계속 행군을 해야 했으니까요."

몇 년이 지난 후에 그 소년병은 UNO 어린이 원조 기구 유니세프의 지원으로 군대를 떠날 수 있었다. 가장 큰 소원은 부모님에게 돌아가는 것이었다.

"부모님이 아직 살아 계시는지도 알 수 없어요. 그리고 부모님이 내가 한 짓을 용서하실 수 있을지, 그것도 알 수 없는 일이고요."

www.kindersoldaten.info

"우리 아이들이 당신들의 이익을 위해 죽는다"

고마의 길거리에서 사람을 붙들고 물으면, 콩고의 불안정한 상황이 반란군의 탓이라고들 한다. 그러나 중앙광장에서 몇 안 되는 외국인(이곳에 있는 외국인들은 주로 구제 기관과 UNO에서 일하는 사람들이다)을 상대로 전통 가면을 팔고 있는 실지 교사는 오늘날의 불행에 책임이 있는 것은 반란군만이 아니라고 말한다.

"탄탈을 사고 무기를 공급하는 이들은 유럽인과 미국인들이죠. 그들이 우리 땅의 자원을 갈취하고, 자신들의 이익을 위해 우리 아이들을 광산에서 죽게 만듭니다."

그가 지평선을 가리킨다. 탄탈이 산출되는 최대의 광산 마시시 산이 하늘을 찌를 듯 우뚝 서 있다.

"저곳에서 그들이 우리 아이들을 죽음으로 내몹니다."

실직 교사 옆에 서 있는 소년도 한때 광산에서 행운을 찾으려 한 적이 있었다.

"진창 속에 앉아서 흙이 무너질까봐 연신 두려움에 떨고 있죠. 어디선가 끊임없이 총소리가 들렸어요. 내가 탄탈을 훔쳐갈까봐 총을 든 군인들이 지키고 있었어요. 그래도 운이 좋으면 몇 달러를 받을 수 있어요. 고마에 가면 열 배는 더 받을 수 있지만, 혹시 붙잡혀서 탄탈을 가지고 있는 걸 들키기라도 하는 날에는…." 소년은 내 이마에 손가락을 갖다 대고 총을 쏘는 시늉을 했다. "탕!"

탄탈 최대 구매자는 독일인이다

어느 날 저녁, 자동차가 호텔 앞에서 나를 기다리고 있었다. 우리는 어둠을 방패 삼아 비밀 장소로 떠났다. 한 친절한 남자가 내게 정보를 주겠다고 약속한 곳이었다. 내가 만나는 사람들이 대부분 그랬듯, 그도 실명을 밝히기를 꺼렸다. 너무 많은 사람들이 외국인과 이야기를 나눈 후에 구금되거나 흔적도 없이 사라지고 만 것이다. 반란군에 대한 공포심은 참으로 컸다.

그는 내게 탄탈 거래의 배후에 대해 몇 가지 알려주었다. 그리고 카를 하인츠 A.라는 이름을 댔다. 그 독일인 지질학자가 탄탈을 구입하는 가장 중요한 개인 구매자이니, 나더러 카를 하인츠 A.에 대한 정보를 찾아보라고 했다.

다음 날, 나는 베를린으로 가는 비행기를 타기 위해 다시 르완다로 떠났다.

나는 독일로 돌아와 카를 하인츠 A.가 무엇으로 돈을 벌고 어디에 돈을 쓰는지 알아냈다. 그 지질학자는 원료 회사를 소유하고 있었다. 그는 콩고의 반란군에게 매달 미화 30만 달러를 대주며 자신의 광산을 지키도록 했다. 혹시 그와 이야기를 나눌 수 있을까? 내가 그에 대해 들었던 정보를 종합해보면, 그는 H. C. 슈타르크의 대변인처럼 입단속을 철저히 할 가능성이 있었다. 아무튼 나는 뉘른베르크로 전화를 걸었다. 그랬더니 웬걸, 카를 하인츠 A.가 기꺼이 정보를 내주었다.

심지어 그는 탄탈 수출의 제일 중요한 개인 거래상이라고 자랑을 늘어놓기까지 했다. 광석 거래는 자신의 회사인 마신기로를 거쳐 이루어진다고 했다. 나는 콩고의 '자원 불법 착취에 대한 보고서'를 보았고, 그 회사에 대해 잘 알고 있었다. UNO가 마신기로 회사를 예로 들며 "몇몇 외국회사들이 이익에 열광하여 위법과 사기를 행하면서 사업에 뛰어든다"고 보고한 적이 있었기 때문이다.

카를 하인츠 A.는 전화 통화에서 "그 지역에서 매달 총 200톤의 광석이 수출됩니다"라고 말했다. 그의 말은 내가 조사를 시작했을 즈음에 콩고의 저널리스트가 말해준 내용과 맞아떨어졌다.

그러면 그중에 독일인의 은행 계좌로 들어가는 돈은 얼마일까?

"우리는 매달 100~150톤을 조달하지요"라는 정보가 흘러나왔다. 그 양은 전체 수출량 중 절반에서 4분의 3에 이르는 분량이었다!

그러면 이것은 어느 기업으로 갈까?

"우리는 대부분 H. C. 슈타르크에 물건을 공급합니다."

나는 침을 꿀꺽 삼켰다. 물론 이제까지의 조사에서 H. C. 슈타르크 기업이 파렴치하고 수상쩍은 사업을 통해 콩고전쟁에 자금을 지원한다는 사실을 이미 알고 있었다. 그러나 카를 하인츠 A.가 아무렇지도 않게 늘어놓은 이야기는 바로 바이엘 계열사가 전쟁 지역의 탄탈을 구매하는 업체 중에서도 주도적인 기업이라는 뜻이었다.

그런 사업은 언제부터 시작되었을까?

"그 회사는 예전부터 조금씩 탄탈을 사들였어요. 하지만 대량으로 구입하기 시작한 것은 6~7년쯤 됐어요. 그때부터 우리가 적극적으로 뛰어들어 공급을 확실히 보장할 수 있었지요."

"인권침해라는 게 뭡니까?"

이 독일인은 모든 이야기를 진중하지 못한 태도로 오만불손하게 이야기했다. 흔히 한 분야의 전문가나 장거리 여행을 자주 다니는 사람들이 보이곤 하는 태도였다. 카를 하인츠 A.는 그 두 조건을 모두 갖춘 사람이었다. 그에게 콩고에는 얼마나 오래 있었느냐, 인권침해에 대해서 어떻게 생각하느냐와 같은 질문을 던졌을 때에도 역시 오만함이 묻어났다. 나는 상황을 전혀 모르는 척 굴었다.

"인권침해요? 당신이 생각하는 인권침해라는 게 대체 뭡니까? 그게 뭘 의미하는지 일단 정의부터 내려봅시다!"

"글쎄요, 예를 들어 어린이 노동이라든가…"

"자, 지금부터 내 말 똑바로 들으세요. 어린이 노동이라는 건 아프리카에서는 우리와 아주 다른 역사를 갖고 있습니다. '어린이 노동' '아프리카' 이는 원칙적으로."

그는 또박또박 말을 끊어서 강조했다. 그곳 아이들이야 들판에 나가서도 일을 하지 않느냐는 식이었다.

"아, 네."

나는 듣는 사람에게 최대한 그럴듯하게 들리도록 감탄사를 내뱉으려 애썼다. 물론 얼마 전에 내가 아프리카에 다녀왔다는 사실을 카를 하인츠 A.가 알 리 없었다.

"그러면 탄탈을 채굴할 때도 아이들이 일을 하겠군요?"

"아무튼 나는 아이들이 일을 하는 걸 직접 보지는 못했습니다. 하지만 완전히 아니라고는 장담할 수 없지요. 비록… 아이들이 채굴을 하기에는 힘이 달리기는 합니다만. 그런 거야 뭐, 내 알 바가 아니죠."

아이들이 광석을 캐는 일에 적합하지 않다는 것은 의심할 여지가 없는 사실이었다. 고마 채굴 광산에서 젖 먹던 힘까지 짜내어 뼈 빠지게 일을 하는 여덟아홉 살짜리 소년 소녀들에 대해 이야기를 해주었던 사람들도 채굴이 아이들에게 가혹한 일이라고 생각하기는 마찬가지였다.

카를 하인츠 A.는 채광업이 콩고에 일자리를 창출해준다고 주장했다.

"콩고에서는 수만 명이 탄탈을 채굴합니다. 그들은 잘살고 있어요! 내 말이 틀림없습니다! 다시 말해, 그들 모두가 원해서 하는 일이라는 거요."

"그러면 콩고 사람들이 그렇게 일해서 얼마나 법니까?"

　돈이라는 주제에 이르자, 이 독일 기업가는 기본적인 사항부터 자세히 이야기할 필요가 있다고 했다.

'아프리카인'은 우리와 다르다

"아프리카인들은 우리와는 다르죠."

　카를 하인츠 A.는 한마디 한마디 또박또박 설명했다.

　"아프리카 사람들은 도무지 돈을 모을 줄 몰라요. 돈이 들어오는 족족 다 써버립니다. 어디에다 쓰는지는 알 수 없죠. 아프리카 사람 손에 10만 달러를 쥐어줘보세요. 며칠 내에 다 써버리고 다시 한 푼 없는 알거지가 된다니까요. 그런데 말이죠, 나는 아프리카인들이 가난하게 사는 걸 더 편안하게 여긴다는 느낌이 들더군요. 그 인간들은 맥주 한 모금과 춤출 음악만 있으면 최고라고 생각하지요."

　이 말은 예전에도 들은 적이 있다. 아프리카인들은 착취당하는 것을 아무렇지도 않게 생각하고 엉덩이를 조금 흔드는 걸로도 무척 즐거워하며, 아마 아프리카인들은 죽는 것도 즐겨 하는 것 같다는 이야기였다. 나는 이 같은 인종차별적 선입견을 19세기 식민지 시대를 그린 문학책에서 익히 보아 알고 있었다. 식민지 시대에 벨기에의 왕 레오폴드 2세는 콩고를 자신의 재산으로 여겼고, 수백만 명에 이르는 콩고인들이 고무를 채취하는 노예 생활로 목숨을 잃었다.

당시 고무 타이어가 발명되면서 전 세계적으로 고무 수요가 늘어났다. 영국의 탐험가 헨리 모턴 스탠리는 레오폴드 2세의 명령으로 콩고에서 착취를 추진했다. 그의 일기에서도 알 수 있듯이, 스탠리는 콩고 원주민을 제대로 된 사람으로 여기지 않았고 우선 문명화시켜야 한다고 여겼다. 다시 말해 그들에게 일을 시키는데, 경우에 따라서는 죽일 수도 있다는 뜻이었다.

오늘날에는 휴대전화가 전 세계적으로 탄탈의 수요를 불러일으킨다. 그 때문에 수백만 명이 죽는다. 그리고 카를 하인츠 A.와 같은 사람, 바이엘 콘체른을 위해 콩고 국민을 착취하는 사람들은 아프리카인들이 우리와는 다르다는 식으로 모든 것을 일축한다.

나는 아프리카에 자주 갔다. 아프리카 대륙에 있는 나라들 중에 안 가 본 곳이 없을 만큼 많이 돌아다녔다. 아프리카인들도 유럽 사람들과 똑같은 욕구를 가지고 있다. 그들도 우리와 마찬가지로 평화와 품위 있는 삶을 원한다. 그들도 일을 하길 원하고, 가족을 꾸리고 싶어 한다. 콩고의 어머니도 독일의 어머니와 다름없이 자식을 잃은 슬픔에 운다. 아프리카의 남성, 여성, 어린이들은 유럽의 남성, 여성, 어린이들과 똑같이 자유와 안전과 사랑을 꿈꾼다. 콩고에서는 아무도(다국적 콘체른에 의해 권력을 얻은 몇몇 독재자들을 제외하고) 10만 달러를 며칠 만에 흥청망청 써버리지 않는다. 대부분의 사람들은 살아가기 위해 한 달에 100달러만 있어도 흡족해한다.

벨기에 왕 레오폴드 2세는 한번도 콩고 땅에 발을 디딘 적이 없었다. 아마 바이엘의 매니저와 주주들도 아프리카 현장에는 한번도 가본 적이 없으리라. 기업을 이끄는 고위층 간부들은 카를 하인츠 A.가 말한 것처럼 인종차별적인 면에서 몸을 사린다. 간부들은 더러운 일은 다른 사람에게 맡기고 자신의 손은 더럽히지 않는다. 그들은 성폭행을 당한 콩고의 여인을 한번도 본 적이 없고, 강제로 살인을 저지른 어린이들의 텅 빈 눈빛도 본 적이 없다. 간부들에게 그런 것은 아무 상관 없는지도 모른다. 중요한 것은 수지가 맞는다는 사실이니까.

바이엘이 은폐하고 부인하다

내가 조사한 내용이 2001년 8월에 출판되어 대중에게 공개되자, 바이엘은 "이른바 《나쁜 기업》에서 제기된 비난을 단호한 태도로 반박했다". 바이엘 측은 기업을 인권침해에 엮어 넣는 터무니없는 책이라고 주장했다. 회사는 구체적으로 "콩고 동부의 시민전쟁 지역에서 불법으로 산출된 탄탈 원료와는 관계하지 않으며, 대신에 중앙아프리카에서 합법적으로 산출되는 자원만"[4] 얻는다고 주장했다. 하지만 그즈음에는 이미 콩고 동부가 아예 존재하지도 않았다. 전 지역에서 전쟁이 벌어져 반란군에 의해 모두 점령되었기 때문이다. 바이엘 대변인은 그 점은 고려하지 않았다. UNO는 이와 관련해 "자원의 불법 착취"라고 선언했다.

그러자 바이엘 측은 이렇게 주장했다. "탄탈 자원으로 벌어들이는 수입으로 그곳의 국민들이 생활한다. 이 사업은 수년 전부터 실시되었던 사회 기반의 구조 발전에 기여했다." 이보다 더 철면피일 수는 없으리라. 그렇다면 바이엘 경영진들은 "사회 기반 구조의 발전"이라는 의미를 내란으로 파괴된 학교와 병원과 거리, 또는 어린이 두 명 중에 한 명이 소총을 들고 돌아다니는 상황이라고 이해한단 말인가?

UNO뿐만 아니라 〈파이낸셜 타임스〉도 내 조사 결과를 공식적으로 인정하고, 바이엘이 "전쟁을 주도한 반란군을 간접적으로 지원했다"[5]는 의혹을 표명했다. 그러자 바이엘은 2001년 8월에 "그 시점에 H. C. 슈타르크는 문제성을 인식하지 못했다. 우리는 국제연합이 4월 중순에 보고한 내용을 보고 나서야 비로소 그 지역의 특수한 상황에 주목하게 되었다"고 주장했다. 그러나 그 말도 옳지 않다. 2000년 11월부터 베를린 〈타게스차이퉁〉이 정기적으로 탄탈 무역과 전쟁의 관련성에 대한 기사를 실었기 때문이다. 기업 대변인은 이미 기사를 알고 있었다. 심지어 내가 직접 그 건에 대해 대변인의에게 의견을 청한 일도 있었다.

2002년 5월, 바이엘이 새로운 반응을 보였다. 한 언론을 통해 2001년 8월 이후로 더 이상 중앙아프리카에서 탄탈을 사들이지 않았다고 발표했다. 1년 후에 그 결과에 대해 UNO의 새 보고서를 읽을 수 있었다. "조사위원회는 바이엘의 주장과 반대되는 사실을 입증하는 증거 서류를 가지고 있다. 언론을 통해 H. C. 슈타르크는 탄탈 광석이 반란군에게서 나온 것이 아니라고 주장했다. 하지만 콩고민주공화국 동부에서는 반란군도 외국 군대도 탄탈 광석으로 이익을 보지 않을 수 없다."[6]

그런데도 바이엘은 계속 부인했다. 그렇다면 UNO가 거짓말을 한다는 말인가?

이제는 그 건을 두고 기업이 직접 나를 공격했다. 독일 주간지 〈디 키르세〉가 내 보고를 기사화한 후, 편집장이 바이엘 본사에서 보낸 우편물을 받았다. "베르너 씨가 퍼뜨린 진술은 파렴치하며, 바이엘이 행하는 세계적 사회참여 활동에 명백하게 모순된다"는 내용이었다. 이에 대해 〈디 키르세〉 편집부가 적절하게 대답했다. "당신도 아시다시피 책에 나온 비난이 잘못된 것이라면 법적으로 간단히 내용을 수정할 수 있겠지요." 그러나 고소는 제기되지 않았다. 지금까지도 그렇다. 바이엘 경영자는 내 '파렴치한 진술'이 사실임을 너무나 잘 알고 있기 때문이다.

이름만 바꾼 식민주의

바이엘은 2007년 1월에 마침내 계열사 H. C. 슈타르크를 미국 금융투자 그룹에 팔아넘겼다. 콩고민주공화국에서는 반란군 대장 아돌프 오노숨바 옘바와 정부가 평화협정을 체결했고, 그는 국방부 장관으로 임명되었다. 이제 콩고 동부에서는 새로운 전쟁 주도자들이 탄탈을 둘러싸고 전쟁을 벌이고 있다. 끝이 나지 않을 이야기인가?

나는 모른다. 단지 바이엘 콘체른이 연루되었음을 우연히 알게 되었을 뿐이다. 유감스럽게도 이 독일 기업은 수백 개 기업들 중에 단 하나의 예에 불과하다. 다국적기업 대부분은 인간성의 원칙을 넘어 이익을 앞세운다. 다국적기업이 어디까지 가는지는 바이엘이 보여주었다. 글로벌화라는 것이 이름만 달리한 식민지 착취 역사의 연장이라는 인상을 받았다. 유럽의 통치자들은 수백 년 동안 아프리카, 아시아, 라틴아메리카를 착취했고 식민지 국민들을 노예로 만들었으며, 문명화와 선교라는 아름다운 이름 아래 민족 살상과 파괴를 일삼았다. 일부는 완전히 공식적으로 진행되었다.

그러나 차이점도 있는 것 같다. 옛날에는 레오폴드 2세가 콩고에서 저지른 일을 누구나 알 수 있었다. 저널리스트와 인권 단체들이 이러한 범죄를 대중에게 공개하고 호소했기 때문이다. 반면 오늘날에는 저널리스트인 내가 불법이 행해지는 변두리로 떠나 콘체른의 음모를 밝히려 애써야 한다. 그 일을 위해 나는 가짜 아이디를 만들고 타락한 원료 거래 상인으로 행세해야 했다. 우리 시대에 자행되는 글로벌 딜러들의 인권침해는 은폐되어 있고, 철저히 비밀에 부쳐진다.

우리는 역사책과 매스컴을 통해 오늘날 콩고와 같은 나라들이 독립되었다고 배운다. 반면에 다국적기업들이 그곳에서 자기들의 필요에 따라 반란군과 독재자에게 자금을 대고, 심지어 자국으로부터 정치적 지원까지 기대할 수 있다는 사실에 대해 배우는 경우는 드물다. 이 비난은 바이엘에 인권 수호의 의무를 지우는 일을 전혀 진지하게 받아들이지 않는 독일 정부에도 해당된다.

콩고에서 조사를 마친 후에 지난 세기의 식민주의와 21세기의 자본주의 글로벌화 사이에 어떤 차이가 있는지 자문해보았다. 단 한 가지 차이가 있는지도 모른다. 바로 착취가 익명으로 진행된다는 사실이다. 이제 착취는 비밀이 되었다. 그리고 현대의 기술에 의해 더욱 빨라졌다. 착취를 통해 바이엘뿐만 아니라 이 책에 언급된 모든 콘체른이 이익을 취한다. 그것도 도저히 일일이 열거할 수 없을 만큼 많은 기업들이.

요약

- 아프리카의 많은 나라들이 원래는 유럽 대부분의 나라보다 자원 면에서 더 부유하다. 아프리카 국민들이 가난한 이유는 산업국가들에 의해 자원을 착취당하기 때문이다. 국제적 콘체른들은 자원을 싸게 얻을 수 있다면 전쟁에 자금을 대는 일조차 꺼리지 않는다.
- 휴대전화와 컴퓨터에 들어가는 전자 부품에는 탄탈이라는 광석이 필요하다. 탄탈은 콩고민주공화국에서 끔찍한 상황하에 채굴된다. 탄탈 광석의 높은 수익성이 1945년 이후 아프리카에 가장 큰 전쟁이 일어난 주원인이었다.
- 콩고에서 자행된 불법 탄탈 거래의 최고 수익자는 독일 화학 콘체른인 바이엘의 계열사였다.
- 인터넷이 국제무역을 익명으로 비밀리에, 더 빠르게 진행시키는 데 기여했다. 그럼으로써 글로벌 착취의 수익자들은 공적인 통제에서 벗어나고 자신의 손은 더럽히지 않는다.
- 이런 관점에서 콘체른의 글로벌화는 빈국의 식민화와 조금도 다를 바가 없다. 다만 더 빨라지고 익명으로 진행되며, 겉으로 보기에 식민화의 형태를 인식하기 어려울 뿐이다.

기타 정보

- www.cbgnetwork.org
  바이엘이 자행하는 폐해에 대항하는 단체가 독일 화학 콘체른의 끔찍한 음모에 대한 최근 정보를 제공한다.
- www.kongo-kinshasa.de/taz
  〈타게스차이퉁〉의 편집자 도미니크 존슨의 콩고에 대한 시사 기사 및 기록물

- www.suedwind-magazin.at

  〈쥐트빈트〉 잡지가 매달 아프리카, 아시아, 라틴아메리카에 대한 흥미로운 기사를 내

  보낸다.

- www.buko.info

  세계주의연합은 가난한 국가의 권리를 위해 싸우는 그룹들 중에 독립 단체다.

글로벌화가 부른 가난

경제가 담당하는 사회적 책임은
이익을 증대시키는 것이다.
– 밀턴 프리드먼

의류, 스포츠화, 장난감, 전자 기기, 우리가 쓰는 소비 상품의 대부분이 이른바 임금이 싼 저임금 국가에서 생산된다. 거대 유명 메이커 회사가 광고에 엄청난 거액을 들이는 동안, 유명 메이커 회사를 위해 일하는 노동자들은 쥐꼬리만 한 돈을 받을 뿐만 아니라 인간 대접까지 받지 못하는 열악한 조건에서 일한다.

2007년 10월 말, 서부독일 방송 WDR TV가 의류 유명 메이커 갭GAP의 구매자들을 큰 충격에 빠뜨렸다. 한 저널리스트가 인도의 후미진 공장에서 14세 이하의 어린이들, 심지어 10세 이하의 어린이들까지 세계적으로 유명한 메이커의 옷을 만들기 위해 노예처럼 일하고 있는 현장을 보도했기 때문이다. 11세쯤 되는 남자아이가 갭 회사의 아동 의류 컬렉션 상의에 진주를 달고 있는 모습도 방송되었다. 남자아이는 땅바닥에 앉아 있었고, 그 주변은 똥오줌으로 범벅이 되어 있었다.

어린이들은 강제로 하루에 16시간씩 손으로 옷을 꿰매는 일을 해야 했다. 돈은 한 푼도 받지 못했다. 울면 구타당하는데, 소리를 지르지 못하게 하려고 기름을 적신 수건으로 입을 틀어막았다. 대부분 인도의 가난한 지역이나 방글라데시와 같은 인접한 나라들에서 온 가난한 어린이들이었다. 전문 인신매매꾼들은 부모를 속여 몇 푼 안 되는 돈으로 어린이들을 사서는 30시간이 걸리는 먼 지역으로 이동하면서 먹을 것도 주지 않은 채 '새 주인'에게로 데리고 간다.

대체 왜 부모들이 자식을 팔아넘길까? 세계에서 가장 가난한 나라의 수많은 부모들이 아이들을 먹여 살릴 돈을 벌지 못해 허덕인다. 이때 어떤 사람이 나타나 아이들에게 더 나은 미래를 보장하면서 반신반의하는 부모들이 아이들을 팔아넘기게끔 달콤한 말로 꾄다.

갭은 이러한 비난에 대해 크리스마스 선물로 기획한 제품이 그런 노동 조건에서 생산되는 줄 몰랐다고 변명했다. 또 회사는 어린이들의 손으로 자사의 옷을 만드는 것은 어떤 경우에도 용납할 수 없다고 주장했다.

착취와 어린이 노동은 합법이다

그러면 갭 회사가 그때만 그랬을까? 천만에 말씀이다. 갭은 2004년부터 이미 어린이 노동력을 이용하고 인간 이하의 조건에서 제품을 생산해왔다. 다른 의류 기업도 비슷한 생산 방법을 취한다. 1990년대 이후로 인권 단체와 비판적 저널리스트들이 다국적기업의 비행을 고발하는 예가 점점 늘어나고 있다. 다국적기업의 비행을 기사로 접한 구매자들은 그 회사가 아닌 다른 회사의 제품을 구입하겠다고 마음을 먹기 때문에 다국적기업은 큰 손실을 본다. 물론 다른 회사의 상황이 그보다 나은지는 알 수 없는 일이다.

2001년에 《나쁜 기업》이 출판되었을 때, 우리는 거의 모든 유명 메이커들이 착취, 어린이 노동, 무기 거래, 동물 학대, 환경 파괴로 수익을 올린다는 사실을 밝힐 수 있었다. 주간지 〈슈피겔〉은 당시 이 책에 대해 다음과 같은 기사를 냈다. "《나쁜 기업》은 콘체른의 가장 예민한 부분, 즉 그들의 명성을 공격한다." 기업들은 우리의 비난이 옳다는 것을 알았다. 그래서 어떤 기업도 우리를 고소하지 않았다.

이미지 문제다

우리가 시장에서 물건을 사겠다고 결정하는 요인은 단순히 제품의 품질과 가격만이 아니다. 일종의 생활 감정도 산다고 할 수 있다. 여러분도 그런 느낌을 잘 알고 있으리라. 어떤 메이커가 유행한다고 치자. 그러면 유행하는 메이커의 제품을 가진 사람은 제품을 통해 격이 올라간다고 느낀다. 반대로 지저분한 장사로 돈을 번다고 알려진 회사의 제품을 가지고 있으면 이미지에 좋지 않다.

그러므로 콘체른은 어떻게든 반응을 보여야 한다고 생각한다. 일례로 스웨덴 가구 회사 이케아[IKEA]가 납품업체에서 어린이를 착취한다는 비판을 받자, 기업은 카탈로그[1]에 다음과 같은 고객 안내문을 실었다. 어린이 노동은 "오늘날 현실에서 수용할 수 없는 부분이지만, 유감스럽게도 우리 제품을 생산하는 국가에서 만연한 일"이라는 내용이었다. 한편 사람들은 UNO의 어린이 원조 기구 유니세프와 협력해서 어린이 노동을 금지하는 데 힘을 기울인다. 그 일로 내가 문의하자, 당시 독일 유니세프 단체장이었던 디트리히 가를리히스가 대답했다. "네, 이케아 그룹이 유니세프의 프로젝트를 지원합니다. 그렇다고 해서 이케아 제품을 생산할 때 어린이들이 더 이상 노동을 하지 않는다는 말로 곧장 연결되는 건 아니지요." 어린이 노동을 금지하는 일은 무척 어렵다. 그래서 동부 및 남부 아프리카 지역의 유니세프 단장 어반 존슨은 콘체른들이 유니세프의 이름을 등에 업고 기업의 이미지를 치장하는 행태를 달가워하지 않았다. "이케아가 더 이상 어린이 노동으로 제품을 생산하지 않는다고 칩시다. 글쎄요. 그게 뭐, 잘된 일이라고 할 수 있을까요? 내 말은 도둑질을 그만둔 도둑에게 크게 고마운 생각은 들지 않는다는 뜻입니다."[2]

사회적 책임경영기법CSR

알파벳 A로 시작하는 아디다스에서부터 Z를 가진 자라까지 오늘날 대콘체른 모두가 '사회적 책임경영기법Corporate Social Responsibility, CSR'을 신봉한다. 대기업들은 자신들이 사회적, 경제적으로 책임을 진다는 홍보 활동에 엄청난 거금을 들인다. 기업의 한 부서 전체가 인권과 환경보호 업무를 담당한다. 이들은 길거리 아이들을 지원하고, 어린이 놀이터를 조성하고, 더 나아가 빈국에 학교와 병원을 짓기도 한다. 대기업들은 자신들이 "사회에 책임 의식을 가진 일부"임을 강조하고, 최고의 목표가 "지속 가능한 경영 방식"이라고 말한다. 대기업들은 대부분 '행동 규범Code of Conduct'도 지니고 있다. 행동 규범에는 노동권, 노동조합권, 인권 등의 수호 그리고 환경보호 및 어린이 노동에 반대한다는 내용이 들어 있다.

듣기에는 참 좋은 말이다.

그러나 그 배후에 숨어 있는 실체는 무엇일까? 왜 오늘날 기업들이 거금을 들여 자신들이 윤리적으로 사업한다고 강조하는 홍보 활동에 열을 올릴까?

이유는 간단하다. 콘체른들은 자체적으로 의무화한 '기업의 책임'을 구실로, 인권을 지키기 위해 세계적으로 통용되는 법적 적용을 받지 않으려는 것이다. 기업들은 "우리는 CSR을 행하기 때문에 법이 필요치 않다"고 주장한다. 그렇다면 더 나아가 이런 주장도 가능하리라. "모든 법을 폐지하자. 우리는 빨간불이 켜졌을 때는 알아서 횡단보도를 건너지 않고, 은행도 습격하지 않는다." 그런데 과연 그럴 수 있을까?

기업이 홍보 활동에 막대한 자금을 쓰는 또 하나의 이유는 소비자 때문이다. 소비자들은 오늘날 '양심 바르게' 구매하려고 한다. 주식에 투자하는 사람들도 투자한 돈이 어린이 노동과 무기 거래에 쓰이기를 원치 않는다. 그래서 사람들은 투자 목적으로 주식을 고를 때 회사가 윤리 기준을 지킨다고 확언하는 '윤리적 펀드'를 선택한다.

공개적으로 CSR 캠페인을 벌이면 대중들은 기업에서 생각을 고쳐먹었으니, 이제 다시 양심에 따라 제품을 만들 것이라고 착각한다.

사회적 책임경영, 과연 발전일까?

제프 볼링거는 20세기 말에 대기업의 비행을 찾아내 만천하에 공개한 선구자 중에 한 사람이다. 2007년 10월에 나는 빈에 사는 53세의 미국인 제프 볼링거를 집으로 찾아가 만났다. 나는 그 일 이후로 실제로 개선된 부분이 있는지 알고 싶었다.

"조금도 바뀌지 않았습니다." 머리가 하얗게 센 친절한 그는 입을 열었다. 그의 옆에서는 아들이 미국에 있는 친구들과 컴퓨터로 채팅을 하고 있었다.

"완전히 그 반대죠. 대기업들이 이제는 CSR 홍보에 거금을 쏟아 붓고 있어요. 하지만 노동자들에게 공정한 임금을 지불하고, 제품 생산국의 상황을 개선하는 일은 여전히 안중에도 없습니다. 게다가 저널리스트들이 이런 끔찍한 상황을 비판하는 일마저 더 어려워진 형편이죠. 수많은 소비자들이 CSR 홍보를 앞세운 기업의 거짓말을 철석같이 믿고 있으니까요."

이런 결과는 사람들이 어리석어서 그런 것이 아니다. 그보다는 각 회사마다 거래 관계를 일일이 통제할 수 없기 때문이다. 그리고 이는 글로벌화의 결과이기도 하다. 오늘날 거의 모든 대기업들은 자체적으로 공장을 운영하지 않는다. 우리가 쓰는 소비 제품의 대부분이 하청업자에 의해 저임금 국가에서 생산된다. 그리고 저임금 국가에서 일하는 노동자들은 턱없이 적은 임금을 받을 뿐만 아니라, 대개 인간 이하의 취급을 받는다. 이런 공장을 노동 착취 공장이라 부르는데, 값싼 노동력으로 생산할 수 있는 모든 분야에 걸쳐 있다. 예컨대 의류, 장난감, 스포츠 부품, 컴퓨터, 휴대전화, 전자제품, 자동차 분야에는 모두 이런 공장들이 있다.

▶ 방글라데시의 여성 재봉사: 노동 착취 공장에서 쥐꼬리만 한 임금을 받기 위해 열심히 일한다.

쇼핑센터에 가서 제품에 붙어 있는 라벨을 보라. 중국, 베트남, 인도네시아, 멕시코, 불가리아 등등의 나라가 적혀 있다. 청바지 하나만 해도 독일 소비자에게 오기까지 적어도 2만 킬로미터나 돌고 돈다. 카자흐스탄에서 난 목화솜을 터키에서 정제해서 타이완에서 면직물로 짠다. 면직물은 인도에서 중국제 염료로 염색되고, 중앙아메리카의 온두라스에서 청바지로 만들어져 그리스에서 워싱 처리가 된 후에 마침내 소비자에게 팔려나가는 것이다.

유명 메이커 제품 생산을 위한 쥐꼬리만 한 임금

가난한 나라들은 예외 없이 노동임금이 극심하게 낮다. 심지어 노동자들이 받은 임금으로는 집과 음식, 옷과 약품처럼 일상생활에 필요한 물건조차 살 수 없을 때가 많다. 가족 전체를 먹여 살린다는 것은 도저히 불가능하다. 이런 상황에 대한 책임은 그 나라 정부뿐만 아니라 세계무역기구, 세계은행, 국제통화기금과 같은 국제기구에도 책임이 있다. 이 기구들은 다국적기업의 경제적 이해를 관철하기 위해 가난한 나라에 압력을 행사한다(2장 '콘체른의 세계' 참조).

기업들이 CSR 홍보를 통해 법정 최저임금을 지불하거나 더 나아가 그보다 더 많은 임금을 지불한다고 주장할 때, 다음과 같은 점을 주의 깊게 살펴보아야 한다. 최저임금을 결정하는 데 기업들이 참여한다는 사실이다. 기업들은 정부가 임금을 최대한 적게 책정하게끔 영향력을 행사한다. 최저임금은 현실적으로 사람이 생존하기에 턱없이 모자란다.

그래서 대기업의 하청을 받은 공장에서는 초과 노동을 많이 하는 수밖에 달리 방법이 없다. 주말에 쉬거나 휴가를 얻는 경우는 극히 드물다. 수많은 공장 노동자들이 직업 외에도 다른 서비스업에서 일하도록 내몰리게 되는데, 그렇게 일을 해도 부족하면 어린이들도 나서야 한다. 어린이의 나이가 14세든 7세밖에 되지 않든, 그런 것은 문제가 되지 않는다. 하청 공장에서 어린이 노동을 폐지하는 것만이 능사는 아니다. 부모들이 받은 임금으로 가족을 먹여 살릴 수 있는 조건이 마련되는 것이 더욱 중요하다. 그렇지 않으면 또 다른 곳에서 일해야 한다. 노동 착취 공장에서 일을 하든 길거리에서 구걸을 하든, 닥치는 대로 일을 해야만 한다.

국제노동기구ILO는 개발도상국만 따져도 5~14세 어린이들 약 1억 9000만 명이 강제 노동에 처해 있다고 본다. 그중에 1억 2200만 명이 아시아 어린이이고, 5000만 명이 아프리카 어린이, 600만 명이 라틴아메리카 어린이다. 수많은 어린이들이 육체적, 정신적, 감성적 발전을 해치는 조건 속에서 일하고 있다.

어린이 노동 중에 가장 열악한 형태는 성적 착취와 노예로 부리는 일이다. 성적 착취에는 성매매 행위와 어린이 포르노 산업이 있다. UNO 유니세프의 조사 평가에 따르면, 세계적으로 300~400만 명의 어린이 및 청소년이 성매매에 동원된다. 어린이 노예는 빚을 진 노예도 포함되는데, 어린이 당사자가 빚을 졌다고 하지만 실제로는 부모의 빚을 어린이가 대신 노예로 일하며 갚아야 하는 경우를 말한다.

어린이들의 대다수가 공식적으로 취직되지 않은 상태에서 일한다. 일부는 자신의 집에서, 아니면 농업 현장이나 가내수공업 공장에서, 또는 남의 집 식모가 되어 일하거나 길거리에 나가 구두 닦는 일 등을 한다. 국제노동기구에 따르면, 어린이들의 최소 10퍼센트가 관광업에서 일한다. 그중에 약 100만 명의 어린이가 성적 착취 대상이 된다. 매년 섹스를 목적으로 20만 명에 이르는 관광객들이 어린이와 청소년을 대상으로 성적 착취를 행한다. 노동하는 어린이들 중에 일부는 공장에서 일한다. 14세 이하 어린이 약 1200만 명이 유명 메이커 기업의 제품을 생산한다.

국제노동기구는 원칙적으로 18세 이하의 어린이가 돈을 버는 일을 하는 것을 어린이 노동이라 정의한다. 그러나 일반적으로 13세 이하의 어린이들에게만 노동금지법을 적용한다. 교육을 목적으로 하는 노동, 예를 들어 도제와 같은 일은 유럽에도 있으며 물론 나쁘지 않다. 13~15세의 어린이 및 의무교육을 마치기 전의 어린이들은 교육에 해가 되지 않을 정도의 가벼운 노동만 허용된다. 그리고 만 18세가 될 때까지는 노동시간과 조건에 관해 엄격한 규정이 있다. 예를 들면 야간 노동은 허용되지 않는다.

정보: www.ilo.org, www.unicef.de

비인간적 노동 상황

율리아 에스메랄다는 수년 동안 엘살바도르에 있는 '포르모사' 공장에서 일했다. 그곳에서 그녀는 나이키와 아디다스 셔츠를 재봉했다. 일당은 5유로였다. 5유로의 절반은 구내식당에서 써야 했다. 아침 식사로 콩과 커피, 점심으로는 쌀을 곁들인 닭고기 한 조각이 전부였다. 12제곱미터 크기의 비좁은 집에서 율리아는 어머니와 세 살짜리 딸과 살았고, 매달 임금에서 집세로 35유로가 빠져나갔다. 공장으로 가는 버스 요금은 80센트였다. 어느 날, 그녀는 버스비가 없어서 걸어가느라 공장에 늦게 도착했다. 그리고 22세의 여성 율리아는 그 자리에서 해고당했다. 받아야 할 임금도 받지 못했다. "우리는 살아남기 위해 돈을 빌려야 합니다." 이 젊은 여성이 한 인권 단체 회원에게 말했다. 그녀는 빚을 어떻게 갚아야 할지 방법을 알 수 없었다. 그 와중에도 그녀는 조금이라도 돈을 아껴 딸을 학교에 보내고 싶어 했다.

"공장은 무척 더워요. 환기가 되지 않아요. 그러니 땀이 흘렀다가 그대로 말라버리는 거예요. 먼지가 코를 틀어막지요. 물을 마시거나 화장실에 가려면 허락을 받아야 해요. 공장에 있는 안전요원이 출입을 관리하는데, 하루에 한 번이나 두 번 이상 밖으로 나갈 수 없어요. 공장은 더럽고, 화장실에는 휴지도 없어요. 식수도 깨끗하지 않고요. 공장을 나갈 때는 수치스럽게도 몸수색을 당해야 했어요. 여성 안전요원들이 온몸을 샅샅이 더듬어요."

율리아는 포르모사 공장의 환경을 이렇게 설명했다.

취직된 모든 여성은 임신 테스트를 해야 했다. 그리고 그 비용도 직접 부담했다. "임신을 하면 당장 쫓겨나요. 우리도 사회보장비를 내지만, 병원에 갈 시간을 낼 수 없어요." 포르모사에서 노동조합은 허용되지 않았다. "만일 노동조합에 들어 있는 걸 사람들이 알면 즉시 쫓아내지요. 모두들 두려워해요."

성적 학대

'깨끗한 옷 캠페인'이라는 인권 단체에 따르면, 포르모사에서 일하는 여성 노동자의 절반이 18세 이하였다. 15세의 마리아도 하루에 12시간씩 재봉틀 앞에 서서 일했다. 수많은 소녀들과 다름없이 마리아도 상사로부터 성적 학대에 시달렸다. 그런 일은 유럽에서도 일어나지만, 빈국의 대기업 하청 공장에서 일어나는 여성의 성적 학대는 아예 일반적인 일이 되었다. 빈국에서 일하는 여성들은 윗사람에게 더 잘 보여야 하기 때문이다. 그녀들은 사장에게 온전히 매달린다. 일자리를 잃어 먹고살지 못할 일이 두렵기 때문이다. 일례로 재봉사로 일했던 마를레네 베가가 〈슈테른〉에 다음과 같은 이야기를 털어놓았다. "남자 둘이 나를 붙들고는 샤프 씨의 차가 있는 쪽으로 끌고 갔어요. 샤프 씨는 포르모사 공장주의 아들이었어요. '지미가 널 원해. 이건 부탁이 아니라 명령이야'라고 남자들이 말했지요."[3] 소녀는 겨우 그 자리에서 달아날 수 있었다. 그리고 다음 날 아침에 해고당했다.

당시에 아디다스 측은 사건을 조사하고 포르모사의 노동환경을 개선하겠다고 약속했다. 결국 가해자에 대해서는 아무것도 밝혀낼 수 없었다. 반면에 희생자들은 한번도 조사를 받은 적이 없다고 말했다. 공장은 2005년에 결국 문을 닫았다. 그리고 여성 노동자들에게 손해배상금으로 약 80

만 달러를 지불해야 했다. 수익이 5억 5000만 유로에 달하는 아디다스 기업이 피해 여성들에게 이제야 겨우 3만 6,000달러씩을 지불한 것이다.

메이드 인 차이나

1990년대 이후로 인권 단체들이 거대 콘체른에 속한 하청 공장의 비인간적인 처우에 대한 보고를 점점 많이 내놓고 있다. 그러나 저임금이라는 가장 중요한 문제는 그 후로도 전혀 개선되지 않았다. 2007년에 세계노동조합연합 '플레이페어Play Fair'와 국제비정부기구NGOs는 2008년 베이징올림픽 공식 업체에서 일하는 수많은 노동자들을 예로 들었다. 그중에는 중국의 도시 선전에 위치한 공장에서 일하는 노동자들도 포함되어 있었다. 공장주의 홈페이지에 따르면 그곳에서는 여러 종류의 가방을 생산하는데, 국제적인 대기업인 디즈니, 나이키, 리복, 월마트, 버버리, 델의 가방도 생산한다.[4]

'플레이페어'는 돈도 많이 버는 유명 대기업들이 노동자들에게 법적으로 규정된 최저임금의 35퍼센트만 지불했음을 확인했다. 하루 노동시간은 13시간에 이르고, 노동자들은 한 달에 쉬는 날이 거의 없거나 아예 없었다. 그렇게 일을 하고도 노동자들이 받는 임금은 한 달 평균 778위안밖에 되지 않았는데, 이는 80유로도 되지 않는 적은 액수다. 그 돈으로는 중국에서 생활이 되지 않으니, 하물며 가족을 꾸린다는 것은 있을 수도 없는 일이다. 조사 팀이 보고한 내용에 따르면, 이러한 상황은 올림픽 공식업체가 들어오기 전부터 이미 그랬다고 한다. 그곳의 공장에서 턱없이 적은 임금을 지불한다는 사실을 숨기기 위해 엄청나게 통제했다는 것이다. 또 공장에서 일하는 노동자들의 안전이나 건강도 전혀 고려하지 않았다. 공장 내부의 공기는 먼지와 면직물 및 린넨 보푸라기로 너무 탁해져서 숨 쉬기조차 어려웠다. 환기장치가 먼지를 걸러내지 못하니 있으나 마나고, 노동자들에게는 마스크도 제공되지 않았다. 노동자들은 직물을 짜는 일 외에도 염색 가공을 하면서 독성이 강한 염료로 인해 손에 심한 상처를 입었다.

법적으로 규정된 출산휴가는 없었다. 임신한 여성 노동자는 무급 휴가만 신청할 수 있었다. 중국에서는 일반적인 일이지만, 그 밖에도 노동환경을 개선하기 위해 공동의 힘을 모아 노동조합을 조직할 가능성도 전혀 없었다.

2007년 여름, 판매한 장난감 중 약 2000만 개에 납 성분 및 기타 위험한 물질이 과다하게 포함되었다는 이유로 회수되는 사건이 일어났다. 바비인형으로 유명한 마텔, 토이저러스, 월마트 같은 기업들이 어린이에게 위험하고 건강을 해치는 물질을 판 것에 대해 고객에게 돈을 돌려주어야 한다는 압력을 받았다. 여기에 해당하는 모든 장난감이 중국에서 생산된 제품이었다.

중국 정부는 이 일에 대해 수출이 급격하게 증가하는 상황에서 안전성에 대한 문제가 발생하는 것은 지극히 당연한 일이라고 공고했다.

중국은 13억 명으로 세계에서 인구가 가장 많은 나라다. 중국인들은 공산주의 독재 아래 살고 있지만, 경제체제는 이미 오래전부터 자본주의를 따르고 있다. 인권 단체 '휴먼라이츠워치Human Rights Watch'의 평가에 따르면, 중국에서 매년 약 7,500명이 사형을 당한다. 이는 중국을 제외한 전 세계의 사형 건수를 합친 것보다 많다.

반면에 다국적 대기업 입장에서 보면 중국이야말로 천국이다. 독자적 노동조합이 금지되어 있고, 노동자들이 권리를 주장하면 즉시 경찰이 출동해서 체포하니 말이다. 공장에는 안전과 환경보호를 위한 규정은 거의 존재하지 않는 대신에 최저임금을 받고도 기꺼이 일하겠다고 나서는 사람이 줄을 서 있는 지경이다. 그들 중에 많은 이들이 장난감 공장에서 일한다. 마텔, 토이저러스, 치코 등의 회사가 이들을 고용하지만, 맥도날드의 해피밀 세트에 끼워주는 장난감도 주로 중국에서 생산한다. 해피밀 세트에 포함된 장난감은 부유한 산업국가의 어린이들에게 증정용으로 제공된다. 전 세계의 장난감 중에 5분의 4가 '메이드 인 차이나'다. 최근에는 베트남에서도 생산하기 시작했는데 베트남의 임금이 중국보다 싸기 때문이다. 다국적 콘체른으로서는 얼마나 즐거운 일이랴. 이처럼 최저임금과 열악하기 짝이 없는 노동조건을 둘러싸고 치열한 경주가 벌어지는 한편, 콘체른은 우리에게 '사회적 책임경영기법'을 떠들어댄다. 2006년 10월에 중국 정부가 노동조건을 개선하고 노동조합을 강화하려는 움직임을 보이자, 콘체른의 로비스트들이 당장 반대하고 나섰다. 심지어 어떤 로비스트들은 투자를 그만두겠다는 위협까지 서슴지 않았다.

이런 이유들로 글로벌화가 가난한 국가에서 일자리를 창출하고 빈곤을 완화하는 데 기여한다는 주장은 틀렸다. 예전에는 소작농으로 살던 수백만 명에 이르는 사람들이 글로벌화의 결과로 도시로 이주했다. 오늘날 그들은 슬럼 지역에서 살면서 삶의 기반을 비롯해 인간으로서의 품위조차 지키지 못한 채 다국적기업을 위해 고되게 일하고 있다.

CSR은 관두고 신발 한 켤레 생산에 75센트를 더 주라!

유럽에서 100유로에 팔리는 스포츠화 한 켤레의 경우, 그것을 생산하는 중국이나 베트남의 여성 재봉사는 약 40센트를 받는다. 이에 제프 볼링거가 말한다. "여성 노동자들이 75센트만 더 받을 수 있다면 문제는 해결될 겁니다. 그런데 75센트를 더 주면 나이키와 같은 대기업의 경우 2억 1000만 달러의 비용이 추가로 나갑니다. 그러니 대기업은 그 비용을 들이느니 1000만 달러를 들여 CSR 홍보팀이 이 회의, 저 회의를 돌아다니며 책임감이 강한

▶ 내 스포츠화로 누가 100유로를 버는가?

회사라고 홍보하는 쪽을 택하지요.” 글로벌화 전문가 크리스티안 펠버도 이 일에 대해 자신의 의견을 말한다. “국제적인 콘체른들은 통상적인 사업 행위와는 거리가 먼 자선사업을 한다는 화려한 팸플릿으로 치장하면서 사회적으로 무자비한 행동을 일삼고 있습니다.”

전자제품 할인점 새턴Saturn 사는 “자린고비가 제일이다”라는 시니컬한 광고 문구로 윤리 개념을 새로이 정의했다. 그러면 왜 “살인이 대세다”, “킬링은 쿨하다”라는 선전은 하지 않을까? 이 광고 문구는 현 세태를 참으로 정확하게 짚었다. “자린고비가 제일이다”는 모든 다국적기업의 모토나 다름없다. 이들은 가난한 나라의 사람들을 기계처럼 취급해서 만든 물건을 제대로 된 좋은 물건인 양 우리에게 판매하려 한다. 그래야 자본주의 글로벌화의 최대 수익자인 다국적기업이 계속해서 수십억의 수익을 거둘 수 있기 때문이다.

요약

- 오늘날 거의 대부분의 유명 메이커 회사들이 제품을 직접 생산하지 않는다. 대신 법적으로는 독립되어 있지만 경제적으로 콘체른에 의존하고 있는 저임금 국가의 하청업자들이 제품을 생산한다.

- 하청을 받은 빈국의 노동조건은 비인간적일 때가 많다. 노동조합이 활성화될 수 없고 노동시간이 극심하게 긴 반면에, 임금은 생계를 위한 최저 수준보다 낮다.

- 고용된 근로자들이 공동으로 힘을 모아 강력하게 관심사를 표현하고 경우에 따라 파업이나 불매운동 등의 방법으로 뜻을 관철하려면, 독립적인 노동조합과 경영에 참여하는 근로자대표협의회가 반드시 필요하다.

- 수많은 콘체른들이 빈국을 상대로 여차하면 다른 나라에 투자하겠다고 위협하고, 로비로 압력을 가한다. 그러면서 노동권, 인권, 환경보호, 최저임금제에 대한 법규는 도입하지 않는다.

- 그 대신 콘체른들은 자기 마음대로 협정을 맺고, 어떤 책임과 의무도 지지 않는 CSR에 가입한다. 기업이 행하는 자선사업의 대부분은 회사의 이미지를 좋게 하려는 홍보에 지나지 않으며, 실제로는 착취가 끊임없이 자행되고 있다.

우리가 할 수 있는 행동

- 가능한 한 국내 또는 유럽에서 생산된 제품을 사용해야 한다. 그 편이 더욱 경제적이고, 그런 곳에서는 어느 정도 사회적 기준을 지키는 일자리를 보장한다.

- 현재 수많은 제품이 자국에서 생산되지 않기 때문에, 공정한 임금이나 노동조합의 자유를 보장하는 등의 대안이 별로 없다. 그러니 꼭 필요한 물건만 사는 게 최선이다. 매달 새로운 스포츠화를 사거나 최신 휴대전화로 바꾸는 일은 삼가는 게 좋다.

- 또 하나의 좋은 대안은 중고품 사용이다. 중고품 중에는 상태가 양호해서 조금만 수리하면 쓸 만한 물건이 많다. 여럿이 공동으로 제품을 사용하는 것도 좋은 방법이다.
- 쇼핑센터 같은 곳에서 정보를 전하는 행사나 공동 시위를 벌여 열악한 생산 조건에 대해 여론의 주의를 끌 수 있다. 이때 이 책을 복사해 나눠주는 것도 방법이다.

기타 정보

- www.sauberekleidung.de, www.cleanclothes.at(.ch)

  '깨끗한 옷 캠페인'이 글로벌 의류 산업의 폐해를 폭로한다.
- www.kidz-at-work.net

  착취당하는 어린이와 공정무역에 대한 정보.
- www.labournet.de

  독일을 비롯한 전 세계 노동조건과 노동조합에 대한 비판적 보고.
- www.einkaufsnetsnetz.org, www.marktcheck.at

  공정무역 및 생태학적으로 생산된 제품에 대한 '그린피스'의 정보와 자료.
- www.oeko-fair.de, www.label-online.de

  소비자단체가 상품, 공정무역, 환경 징후의 복잡한 이야기를 알기 쉽게 정리해주고 실용적인 소비 정보를 제공한다.

만들어진 기아

우선은 배불리 처먹고 나야 도덕심이 생긴다오.
– 베르톨트 브레히트

수억 명의 사람들이 기아에 허덕이고 있다. 그런데 사실상 그런 나라에도 식량이 충분하다고 한다. 게다가 그들이 만든 생필품은 부유한 나라로 수출된다. 이때 수많은 식품 콘체른이 어린이 노동, 노예, 동물 학대, 환경 파괴를 묵살한다. 그러나 우리에게도 대안은 있다. 우리 지역에서 생태학적으로 생산되거나 공정무역에 의해 유통되는 식품을 먹고, 고기를 적게 먹는 것이다.

오늘 신문의 머리기사를 보자. 어제 10만 명이 굶어 죽었다. 그중에 어린이가 2만 4,000명이었다. 여러분도 이 기사를 오늘 신문에서 읽었는가?

아마 읽지 않았을 듯싶다. 그제도 그만큼 많은 사람들이 죽었다. 그리고 내일도 똑같이 많은 사람들이 굶어 죽을 것이다. 자, 여러분이 이 책을 손에 들고 있는 시점보다 훨씬 전에 원고를 썼을 텐데, 내가 무슨 재주로 오늘 뉴스를 알고 있다고 하는 걸까?

내가 이 사실을 아는 이유는 국제연합의 세계식량위원회가 영양실조로 인한 질병을 비롯해서 기아로 인해 매일 10만 명이 죽어간다고 보고했기 때문이다. 기아로 인해 1초에 한 명 이상이 목숨을 잃는다. "육체는 우선 당분을, 그다음으로 축적된 지방질을 소비합니다. 그러다가 면역 체계가 무너지면 사람은 무기력에 빠지지요. 이어서 설사, 폐결핵, 구강 및 기도에 감염이 발생합니다. 이 질병은 엄청난 고통을 불러오지요. 다음으로 근육이 무너지기 시작합니다. 그리고 결국 사망에 이르는 겁니다." 예전에 UNO 세계식량기구 특별대리인이었던 장 지글러가 기아로 사망하는 사람의 끔찍한 고통을 이렇게 묘사했다. 그리고 그는 우리가 신문에서 읽어본 적도 없는, 매일 발생하는 대량 사망의 원인이 인구가 과다해서도, 생필품이 부족해서도 아니라는 사실을 입증했다. 지구는 120억 인구를 먹여 살리는 데 아무 문제도 없으며, 그것도 유전자를 조작하거나 자연을 과도하게 경작지로 쓰지 않고도 가능하다고 한다. 120억 인구란 현재 세계 인구의 두 배에 가까운 숫자다. 다시 말해, 지구의 어떤 나라든 본토의 경작물로 국민들에게 충분한 양의 식량을 조달하는 데 전혀 문제가 없다는 뜻이다.

현재 8억 5000만 명 이상이 굶고 있다는 이야기는 달리 말해 7명 중에 1명이 충분히 먹지 못한다는 소리다. 이 중에 절반이 소작농들로, 경작지와 자금이 부족해서 종자를 살 수 없고 먹을 것이 충분치 않다. 그 밖에 20퍼센트는 자기 소유의 땅이 없어서 남의 경작지에서 일하고, 다른 20퍼센트는 도시의 슬럼에서 살며, 나머지 10퍼센트가 어업이나 목축업을 한다. 반면에 3억에 이르는 사람들이 병적인 비만에 시달린다.

굶주림은 운명이 아니다, 만들어지는 것이다

만일 지구의 식량이 공평하게 나눠진다면 기아는 존재하지 않을 것이다. 노벨상 수상자인 경제학자 아마르티아 센은 제대로 기능하지 못하는 민주주의 때문에 기아가 발생했다고 확신한다. 민주주의 국가에서는 모든 국민이 국가의 자원을 얻을 수 있다. "그런 견지에서 보면 오늘날 굶어 죽는 어린이는 살해당했다고 할 수 있습니다." 유명한 인권운동가 장 지글러의 말이다. 말 그대로 수억에 이르는 사람들이 자기 몫의 밥그릇을 빼앗기는 셈이다.

그렇다면 누가 빼앗아갈까?

개발도상국에서 농경에 이용할 수 있는 땅은 대부분 수출품 생산을 위한 경작지가 되었다. 그래서 국민들이 먹을 음식이 아니라 국제적인 식품 콘체른에 팔리는 곡물이 자란다. 그 밖에도 최근 들어 점점 더 많은 경작지가 사탕수수나 옥수수에서 나오는 연료를 생산하기 위해 쓰인다. 이 연료는 갈수록 값이 오르는 석유의 대체물로 사용된다. 이때의 '바이오 연료'는 물론 '바이오Bio'와는 전혀 상관없는 낱말이다. 바이오 연료를 생산하기 위해 엄청난 규모의 경작지가 필요하고, 비료도 많이 뿌린다. 100헥타르 면적이면 소작농 35명이 먹고살 수 있다. 하지만 같은 면적에 바이오 연료를 만드는 사탕수수를 심으면 겨우 10명만이 먹고살 수 있다.

예를 들어보자. 브라질에서 인구의 4분의 1이 기아로 삶과 죽음의 기로에 서 있다. 한편 거대한 국토를 가진 브라질은 최적의 농업 조건을 갖추고 있다. 햇볕도, 비도 많고 토양이 비옥하기 때문이다. 그러나 비옥한 농토는 소수의 대지주들이 소유하고, 대지주들은 주로 수출을 위한 농산물을 생산한다. 그래야 높은 수익을 얻을 수 있기 때문이다.

가난한 자에게 빵을 주는 대신 부자에게 고기를

브라질 대지주들은 연료를 만들기 위한 사탕수수 외에 콩도 많이 심는다. 콩은 다국적 콘체른에 팔리고, 이들은 콩을 유럽과 미국으로 운송한다.

콩은 부유한 국가에서 높은 육류 소비량을 유지하기 위해 가축 사료로 쓰인다. 브라질 경작지의 5분의 1이 유럽연합국을 위한 가축 사료 생산에 쓰인다. "부자의 소가 빈자의 빵을 먹는다"라는 격언이 지금의 상황을 기가 막히게 대변해준다.

전 세계에서 소 13억 마리가 고기를 얻기 위한 용도로 살찌워진다. 그리고 전 세계 곡물 재배의 절반이 가축 사료를 위한 것이다. 양으로 치면 매년 6억 톤에 이른다. 이 곡물이 가축용 사료가 아니라 사람이 먹는 농산물로 쓰인다면 지금보다 10배나 더 많은 사람들이 먹을 수 있다. 다시 말해 경작지의 10분의 1만 있어도 그만큼 많은 사람들이 매일 배불리 먹을 수 있다는 소리다.

부유한 산업국가에서 소비하는 육류가 가난한 나라의 기아를 만드는 주요 원인이다. 전 세계에서 가장 육류를 많이 소비하는 기업이 그 이름도 유명한 패스트푸드 체인점 맥도날드다. 1980년대부터 맥도날드는 소 떼를 기를 방대한 목초지를 얻기 위해 아마존 우림 지역을 파괴하는 행태로 지속적인 비난을 받아왔다. 그 일로 수많은 아마존 토착민들이 삶의 터전에서 쫓겨났다.

브라질에서는 농장주들이 가축 사료로 쓰이는 콩을 재배하기 위해 토지를 불법으로 소유한다. 농장주들은 화전을 일군 후 일꾼들을 투입한다.

일꾼들은 폭력의 위협 아래 하루에 16시간씩 고되게 일하고 비닐 천막에서 잠을 자야 한다. 브라질 경찰은 노예처럼 취급당하는 노동자들을 매년 수천 명씩 해방시켜준다. 브라질에서는 1888년에 노예제도가 공식적으로 폐지되었지만 아직도 이런 일이 계속된다.

자사의 통계 자료에 의하면, 독일 맥도날드만 해도 1년에 소고기를 약 3만 9,000톤이나 소비한다. 요즘은 국내에서 기른 소와 닭을 쓰는 추세이긴 하지만, 그 가축들의 사료를 위해 우림 지역이 계속 벌목되고 있다.

소의 트림이 지구온난화를 부채질한다

육류 소비는 기아 문제만이 아니라 기후변화와 지구온난화의 주범이기도 하다. 가축 사료 재배를 비롯하여 목초지를 만들기 위해 우림 지역을 마구 개간하는 것도 문제지만, 메탄가스도 문제가 되기 때문이다. 메탄가스는 소가 되새김질할 때 나온다. 소가 트림할 때 나오는 가스가 거름을 지나치게 많이 준 경작지와 함께 온실효과 원인의 18퍼센트를 차지한다. 게다가 숲을 경작지로 개간함으로써 생기는 대기오염까지 더하면 30퍼센트를 넘어선다. 결국 기후변화를 일으키는 원인의 85퍼센트가 육류 생산을 위한 농업 행위 때문이라는 뜻이다. 가축 한 마리마다 하루에 약 100~200리터의 메탄가스를 내뿜는데, 이는 이산화탄소 4,000그램이 넘는다. 달리 말해, 지프차 한 대가 70킬로미터를 달리면서 내뿜는 이산화탄소의 양과 맞먹는다. 유럽연합은 이러한 개발에 더욱 많이 지원한다. 소 한 마리를 사육하는 데 매일 평균 2유로를 지출하는데, 이는 전 세계 인구의 절반이 하루에 생활비로 쓰는 돈보다 많은 액수다.

산업국가가 야기한 기후변화의 피해를 직접적으로 입는 곳은 특히 가난한 나라들이다. 전문가들은 지구온난화로 인해 2020년까지 아프리카의 수확률이 50퍼센트까지 떨어질 것으로 내다보고 있다.

육류 산업에서 자행되는 동물 학대

소, 돼지, 닭은 도살장으로 끌려가기 전까지 대부분 길고 고통스러운 여정을 겪는다. 가축을 대량으로 생산하는 현장에서 동물들은 좁은 공간에서 빽빽하게 치여 살면서 생명이 없는 기계로 취급당한다. 수소는 마취제도 사용하지 않은 채 거세당한다. 지극히 몇 안 되는 동물들이 밖에서 뛰어다니며 신선한 공기를 맡을 수 있다. 사료는 대부분 농축 사료이고, 호르몬과 항생제가 섞인 사료를 먹이는 일도 흔하다. 그래야만 가축이 빨리 자라서 일찍 도살할 수 있기 때문이다. 과도하게 살찐 가축들은 도살 전이나 도살장으로 운반되는 도중에 이미 고통스러워하다가 죽는다.

이는 패스트푸드 산업만이 아니라 전통적인 육류 산업 전반에 걸친 문제다. 이를 해결할 수 있는 가장 좋은 방법은 가능한 한 육류를 적게 먹는 것이다. 그리고 육류를 살 때 생태학적 기준에 맞춰 생산된 '바이오' 육류인지 신경 써서 선택해야 한다. 바이오 육류는 엄격한 기준에 의해 사료를 먹이고, 동물을 기를 때도 어느 정도는 적절한 방식을 택하고 있음을 보장한다.

유전공학이 기아 문제를 더욱 악화시킨다

1996년부터 미국 콘체른들도 유전자조작으로 만든 사료를 유럽에 납품한다. 미국 콘체른은 전 세계의 기아 문제를 해결하기 위해 유전공학이 필요하다고 주장한다. 유전공학으로 식품을 더 많이 생산할 수 있다는 이야기다. 오늘날 이미 전 세계적으로 도무지 전부 소비할 수 없을 정도로 많은 식품이 생산된다. 유럽에서는 그날 하루에 팔지 못한 식품을 엄청나게 폐기 처분한다. 예를 들어 여러분에게 추천하는 영화 〈우리가 세상을 먹인다We feed the world〉를 보면, 빈의 경우 매일 쓰레기통에 버리는 빵이 오스트리아에서 두 번째로 큰 도시 그라츠에서 하루에 소비하는 빵만큼이나 많다. 재차 말하지만, 문제는 식량이 모자라서가 아니라 농산물 자원의 불공평한 분배 때문에 발생한다. 따라서 유전공학으로 식량문제를 해결한다는 것은 말이 안 되는 소리다. 유전공학은 오히려 기아 문제를 더욱 악화시킨다. 유전공학은 사람들이 콘체른에 더욱 의존하게 만들기 때문이다.

유전공학을 이용하는 콘체른은 전 세계의 농업과 농산물을 자신들의 통제하에 두려고 한다. 어떻게 그럴 수 있을까? 우선 콘체른은 인공적으로 개발한 농작물과 종자에 특허를 낸다. 그들은 농작물 개발 연구에 들어간 비용을 뽑아야 된다고 주장한다. 그래서 농부가 특허가 난 농작물이나 종자를 심으려면 비싼 로열티를 내야 한다. 또 특허 농작물에서 새로운 종자를 얻으려 할 경우에도 로열티를 지불해야 한다. 그런데 아득한 옛날부터 사람들은 농부가 다음번에도 계속 곡물을 재배하려면 새 종자를 다시 심어야 한다는 사실을 알고 있었다. 너무나 당연한 이야기가 아닌가? 그런데 이제 와서 콘체른이 금지한다. 이에 대해 인도의 여성학자 반다나 시바가 말했다. "농부에게 종자를 계속 쓰지 못하게 하는 것은 일종의 노예 계약입니다. 종자를 계속 사용하는 일은 농부들의 기본 권리에 속했지요. 지금은 농부가 자체적으로 경작하는 일이 범죄가 되었어요. 정상적인 농부의 행위가 범죄행위가 되어 추적당하고 벌금을 물며, 구금까지 당하는 처지가 된 겁니다. 이 일로 새로운 형태의 산업 식민지가 될 위험에 처해 있는데, 비단 농부들에게만 해당되는 일이 아닙니다. 국가마저도 권리를 잃는 상황에 이르렀습니다."[1]

농부여, 잘 가라!

유전공학 콘체른 중 하나인 몬산토 기업은 심지어 다음 해에는 아예 씨를 맺지 못하는 식물까지 개발했다. 이 방법을 유전공학에서는 '터미네이터 기술'이라고 한다. 이는 영화 〈터미네이터〉에서 아널드 슈워제네거가 주연을 맡은 터미네이터가 통쾌하게 적을 제거하면서 "아스타 라 비스타, 베이비(아가야, 잘 가라)!"라고 멋지게 대사를 날리는 장면과는 전혀 다른 맥락의 이야기다. 터미네이터 기술에 의해 희생되는 대상은 해마다 콘체른의 종자를 울며 겨자 먹기 식으로 사서 농작물을 재배할 수밖에 없는 농부들이다. 특히 가난한 나라의 소작농들이 이런 비용을 감당한다는 것은 불가능한 이야기다. 사실상 농부들은 종자를 돈을 주고 살 필요가 없었다. 세대를 거쳐 열악한 기후 환경에서도 잘 자라는, 지역 조건에 적합한 곡물 종류를 재배해왔기 때문이다.

그런데도 이제 농부들이 살아남을 가능성은 희박하다. 거대 콘체른들이 유전공학을 이용해 엄청난 규모로 농작물을 수확하거나 다른 품종의 곡물을 생산해서 토착 농부들이 재배한 곡물보다 훨씬 싼값에 내놓기 때문이다. 그렇기 때문에 소작농들이 시장에서 쫓겨나고 생활 기반을 빼앗기는 것이다. 유전공학은 결코 세계 기아 문제의 해답이 아니다. 오히려 문제를 악화시킨다.[2]

카카오 산업의 어린이 노예

초콜릿 하나에 25유로쯤 한다. 이 가격으로 서아프리카에서는 사람 한 명을 살 수 있다. 다시 말해 25유로에 아이들을 사서 노예로 부릴 수 있다는 말이다. 그리고 노예로 사들인 아이가 학대와 힘겨운 노동에 지쳐 병이 들어 더 이상 일을 할 수 없으면 또 다른 아이를 사면 그만이다.

어떻게 이럴 수 있을까? 서아프리카 국가 부르키나파소와 말리와 같은 나라에서는 수많은 부모들이 너무 가난해서 자식을 먹여 살릴 수가 없다. 그래서 수십만에 이르는 아이들이 길거리로 나가 어떻게든 먹고살 길을 찾으려 애쓴다. 또한 중개인들도 규칙적인 식사는 물론이고 좋은 직장에 취직시켜주고 더 나아가 학교도 보내주겠다며 아이들에게 엄청난 약속을 한다. 참으로 귀가 솔깃해지는 소리다. 훌륭한 미래를 보장한다는 말에 숱한 소년 소녀들이 설마 하면서도 인신매매업자들을 따라간다. 때로 아이들이 말리와 부르키나파소에서 멀리 떨어진 코트디부아르 근처의 다른 나라로까지 보내지는 일도 심심찮게 일어난다.

국제열대지역농경연구소의 조사에 따르면, 코트디부아르 근처의 나라를 비롯해 가나, 나이지리아, 카메룬에서 약 28만 4,000명의 어린이들이 카카오를 재배하는 대규모 농장에서 일한다. 그중에 1~2만 명의 어린이들이 농장주에게 노예로 팔려 온 어린이들이다. 사람의 생명이 때로는 25

유로밖에 되지 않는 것이다.

어린이들은 개가 지키는 들판에서 채찍의 위협을 받으며 이글거리는 열기 속에서 죽도록 일한다. 일주일 내내 하루도 쉬지 않고 아침 6시부터 저녁 9시까지 말이다. 휴식은 없다. 어린이들 중에 가장 어린 아이는 여섯 살도 채 되지 않는다. 어린이들은 맨발로 쟁기질을 한다. 그러다가 다치면 상처에 침을 바르고는 다시 고된 노동을 계속한다. 많은 어린이들이 힘겨운 일에 지쳐 빨리 죽는다. 그러면 사람들은 어린이의 시체를 마치 고장 난 기계나 쓸모없는 물건처럼 버리고 만다.

이 같은 비인간적인 상황은 기이하게 들리겠지만 바로 국가가 가진 부의 탓이다. 코트디부아르는 세계에서 가장 큰 카카오 생산지다. 독일이 수입하는 카카오의 80퍼센트가 서아프리카에서 온다. 이때 어린이들을 노예로 만드는 것은 카카오 재배 농장의 대지주가 탐욕스럽게 이익을 추구하기 때문이 아니다. 소작농들이 받는 수익으로는 생존이 불가능해서 다른 선택의 여지가 없기 때문이다. 중간 규모의 카카오 농장에서 한 해에 얻는 총수확으로는 겨우 340유로밖에 벌지 못한다. 이렇게 된 가장 큰 원인은 몇 안 되는 유럽과 북아메리카의 생필품 콘체른들의 조종으로 세계의 시장가격이 낮아졌기 때문이다. 네슬레, 크래프트, 마스, 페레로 등의 기업들이 카카오를 대부분 초콜릿으로 가공한다. 그러면서 기업들을 화려한 팸플릿에 어린이 노동을 방지하기 위해 할 수 있는 모든 일을 한다고 자랑삼아 선전한다. 그와 동시에 기업들은 전과 다름없이 최대한 값싼 비용으로 카카오를 생산하라고 강요한다. 그래서 카카오 농장을 경영하는 농장주는 노동자들에게 충분한 임금을 지불할 수 없다. 어린이 노예들이 받는 임금은 하루에 옥수수죽 한 그릇 값도 되지 않는다.

2001년에 세계시장을 주도하는 식품 콘체른들이 여론의 압박을 받아 2005년까지는 아프리카의 농산물 공급자들이 어린이 노예를 부리지 않도록 하겠다고 약속했다. 그런데 그 약속은 지켜지지 않았고, 2008년 7월 1일까지로 기간이 연장되었다. 그러나 국제노동권리포럼의 발표에 따르면, 초콜릿 제조 회사들은 아직도 카카오 농장에서 어린이 노예 착취를 그만두지 않았다.[3] 2007년 영국의 BBC 방송이 여느 때와 다름없이 수천 명의 어린이들이 카카오 농장에서 위험한 일을 하고 있는 현장을 보도하면서 이를 증명했다.[4]

국제반노예제기구에서 일하는 케빈 베일즈는 "초콜릿 세 입을 베어 먹을 때마다 노예제라는 씁쓸한 뒷맛이 느껴진다"고 했다. 말리는 대부분의 어린이 노예들이 수출되는 지역인데, 말리에 있는 어린이보호재단 '세이브더칠드런Save the Children'의 단장도 이와 비슷하게 과격한 표현을 쓴다. "코코아를 마시는 사람은 어린이 노예의 피를 마시는 셈입니다."

그렇지만 우리에게는 대안이 있다. 생산과정에서 합법적인 최저임금을 지불하고 인권 수호를 보장하는 공정무역 마크가 붙어 있는 카카오와 초콜릿을 사도록 하자.

노예제와 강제 노동

노예제는 인류 역사가 시작될 때부터 있었지만, 노예들이 거래 물건이 된 것은 고대 그리스부터였다. 1441~1880년에 유럽 식민지 지배국들은 6000만 명에 이르는 아프리카인들을 배에 실어 바다 건너 유럽으로 데리고 왔다. 그중에 많은 아프리카인들이 코트디부아르 출신이었다. 1960년부터 예전의 프랑스 식민지는 독립했지만, 현재는 어린이 매매라는 새로운 형태의 노예제가 이어지고 있다. 전체적으로 서아프리카에서 20만 명의 어린이들이 값싼 노동 인력으로 쓰인다고 추산된다.

오늘날에도 노예와 강제 노동 인력이 전 세계적으로 최소 2700만 명에 이르는 것으로 추산된다. 몇몇 평가에 따르면, 이들의 수는 1억 명에 이른다고도 한다. 태어나면서부터 노예이거나 강탈되거나 물건처럼 팔려 간 전통적인 노예를 제외하고, 가장 빈번한 노예 형태는 빚을 갚는 것이다. 실제로 빚을 졌거나 빚을 졌다는 누명을 쓰고 아예 임금을 받지 못하고 일하는 노예들을 말한다. 이들이 임금을 받는다 해도 극히 적은 액수다. 어떤 경우에는 빚을 졌다는 이유로 다음 세대도 자동적으로 노예가 되기도 한다. 오늘날 사기와 마찬가지인 노동계약에 의한 일명 '계약 노예'가 빠르게 늘어나고 있다. 특수한 경우로, 미얀마처럼 국가가 허용한 노예제도 있다. 미얀마에서는 남자, 여자, 어린이 노예 수천 명이 석유 수송관 건설에 투입된다. 공동 사업자는 미국의 석유 콘체른인 유노컬과 프랑스의 토탈이다.

쓰디쓴 열대 과일

우리의 상점에 들어오는 먼 나라의 식품들도 카카오와 별반 다르지 않다. 예를 들어 오렌지 주스는 대부분 오렌지 주스 콘체른이 브라질에서 수입한 오렌지를 가공해 만든 것이다. 유럽에서는 오렌지 주스 1리터가 10유로인 한편, 브라질에서 오렌지를 따는 일꾼은 평균 10유로의 400분의 1, 즉 1.4센트를 임금으로 받는다. 매상의 극히 일부가 운송과 보관 비용으로 나가고, 수익의 대부분은 소매상과 과일 거대 콘체른인 에커스 AG(호에스 C, 그라니니 주스 생산), 코카콜라(미닛메이드 제품), 펩시(푸니카 제품)의 몫으로 남는다.

대부분의 오렌지는 브라질의 5대 대기업에서 주로 냉동 농축액으로 가공한다. 브라질의 국내 노동자들은 사회보장도 받지 못한 채 최저임금을 받는다. 노동자들이 받는 돈은 가족을 꾸리기에 절대적으로 모자라서, 부모들은 어쩔 수 없이 자식들을 농장으로 보내 일을 시켜야 한다. 이들 중에 약 1만 5,000명의 어린이들이 매일 오렌지 1톤을 저장고로 힘겹게 끌고 가야 한다. 오렌지 수확 시기가 1년에 기껏해야 6개월밖에 되지 않기 때문에 이후에는 수입이 전혀 없다. 이 지역에서 할 수 있는 돈벌이는 따로 없다.

파인애플, 망고, 파파야 등의 열대 과일을 비롯해 커피도 상황은 비슷하다. 그러면 유럽인들이 가장 좋아하는 바나나 수확은 어떨까?

약 100년 전부터 바나나 무역은 청과 콘체른 세 곳, 즉 치키타, 돌, 델몬트가 지배해왔다. 세 회사 모두 미국 회사인데, 이들이 라틴아메리카 전체를 바나나공화국으로 만들었다고 널리 알려져 있다. 세 회사는 라틴아메리카에서 정부보다 정치적인 입김이 더 셀 때가 많다. 엄청난 토지를 소유한 세 회사는 운송 체계 및 통신 체계 전반을 조종하는 세력까지 가지고 있다. 기업들이 토지 수입을 지킬 목적으로 토지개혁을 반대하기 위해 농부들을 선동하면, 정부가 붕괴되고 공무원이 쫓겨난다. 이 나라들에서는 파업이 일어나면 군인과 경찰이 나서서 폭력을 동원해 강제로 해산하고, 노동조합을 조직한 노동자들은 박해당한다.

2001년 1월, 베를린 신문 〈타게스차이퉁〉이 중앙아메리카 니카라과공화국의 바나나 노동자 루카스 B.의 기사를 실었다. "의사가 집에 가서 죽을 날이나 기다리라고 말하더군요. 나와 내 아이들, 가족 모두에게 말입

▶ 브라질 바나나 대농장: 일당 3유로를
받고 일하는 일일 노동자.

니다." 44세의 노동자는 골암이 생겼다. 그의 열 살짜리 딸은 유아보다 체구가 크지 않았고, 네 살짜리 아들은 너무 작아서 아기처럼 보였다. 아들은 혼자서 일어서지도 못했다. 이 가족은 미국에서 생산된 살충제 나메곤의 희생자였다. 니카라과에서 약 2만 2,000명의 희생자를 낸 나메곤 살충제는 1970년대 후반까지 바나나 살충제로 사용되었다. 충분한 보호조치도 하지 않은 상태에서 마구 살충제를 뿌렸고, 비행기로도 농약을 살포했다. 1998년 2월, 온두라스 북부 지방에서 의사 오마르 곤잘레스가 경고의 목소리를 높였다. 병원에서 태어난 아기의 10퍼센트가 무뇌아였다는 것이다. 의사는 그 피해가 나메곤 때문이라고 했다.

나메곤을 조금만 사용해도 불임, 고환 위축, 폐와 간과 신장의 손상을 일으킬 수 있다는 사실을 알면서도 1950년대에 미국의 화학 콘체른인 다우 케미컬과 셸 그룹은 저렴한 가격으로 이 농약을 시장에 내놓았다.

그 결과, 당시에 라틴아메리카와 아시아의 농장에서 일하던 노동자들 수천 명이 다국적기업인 치키타, 돌, 델몬트 및 셸과 다우 케미컬을 상대로 국내 및 미국 법정에 피해보상 소송을 제기했다. 이에 몇몇 대기업은 엄한 처벌을 선고받았고, 어떤 소송은 지금도 진행 중이다.[5]

병충해 방제 약품으로 사망한 200만 명

세계보건기구WHO의 평가에 따르면, 살충제 때문에 해마다 200만 명이 넘는 사람이 죽는다. '바이엘위해반대조합Coordination gegen Bayer-Gefahren'[6]에 따르면 필리핀의 섬 민다나오에 있는 바나나 농장에서는 한 달에 두세 번 바이엘이 만든 살충제 네마쿠르Nemacur를 공중에서 살포한다. 농약이 장기적으로 축적된 결과, 섬 주민들은 눈이 따갑고 구역질이 나는 증상만이 아니라 현기증과 만성 설사, 피부 발진, 천식과 암 같은 각종 질병에 시달린다.

"길에서 놀던 아이들이 기침을 하면서 돌아와 눈이 따갑다고 호소합니다." 델몬트와 돌이 바이엘의 농약을 바나나 농장에 살포하는 카묵한 마을의 알로나 T.가 말한다. 카묵한 마을에서 태어난 아기는 병이 들거나 기형으로 태어나기도 한다. 그렇게 태어난 많은 아기들은 곧 죽고 만다.

이런 비난에도 불구하고 바이엘은 네마쿠르를 비롯해 위험한 독약을 지금도 판매하고 있다.

유럽에서도 자행되는 착취

비단 먼 나라의 이야기만이 아니다. 유럽에서도 농업에 종사하는 사람들이 착취당하고, 화학비료와 농약으로 환경이 파괴되고 있다. 중부 유럽에서 일하는 대다수의 외국인 노동자들과 수확 시기에만 일하는 기간제 일꾼들도 사회보장을 받지 못한 채 일하다가 턱없이 낮은 임금을 받고 가차 없이 쫓겨난다.

특히 상황이 열악한 곳은 스페인 남부인데, 이곳에서 유럽인들이 먹는 과일과 채소의 대부분이 생산된다. 비행기를 타고 스페인의 알메리아 지방을 날아가다 보면, 번쩍이는 비닐 바다가 끝없이 펼쳐져 있는 광경을 볼 수 있다. 이곳에서 온실 채소를 매년 300만 톤씩 생산한다. 겨울 성수기에는 매일 1,000대의 화물차가 토마토, 오이, 파프리카, 딸기를 유럽의 슈퍼마켓으로 실어 나른다. 그중에 대부분은 독일로 온다. 이 수익성 높은 장사에서 이윤을 얻는 회사는 우리에게 너무 잘 알려져 있는 슈퍼마켓이나 대형 마트 체인점들이다. 예컨대 메트로(레알, 엑스트라), 레베(펜니, 빌라), 슈바르츠 그룹(리들, 카우프란트), 알디, 에데카(슈파), 텡겔만(카이저,

▶ 스페인 지방 알메리아에 있는 비닐하우스 바다: 이 비닐하우스 속에서 수천 명에 이르는 이주자들이 턱없이 낮은 임금을 받고 일한다.

플루스) 등이다. 이 대형 마트들은 지속적으로 가격 인하 경쟁을 벌인다.

이런 가혹한 가격정책으로 인해 약 8만 명이 고통을 받는다. 이들은 가난에 쫓겨 일자리를 찾아 고국인 아프리카나 동유럽을 떠나 스페인으로 건너간 사람들이다. 이 노동자들은 비닐하우스 속에서 하루에 16시간씩 뼈 빠지게 일하는데, 시간당 2유로도 받지 못한다. 비닐하우스는 여름이면 기온이 50도까지 올라간다. 노동자들의 폐는 먼지와 위험한 맹독성 농약에 무방비 상태로 노출되어 있다. 게다가 노동자 수천 명이 비닐하우스가 바다를 이룬 한가운데에 종이 박스와 남은 비닐로 직접 칸막이를 만들어 지내거나 식수도 화장실도 전기도 없는 폐허에서 지낸다.

대체 그들은 왜 이런 일을 할까?

타락한 농업정책

매주 북아프리카 해안에서 수많은 사람들이 유럽으로 가기 위해 작은 보트에 빼곡히 앉아 바다를 항해한다. 이들 가운데 수백 명이 매년 익사한다. 이들은 이미 몇 달에 걸쳐 고국을 등지고 사하라사막을 건너는 여행을 했다. 더 나은 생활에 대한 희망이 이들을 몰아대고 있는 것이다.

아프리카에서 살지 못해 도주한 수많은 사람들이 스페인의 남쪽 해안에 도착한다. 도피자들은 공식적으로는 모두 '불법 체류자'이지만, 거대한 채소 농장에서 일할 노동자로 환영받는다. 물론 이들은 아무 권리도 보장받지 못한다.

왜 이들은 엄청나게 열악한 조건에서 하루에 단돈 20유로를 받고 착취당하기를 자청할까? 대답은 슬프기도 하고 간단하기도 하다. 고국에서 일하면 2주일 내내 꼬박 일해봤자 20유로도 받지 못하기 때문이다. 이런 상황의 공범은 물론 식품 산업이다.

예를 들어 세네갈이나 말리의 시장에 나가보면 유럽 상품이 숱하게 보인다. 게다가 유럽 상품들이 국내 제품보다 훨씬 싸다. 유럽연합국을 비롯한 기타 산업국가들의 지원 정책 때문인데, 유럽연합국은 자국의 농업과 농산물 수출에 대해 많은 보조금을 지급한다. 유럽연합국만 해도 농업 보조금이 하루 10억 달러에 이른다. 이 지원 때문에 우리의 세금이 늘어난다는 사실은 말할 필요도 없다. 아프리카 국가에도 10억 달러의 농업 지원금을 대준다. 물론 하루가 아니라 1년 단위다. 이 같은 산업국가의 농업 지원 정책으로 서구 콘체른들이 가난한 나라에서 생산품을 싸게 팔 수 있는 상황이 마련된다. 예를 들어 네슬레의 분유 제품은 아프리카 국내에서 생산된 우유보다 값이 싸다. 지방 소작농들은 가격 경쟁에 밀려 파산할 수밖에 없다. 소작농들이 직업과 생활 기반을 잃고 마는 것이다. 그래서 남은 방법이라곤 유럽으로 도망가는 길밖에 없는 경우가 종종 생긴다. 이렇게 해서 유럽으로 건너온 수많은 아프리카인들이 자신들을 빈곤에 빠뜨린 장본인인 콘체른의 이익을 위해 다시금 고통스럽게 일을 해야 하다니, 참으로 어이가 없다. 이런 식으로 가난과 착취라는 악의 순환 고리가 생성된다. 물론 이 일의 조력자는 우리들의 정부다. 동시에 유럽 정치가들은 인종차별적이기까지 한 구호 아래, 가난에 쫓겨 도망 나온 힘없는 이주자들을 매몰차게 쫓아내고 국경의 벽을 높이는 일에 열을 올린다.

우리가 먹어도 되는 것에는 어떤 것이 있을까?

세상이 전부 이런 식이라면 우리가 먹을 수 있는 것은 아무것도 없다고 생각하는 독자들이 있으리라. 하지만 그렇지 않다. 식품의 경우처럼 대안이 많은 분야도 없다. 합법적으로 제조된 스포츠화나 하이테크닉 기계 제품을 사기는 어려운 반면에, 식품에 있어서는 다음의 몇 가지에만 주의하면 된다.

▶ 지역에서 나는 식품을 우선으로 한다.
▶ 가능하면 생태학적 유기농법으로 생산된 바이오 상품을 사도록 한다.
▶ 고기를 덜 먹는다.
▶ 공정무역에 의한 수입품인지 확인한다.

지역에서 생산된 농산물은 일반적으로 먼 곳에서 운송된 농산물보다 좋다. 예를 들어 중부 유럽에서 생산된 과일들은 짧은 운송 거리로 인해 남아프리카의 과일에 비해 환경오염을 덜 발생시킬 뿐만 아니라, 대농장에서 죽을 지경으로 아이들을 혹사하고 착취해서 생산하지도 않는다.

'바이오' 표시가 붙어 있는 농산물은 어떤 식으로 재배해야 하는지 유럽 연합에서 엄격하게 규정하고 있다. 일례로 농산물에 농약을 사용하지 않아야 하고 동물을 학대하지 않으며, 유기농업으로 가공해야 한다. 바이오 식품은 유전자조작을 가한 것이나 건강에 해를 끼치는 첨가물을 넣는 것을 금지한다. 물론 바이오 식품의 경우에도 먼 곳에서 가지고 왔는지를 살펴보아야 한다.

커피, 차, 카카오와 열대 과일과 같은 기호식품과 몇 가지 농산물은 기후 조건 때문에 유럽에서 생산될 수 없다. 그런 식품의 경우는 트랜스페어와 막스하벨라르와 같은 공정무역협회의 것을 구한다. 이 협회들은 노동자의 공정한 임금 지불과 노동조건을 보장하는 데 그치지 않고, 유기농 재배 및 가공에 관해서도 관리한다. 공정무역에 의한 생산품을 사면 지속 가능한 농업 구조를 보장할 수 있다. 그러면 가난한 나라의 수많은 소작농들도 지킬 수 있다. 그러나 이때도 고려할 점이 있다. 지역에서 생산되는 사과가 공정무역에 의해 생산된 에콰도르산 바이오 바나나보다 더 좋다.

육식을 하지 않거나 적어도 육식 소비를 줄이는 것에 대해서는 여기에 열거하는 것보다 좋은 이유가 훨씬 많지만, 몇 가지 이점을 들어보겠다. 육식을 줄이면 착취가 줄고, 기아가 줄고, 사료 생산 산업을 위한 열대우림의 벌목이 줄고, 소가 배출하는 가스로 인한 환경오염이 줄고, 대량 사육으로 인한 동물 학대가 줄고, 무엇보다 우리의 건강에 좋다.

요약

- 약 8억 5000만 명에 이르는 사람들이 기아에 허덕인다. 하루에 10만 명이 굶어 죽는다. 지구가 120억 인구를 먹여 살릴 수 있는데도 그런 일이 일어난다.
- 기아는 착취와 농경 자원의 불공평한 분배로 인해 생긴다. 예를 들어 대지주와 다국적 콘체른이 농경지에서 사료나 연료 생산을 위한 물품을 생산하고 지역 주민들이 먹을 수 있는 농산물을 생산하지 않기 때문이다.
- 다국적 식품 산업이 몇 안 되는 농경, 화학, 유전공학 콘체른의 지배를 받는다. 이들 콘체른은 식품을 독점하고, 착취적 노동조건에서 심지어 노예제로 이익을 취하려 한다. 부유한 국가들의 지원 정책이 이런 상황을 더욱 악화시키는 결과를 가져와서 수억에 이르는 소작농들을 빈곤에 빠뜨린다.
- 대안은 지역에서 나는 유기농 농산물 먹기, 육식 포기, 공정무역에 의한 식품을 먹는 것이다.

기타 정보

- www.fian.de(.at)

  피안협회가 음식에 대한 인권보호와 기아 퇴치 투쟁을 벌인다.
- www.forum-fairer-handel.de

  공정무역 농산물의 생산 조건과 구매 가능성을 알아볼 수 있다.
- www.oxfam.de

  옥스팜은 특히 농산물 분야의 공정한 세계무역을 위해 창설되었다.
- www.foodwatch.de

  푸드워치가 식품 산업계에 존재하는 부정직한 회사에 대한 정보를 제공한다.

석유 전쟁과 기후변화

내 아버지는 낙타를 타고 다녔다.
나는 자동차를 몰고, 내 아들은 비행기를 타고 다니는데,
내 손자는 낙타를 타게 될 것이다.
— 아랍 격언

석유는 전쟁, 부패, 인권침해, 환경 파괴, 기후 장애를 가속시키는 연료다. 벤진이 점점 비싸지는 사이에 석유 콘체른들은 매년 높은 수익을 기록하면서 세계 정치에 참여한다. 그러나 '검은 황금'인 석유는 바닥을 드러내고 있다. 석유라는 마약에서 어떻게 헤어 나올 수 있을까?

플라스틱이 없는 세상을 상상할 수 있는가? 칫솔, 포장 용기, 염료, 화학비료, 자동차 타이어, 약품, 세제, 화장품, 이 모든 제품이 석유에서 나온다. 대규모 에너지 공급원인 석유가 가정에 전기와 온열을 공급하는 부차적인 일을 제외하고도 말이다. 그 밖에 석유는 산업사회의 가장 중요한

원료이기도 하다. 그런데 석유시대도 석기시대와 철기시대처럼 곧 과거가 될 수 있다.

석유 저장량은 줄어들고, 사용량은 늘어난다

'검은 황금' 석유의 저장량이 바닥나고 있다. 사실대로 말하면, 지금까지 인류는 전 세계에 존재하는 전체 석유량 중 겨우 절반 정도를 소비했다. 그러나 '겨우'라고 할 수 있을까? 석유는 약 150년 전부터 대량으로 이용되었다. 그 말은 우리가 150년 사이에 석유의 50퍼센트를 소비했다는 뜻이다. 반면에 석유가 만들어지려면 5억 년이 걸린다. 전문가들은 아직 남은 절반의 석유가 40~50년 사이에 전부 소비될 것이라고 내다본다.

남은 절반의 석유는 앞서 사용한 것보다 훨씬 어렵게 얻어야 한다. 지구에 남아 있는 석유 저장분을 반쯤 짜고 남은 오렌지에 빗대어 상상해보자. 오렌지 한 개에서 절반 정도 즙을 짜내는 일은 쉽다. 그러나 반쯤 짜낸 오렌지에서 즙을 더 짜내려면 더 많은 힘을 주어야 한다. 그리고 조금밖에 남지 않은 즙을 완전히 짜내는 것은 더 힘들다.

석유의 경우도 마찬가지다. 처음에는 석유가 있는 자리를 찾아 구멍을 뚫기만 하면 '검은 황금'이 높은 압력에 의해 힘차게 솟구쳤다. 그런데 오늘날에는 석유가 그렇게 나는 지역이 얼마 남아 있지 않다. 이제 석유를

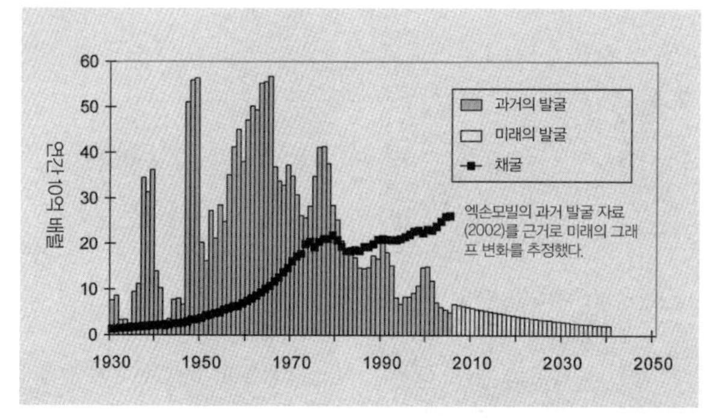

▶ 석유 생산이 최고에 이르는 지점 '피크 오일': 우리가 채굴할 수 있는 양보다 더 많은 석유를 쓴다.

밖으로 꺼내려면 먼저 그곳에 관을 넣고 많은 물을 퍼내야 한다. 땅을 뚫고 들어가려면 깊은 암석층을 뚫어야 하기 때문에 비싼 장비와 기술력을 투입해야 한다. 더구나 대양에 있는 유전을 개발하려고 노력하는 한편, 막대한 에너지와 물을 쏟아 부어 모래 석유(지표면 밑에 묻혀 있는 모래에 진흙, 물과 함께 섞여 있는 석유―옮긴이)에서 석유를 얻어내려고 애쓴다. 이 모든 일에 엄청나게 많은 돈이 들어간다. 그러나 석유를 캐기 위한 이 야단법석도 불과 수십 년 사이에 완전히 끝나버린다는 사실에는 변함이 없다.

그런데도 전 세계의 석유 소비는 날로 늘어나고 있다. 2000년에는 매일 약 7500만 배럴의 석유가 소비되었고, 2020년에 이르면 하루에 1억 400만 배럴(1배럴은 약 159리터)을 소비하리라고 예상한다. 이 상황은 알코올 의존자가 곧 술병이 비고 혼수상태에 빠질 걸 알면서도 연신 더 많은 술

▶ 대양 석유 채굴: 비용이 막대하게 들고 환경을 파괴한다.

을 들이키는 꼴과 같다.

기후변화의 주범

이제 석유를 흥청망청 쓰고 난 후에 필연적으로 오는 결과를 살펴보자. 석유를 연소하면 지구온난화의 주범인 이산화탄소가 발생한다.

우리가 야기한 온실효과의 60퍼센트가 화석 에너지자원을 연소하는 과정에서 생긴다(화석 에너지자원에는 석유 외에도 천연가스와 석탄이 있다). 유엔의 정부간기후변화위원회IPCC의 기후전문가에 따르면, 극심한 기후변화를 방지하고 지구를 살리기 위해서는 오늘날 존재하는 석유 자원의 4분의 1만 사용해야 한다고 말한다.

지금도 이미 기후변화의 영향을 느낄 수 있는데, 특히 지구의 가난한 지역에서 더욱 심각하게 나타난다. 토양의 황폐화, 허리케인, 홍수가 이미 수백만 명의 생활공간을 파괴했다. 또 말라리아와 같은 질병이 달라진 환경조건으로 인해 점점 확산되고 있다. 요즘 들어 전 세계적으로 2000만 명이 넘는 사람들이 기후변화로 인해 살 수 없게 된 고향을 떠났다. UNO에 따르면, 2010년까지 기후변화로 인해 이주하는 사람들은 5000만 명에 이를 것으로 추정한다.

기름진 이익

석유 사업으로 이익을 보는 사람들은 석유 콘체른 외에도 자동차 산업, 비행기를 포함한 운송업자들이다. 그런데 이들은 더 나은 환경을 위해서는 하는 일이 전혀 없으며, 오히려 그 반대다. 이러한 로비 단체들은 전과 다름없이 명백한 사실을 왜곡하고, 기후변화에 대한 결정적인 책임을 전면 부정하도록 '전문가'들에게 돈을 준다. 게다가 이 기업들은 정부에 엄청난 압력을 가해서 연료 사용을 줄이는 법안을 통과시키지 못하도록 한다. 법안은커녕 도로가 계속 건설되고, 우리가 낸 세금으로 콘체른들이 사업 보조금을 받는다.

석유 콘체른들이 마지막 남은 자원을 찾기 위해 생태학적으로 보호되어야 하는 지역을 마구 파헤쳐서 주민들의 생활공간과 환경을 파괴한다.

콘체른들은 부패한 정부나 군대에 뇌물을 주는가 하면, 더 나아가 내란과 국제적 갈등에 불을 붙이기도 한다.

예를 들어 나이지리아에서 셸 석유회사는 수십 년 전부터 엑손모빌, 토탈, 에니와 같은 회사와 손을 잡고 나이지리아 델타 지역의 석유 자원을 착취하고 있다. 그 지역은 예전에는 비옥하고 발전된 곳으로, 수백만 명이 농업과 어업으로 살 수 있었다. 그러나 오늘날에는 모든 생활 터전이 파괴되었다. 나이지리아에 정착한 콘체른들이 유럽에서는 이미 수십 년 전부터 법적으로 의무화되어 있는 환경기준을 지키지 않기 때문이다. 환경기준을 무시하는 편이 기업의 입장에서는 비용이 싸게 먹히니, 정부도 덩달아 같이 놀아난다. 셸의 연간 소득은 나이지리아 정부 예산의 세 배에 달한다. 그만큼 콘체른은 놀라운 경제력을 지닌다. 그리고 콘체른은 엄청난 경제력을 이용해 자기들이 저지른 환경 파괴의 공범자로 정부를 끌어들인다.

부정부패에는 항상 쌍방이 있다

아프리카 국가들의 상황이 그토록 열악한 이유는 정부가 너무 부패했기 때문이라는 이야기가 심심찮게 입에 오른다. 많은 경우에 그 말이 옳다. 그러나 부정부패에는 항상 쌍방이 있어야 한다. 뇌물로 매수를 당하는 쪽과 매수하는 쪽이다. 매수하는 쪽은 아프리카에서 사업을 위해 '좋은 조건'을 사려는 국제 산업 콘체른인 경우가 다반사다.

셸과 공범자들은 나이지리아에서 수십 년 동안 폭력적인 군사독재라는 권력을 휘둘러왔다. 1995년 11월, 나이지리아 인권운동가 켄 사로 위와가 군사정권에 의해 살해당했다. 그는 오고니족의 생활 터전이 석유 콘체른에 의해 파괴되는 것을 반대했다. 그의 가족은 셸을 살인에 가담한 공범으로 지목했다.

나이지리아는 오늘날 아프리카에서 가장 중요한 석유 생산지다. 그런데도 나이지리아 국민의 66퍼센트가 최저 빈곤 상태에서 살고 있다. 국가는 지난 25년 사이에 석유 사업으로 3000억 달러를 벌어들였지만, 국민 1인당 수입은 하루에 미화 1달러가 채 되지 않는다. 석유 채굴 비용의 60퍼센트가 국가 예산에서 나가고, 정부와 군대의 소수 특권층은 개인적으로 부당한 이익을 취한다. 군대는 다국적 콘체른의 수익을 지켜주기 위해 오늘도 여전히 착취에 대항하는 사람들에게 폭력을 행사한다.

수단, 앙골라, 가봉, 차드, 카메룬, 러시아, 카자흐스탄, 인도네시아, 미얀마, 콜롬비아, 아마존에 있는 생태학적으로 매우 훼손되기 쉬운 지역을 비롯한 세계 곳곳에서 부패한 권력자들과 손을 잡은 석유 회사들이 군대를 시켜 투자 시설을 지키게 하고, 토착민들의 생활 터전이자 지구의 마지막 낙원을 파괴하는 데 앞장선다. 이 모든 일이 열망해 마지않는 자원인 석유를 얻기 위해서다. 석유 산업은 심지어 걸프전 같은 국제적 위기와 갈등을 야기하기도 한다. 아직 남은 석유 자원의 대부분이 걸프 지역에 묻혀 있기 때문이다. 검은 황금을 둘러싼 전쟁에서 이미 수많은 희생자들이 목숨을 잃었다.

2005년에 나는 유명한 저널리스트 토마스 사이페르트와 공동으로 《석유 흑서Schwarzbuch Öl》를 썼다. 우리는 그 책에서 열망의 자원, 석유를 둘러싼 전쟁의 배경을 밝히려 했다. 토마스는 이미 수년 전부터 수많은 전선에서 리포터로 활동했다. 그는 카불에서 미군의 아프가니스탄 점령을 전 세계에 알린 첫 번째 기자인 동시에, 시민들의 머리 위로 폭탄이 우박처럼 떨어질 때 체첸공화국으로 가겠다고 나선 마지막 기자이기도 했다. 토마스는 이라크전쟁 중에도 미국 군대가 도시로 쏟아져 들어올 때 방탄조끼를 입고 위성 전화기를 챙겨 바그다드 한복판에서 취재를 고집했던 사람이다.

전선 취재기자와의 인터뷰

이 책이 청소년들에게도 쉽게 읽힐 수 있는 내용이어야 하므로, 내게 조언을 해주던 15세 여학생인 야나와 함께 토마스를 인터뷰했다. 내가 토마스에게 그동안 겪었던 일에 대해 물었다.

석유에 관심을 가지게 된 동기는 무엇인가?

나는 전쟁과 내란으로 아수라장이 된 지역에 들어갔다. 그러니까 수단, 체첸, 이라크 같은 지역이다. 그곳에 가보니 모든 갈등이 석유 때문이라는 사실을 알게 되었다. 수단에서는 석유가 풍부한 남부 지역에서 근본주의 군사정부가 폭도들에 맞서 전쟁을 벌였다. 그곳에서는 다국적기업이 석유 채굴 시설을 보호하기 위해 마을 전체에 폭탄을 투하했다. 당시 다국적기업 중에는 오스트리아의 OMV도 속해 있었다. 체첸공화국에서는 러시아로부터 독립하기 위해 전쟁이 벌어지고 있지만, 그 갈등도 그곳에 있는 풍부한 석유 자원과 관계가 있다. 그 지역에서 나는 석유가 1차적으로 반란군들의 재정을 지원한다. 한편 모스크바 정부 역시 부를 보장하는 석유 자원을 포기하지 않으려 한다. 2003년에 있었던 이라크전쟁도 석유가 주된 원인이었다. 만일 이라크에 석유가 나지 않았다면, 이라크전쟁도 일어나지 않았을 것이다.

그 말은 미국과 연합군들이 그곳을 점령한 이유가 이라크의 석유를 원했기 때문이라는 뜻인가?

그렇게 간단하지만은 않다. 이라크의 독재자인 사담 후세인도 그전에 이미 외국에 석유를 팔았다. 주로 프랑스와 러시아에 팔았지만, 중국도 관심이 많았다. 미국과 영국도 물론 자신들의 기업이 석유로 이득을 보기를 원했다. 그러나 그보다 더 중요한 점은 전 세계에 석유 보유량이 얼마 남지 않았다는 사실이다. 예전부터 석유가 나오는 지역인 이라크, 사우디아라비아, 이란, 쿠웨이트, 아랍에미리트도 사정은 마찬가지다. 그 지역에 적어도 전체 석유 자원의 절반이 묻혀 있다. 각국이 그 지역에서 정치적 영향력을 유지하려는 이유가 바로 그 때문이다. 그곳을 점령한 국가들은 경우에 따라 닥칠 수 있는 석유 위기에 대비하기 위해 군사기지와 항공모함을 두려고 한다.

그 지역을 점령하기로 한 결정은 어떻게 이루어졌나?

말하자면 구매 결정이나 다름없다고 할 수 있다. 물건을 사려면 재정적인 부분을 계산해야 하지 않는가? 물론 정부도 자문한다. "국내 정치에서 우리에게 어떤 문제가 생길 수 있는가? 나를 선출한 유권자들이 전쟁에 찬성할 것인가, 반대할 것인가? 만일 반대한다면 어떻게 유권자들의 마음을 돌려 찬성하게 만드는가?" 대부분 국가의 국민들이 전쟁을 반대했다. 그런데도 이탈리아나 스페인 같은 국가의 정부 수뇌들은 미국의 편을 들었다. 무슨 변명거리든 만들어내야 했기 때문에, 독재자 후세인이 세계의 평화를 위협했다는 구상을 짜냈다. 이라크 국민들이 미국의 점령에 환호

했다면 미국으로서는 일이 쉬웠겠지만, 그런 일은 일어나지 않았다.

그렇다면 왜 미국 정부는 모든 것을 무릅쓰고 군대의 진입을 결정했는가?

정부가 국제적 이해관계 때문이라고 말했기 때문이다. 하지만 문제는 누가 그런 생각을 떠올렸느냐 하는 것이다. 누가 어떤 목적을 따라야 한다고 말하는가? 간단히 말해 '누가 세력을 가지느냐' 하는 것이다. 만일 내가 미국 기업의 회장인데, 수백억 달러의 값어치가 있는 일이라면 로비스트를 사서 내 관심사에 찬성하게 만들 것이다. 그런데 석유 산업이 이 전쟁에 어떤 역할을 했는지는 분명하지 않다. 그들도 조심스러운 사람들이라 자기들이 사업하는 지역이 공중으로 날아가버리기를 원하지 않는다. 그래서 누가 그 지역에서 최후의 주도권을 쥘지는 확실치 않다.

엑손모빌이나 BP 같은 콘체른이 이 전쟁에 관심을 가지고 있었다고 생각하는가?

오직 그 두 기업만 관심을 보였다고는 할 수 없다. 이 문제를 이해하려면 '누가 이익을 보는가'를 꿰뚫어봐야 한다. 예를 들어 이라크전쟁이 일어나기 전에 무기 회사나 보안 회사의 주식이나 증권을 사둔 사람이라면, 그 회사들이 전쟁으로 큰돈을 벌었으니 주식으로 꽤 많은 이익을 봤을 것이다.

이라크전쟁에 들어간 비용은 얼마나 되는가?

정확하게 말하기는 어렵지만 5000억 달러가 훨씬 넘을 것이다.

누가 비용을 지불하는가?

부차적인 이야기지만, 부시 대통령이 세금을 낮추면서 특히 부자들이 내야 할 세금을 낮추는 바람에 미국이 빚을 질 수밖에 없었다. 다시 말해, 이 빚을 달러나 미국 증권과 주식을 가진 모든 사람들이 지불해야 한다는 뜻이다. 달러 환율이 계속 하락하기 때문이다. 그 밖에도 사회체제가 더 이상 재정 능력이 없기 때문에 미국 국민들이 전쟁 비용을 지불한다.

석유가 언제 바닥이 날지 예견할 수 있는가?

정확히 말할 수는 없다. 그러나 곧 피크 오일을 맞게 될 것이다. 간단하게 설명하면, 처음에는 석유를 조금밖에 채굴하지 않다가 점점 더 많은 양을 채굴한다. 그러다 어느 날 전환점 내지 피크에 오르는 순간, 다시 말해 최대량을 뽑아내는 순간이 온다. 그 이후부터 가능한 채굴량이 다시금 줄어든다. 그러다가 언젠가는 석유가 완전히 바닥난다.

대안은 없는가?

지금으로서는 상대적으로 천연가스가 많다. 그렇지만 천연가스도 석유와 같은 과정을 겪을 것이다. 어느 날에는 그것도 양이 줄어들 것이다. 가스 피크는 10~15년이 더 지나서 올지도 모르지만, 어쨌든 오기는 온다. 천연가스도 석유와 마찬가지로 한정된 자원이기 때문이다. 석유와 천연가스는 태양에너지, 수력, 풍력발전소처럼 매일 다시 사용할 수 있는 것이 아니다. 오늘 내가 태양에너지를 썼다고 해서 내일 태양이 흐려지는 것은 아니지 않은가. 그러나 석유를 1리터 연소하면 그만큼 없어진다. 그와 다르게 전기는 여러 방법으로 생산할 수 있다.

피크 오일을 넘어선다면 이후 어떤 일이 일어나는가?

지금도 겪고 있듯이 석유 값이 날로 오를 것이다. 159리터짜리 한 통에 100달러라는 가격은 우리에게는 상대적으로 싼 가격이다. 그러나 가난한 나라에는 무척 비싼 가격이다. 그 밖에도 문제가 있다. 지금부터 누군가가 아직 남은 석유 자원을 지키려고 할 때마다 갈등이 증폭되고, 그 때문에 전쟁도 더 많이 일어난다. 아직도 석유를 보유하고 있는 나라들, 예컨대 러시아나 이란은 세력을 가진다. 그래서 나는 요즘의 이란 위기가 석유와 관계가 있다고 생각한다. 이란은 갑자기 수중에 돈이 많아졌고, 독재

정권 역시 세력이 강화되었다.

아프리카의 상황은 어떤가?

미국인들이 앞으로 석유의 25퍼센트를 아프리카에서, 특히 나이지리아에서 찾겠다고 선언했다. 미국이 아프리카에서 더 많은 영향력을 행사하려 들기 때문에, 유럽을 비롯해 중국과도 위험한 갈등을 빚는 결과가 생길 수 있다. 중국은 최근에 비약적인 경제 발전을 이룩했다. 그 말은 중국인들도 자동차와 냉장고를 가지고 싶어 한다는 뜻이다. 지금까지 중국은 독일보다 자동차 수가 적었다. 독일 인구가 겨우 8000만이고, 중국 인구는 13억인데도 그렇다. 현재 중국은 하루에 석유를 700만 배럴씩 소비하는 반면, 미국은 약 2100만 배럴을 소비한다. 만일 중국인들이 미국인들처럼 석유를 많이 쓰겠다고 나선다면 이 세상의 석유가 모두 중국으로 빨려 들어갈 것이다. 그런 날이 그리 먼 미래가 아니라는 것쯤은 쉽게 짐작할 수 있다. 우리가 중국인들에게 "친애하는 중국인 여러분, 당신들은 자동차를 사용할 수 없습니다. 그건 우리만 쓸 수 있으니까요"라고 말할 수는 없지 않은가.

대안은 무엇인가?

물론 해결책이 있다. 그중에 한 가지 방법은 재생 가능한 에너지를 사용하는 것이다. 나는 태양에너지가 곧 중요한 에너지자원으로 떠오를 것이라 장담한다. 광전기는 컴퓨터의 경우처럼 반도체 기술에 근거한다. 지난 20년 사이에 컴퓨터가 얼마나 비약적으로 발전했는지를 생각해보면 광전기 분야에서도 발전을 충분히 기대할 수 있다. 다른 해결 방법으로는 에너지 절약이 있다. 참으로 믿을 수 없을 만큼 엄청난 양의 에너지가 낭비되고 있다. 텔레비전을 대기모드 상태로 두는 일만으로도 유럽에서 몇 개의 원자력발전소 용량만큼의 에너지가 소모된다. 절약한다는 것은 추위에 오들오들 떨거나 편리함을 포기하는 것이 아니라, 현명하게 해결책을 찾는다는 뜻이다.

일례로 야나의 아버지는 현명한 에너지 시스템을 구상했고, 야나는 여름에 모은 태양에너지로 겨울에도 따뜻하게 지낼 수 있는 집에서 산다.

집 구조를 개선하면 전 세계에 걸친 문제도 해결할 수 있어서 좋다. 물론 중국의 노동력이 싸다고 해서 에너지 효율을 극대화하는 시스템을 만들기 위해 내 집을 중국으로 옮기지는 않을 것이다. 우리는 각자가 사는 곳에서 집을 지어야 한다. 에너지 효율을 생각해서 집을 지을 때, 어떤 집은 지붕에 파이프를 설치하고 어떤 집은 태양열판을 설치한다. 그렇게 해서 지역에 있는 소규모 회사는 일자리를 창출할 수 있다. 또 에너지 절약 램프를 사용하면 설치할 때에는 비용이 많이 들어가지만 장기적으로 볼 때 전기료가 적게 나온다는 것을 알 수 있다.

이 모든 사실은 적어도 20년 전부터 알고 있었다. 그런데 왜 실천이 되지 않는가?

지금까지는 전기가 너무 싸게 공급되기 때문인 것 같다.

20년이 지나도 계속 자동차를 몰 수 있을까?

물론 개인 승용차는 다닐 것이다. 그렇지만 그때가 되면 차가 무척 비싸질 것이다. 그래서 철도망에 더 많이 투자해야 한다. 철도 이용은 더 절약하는 방법이고, 철도의 경우 재생 가능한 에너지를 이용해 전기를 생산할 수 있기 때문이다.

그러면 비행기의 경우는 어떤가?

비행기의 최신 세대는 엄청난 규모의 에어버스(중, 단거리용 여객기-옮긴이)라 할 수 있다. 에어버스는 100킬로미터를 가는 데 한 좌석당 3리터의 석유를 소모한다. 자동차에 비하면 무척 적은 양이다. 그러니까 그때에도 비행기를 타고 다닐 수 있을 것 같다. 그러나 여러 가지가 불가능해질 것이다. 예를 들어 지금처럼 29유로라는 저렴한 값으로 빈에서 베를린까지 가는 일은 불가능하지 않을까. 미래에는 유럽 내의 교통은 고속 구간을 갖춘 철도가 담당할 것이다. 비행기를 타기 위해 공항까지 가는 시간을 계산하면 철도가 시간이 더 많이 걸리는 것은 아니다.

그 말은 제법 희망적으로 들리는데.

물론 파국적인 시나리오도 있다. 전쟁의 결과로 석유 값이 급격히 오르면 심각한 문제가 발생한다. 요즘에는 석유를 운송에만 이용하는 것이 아니라 식품 산업에도 사용하지 않는가. 그래도 유럽에서는 문제를 해결할 수 있을지 모른다. 석유 값 폭등 문제는 무엇보다 가난한 나라에서 매우 심각한 문제가 될 것이다. 돈을 아주 많이 가진 쪽만이 석유를 얻을 수 있게 될 테니까.

원자력이 대안이 될까?

석유를 대체할 만큼 원자력발전소를 많이 건설할 수는 없다. 게다가 원자력반대압력단체 대표의 주장에 따르면, 원자력에너지의 가격이 그다지 싸지 않다고 한다. 무엇보다도 방사선 폐기물을 생산하는 일은 이후 세대들의 삶을 수만 년이나 위협하는 무책임한 일이기도 하다.

우라늄 생산도 역시 세계 기후에 해를 끼치지 않는가.

그렇다. 그리고 우라늄도 언젠가는 바닥이 난다. 태양과 바람과 물처럼 영원한 에너지를 사용하면 좋은데, 왜 그 방법을 당장 실행하지 않는지 알 수 없다.

문제는 그런 에너지로는 콘체른이 큰돈을 벌 수 없고, 그러면 권력과 영향력을 잃기 때문인지도 모른다.

바로 그것이다. 당신이 정확하게 지적한 것처럼, 재생 가능한 에너지들은 독점적으로 소유할 수 있는 것이 아니다. 따라서 권력 정책의 도구 역할을 하지 못한다. 거주지를 에너지 절약 구조로 만드는 일이나 소규모 태양에너지 시설을 만드는 일에 큰 기업은 필요하지 않다. 반면에 석유 탱크 하나만 해도 만드는 비용이 최소 1억 8000만 달러가 든다. 내가 개인적으로 석유 탱크를 소유하자면 평생 돈을 모아야 할 것이다. 그러니 우리는 대콘체른에 의존할 수밖에 없다. 그래서 기업들이 지금의 체계를 바꿀 생각이 없는 것이다.

요약

- 현재 우리의 경제체계는 전적으로 석유에 의존한다. 석유가 에너지와 연료로만 쓰이는 것이 아니라, 일상생활에 필요한 수많은 제품과 식료품도 석유로 가공, 생산된다.

- 그래서 석유는 세계 정치에서 가장 결정적인 요소라 할 수 있다. 평화, 민주주의, 국민의 안녕이 권력 집단의 이해 아래 놓여 있다.

- 그런데 석유시대가 곧 끝난다. 석유가 정확히 언제 바닥날지는 알지 못하지만 '피크'를 이미 넘어섰다. 지금 소비량은 채굴할 수 있는 석유량을 넘어섰다. 곧 석유는 값비싼 사치품이 될 것이다.

- 양심 없는 석유 기업들이 아직 남아 있는 석유를 찾아 폭력적으로 인권을 침해하고 환경을 파괴하며 생활공간을 위태롭게 만든다. 또 정부를 매수해 내란을 부추긴다.

- 석유가 기후를 죽이는 최대 범인이다. 우리 지구가 수십 년 내에 살 수 없는 곳이 되지 않게 하려면 당장 재생 가능한 에너지 형태(태양, 바람, 물)로 바꿔야 하고, 현명한 에너지 절약 시스템에 투자를 많이 해야 한다.

- 원자력은 대안이 되지 못한다. 비싸고 효율이 낮고 위험하기 때문이다. 우라늄도 기후를 해친다.

우리가 할 수 있는 행동

- 교통: 비행기와 자동차를 타지 않고 버스와 기차, 자전거를 타는 일은 지금이라도 당장 시작할 수 있다. 하이브리드 자동차는 기존의 차량에 비해 환경 친화적인 차량이지만, 하이브리드 자동차 또한 온실가스와 재해의 원인이 된다. 또 하이브리드 자동차용 도로를 건설하기 위해 생활환경을 파괴해야 한다.

- 에너지 절약: 일례로 에너지 절약 램프를 사용한다. 기계를 대기모드 상태로 두지 않

고 완전히 끈다. 과도한 난방을 하지 않는다. 목욕보다는 샤워를 하고, 건물을 수리해 새어나가는 에너지를 줄인다.

- 에너지 공급원을 교체한다. 원자력, 석탄, 석유가 아닌 재생 가능한 에너지를 생산하는 대안 기업을 공급원으로 바꾼다. 그렇게 하면 돈도 절약할 수 있다.
- 지역에서 유기농으로 생산된 농산물을 소비한다. 특히 육류 소비는 사료 생산 산업의 문제와 더불어 가축이 뿜어내는 메탄가스로 기후를 해치는 원인이 된다.

기타 정보

- www.greenpeace.de
  국제환경기구가 석유 산업이 야기하는 생활공간 파괴를 반대하며, 기후 보호에 대한 정보를 제공한다.
- www.sonnenseite.com
  저널리스트 프란츠 알트가 에너지 정책에 대한 최신 정보를 수집해놓았다.
- www.klimabuendnis.org
  유럽공동체가 토착민들과 함께 기후변화를 막기 위해 투쟁한다.
- www.atmosfair.de
  여러 비행 구간에서 발생하는 이산화탄소 배출량을 계산할 수 있다.
- www.ecotopten.de
  이 생태학연구소 사이트에서 환경 전기(수력, 풍력, 바이오매스, 태양광 등을 통해 생산되는 전기를 말한다—옮긴이) 공급과 자동차의 휘발유 소비를 비교할 수 있다. 그리고 전기를 절약하는 법도 배울 수 있다.

병든 사업

약이 몸에 해가 되지 않았다면 그것으로 기뻐할 일이지,
혹시 무슨 쓸모가 있을 거라고 기대해서는 안 된다.
— 피에르 오귀스탱 드 보마르셰

매일 전 세계적으로 3만 5,000명이 에이즈, 말라리아, 결핵, 설사와 같은 질병으로 사망한다. 질병의 원인은 무엇보다 빈곤과 제약 콘체른의 돈에 대한 탐욕으로 생겨난다. 제약회사들은 질병으로 이중의 이익을 본다. 약을 너무 비싸게 팔아 빈국의 국민들이 도저히 약을 쓸 수 없게 할 뿐만 아니라, 연구를 위해 가난한 사람들을 실험용 토끼처럼 오용한다.

빈곤은 세계 최악의 질병이다. 깨끗한 식수를 구할 수 없어서 15초마다 어린이 한 명이 설사로 죽는다. 매년 수백만 명이 말라리아로 목숨을 잃는데, 의사를 찾아가거나 약을 살 능력이 없기 때문이다. 그 밖에 가난한

아프리카, 아시아, 남아메리카에서 주로 발병하는 말라리아에 대해서는 연구조차 이루어지지 않았다. 말라리아에 걸리는 사람들이 너무 가난해서 제약 산업이 고객으로 여기지 않기 때문이다. 제약 산업은 탈모, 체중 과다, 발기부전과 같이 돈을 많이 벌 수 있는 질병을 퇴치하는 데 연구비를 쓴다.

또 에이즈, 간염, 결핵 등의 전염병으로도 수백만 명이 목숨을 잃는다. 예방접종이나 치료를 받을 만한 돈이 없기 때문이다. 에이즈에 감염된 4000만 명이 넘는 사람들 중에 4분의 3이 치료를 받지 못하거나 충분하게 처방을 받지 못한다. 아프리카 남부만 해도 에이즈에 감염된 어린이가 180만 명이나 된다. 요즘 들어 아프리카에서는 에이즈가 제일 큰 사망 요인이 되었다.

사실 대다수 약품의 경우, 생산하는 데 결코 많은 비용이 들지 않는다. 그러나 거대 제약 콘체른들은 비싼 특허료를 고집한다. 그들은 약품 개발 연구에 비용이 많이 들어가서 약을 팔아 회수해야 한다고 주장한다. 그런데 사실 제약회사들은 연구비보다 광고에 더 많은 돈을 쏟아 붓는다. 그 밖에 제약 콘체른들은 매년 수십억의 수익을 목표로 하는데, 기업의 대부분이 부유한 산업국가에 있다. 뿐만 아니라 국가로부터 연구 지원금도 받는다. 이들 기업은 가난한 국가에서 나온 부차적인 특허세 따위에 의존할 필요도 없다.

몇몇 국가들은 다국적 제약회사의 비인간성과 탐욕스러운 이익 추구를 거부한다. 예를 들어 인도는 이미 1972년부터 의약품에 대한 특허권을 없애서 전 세계 수백만 명의 환자들에게 성분은 동일하지만, 가격이 훨씬 저렴한 모방 약제를 공급한다. 그래서 인도를 '빈자들의 약국'이라고도 한다. 인도의 모방 약제 생산으로 에이즈를 치료하는 평균 비용이 환자 1명당 한 해에 1만 달러였던 것이 100달러로 낮아졌다. 그런데 WTO 무역관련지식재산권TRIPs 협정에 의해 2005년부터 값싼 모방 약품의 생산이 철저하게 금지되었다. 그래서 '빈자의 약국'이 문을 닫아야 할 위기에 처해 있다.

에이즈에 걸린 어린이들을 위한 몇 안 되는 치료제 중 하나가 네비라핀이다. 인도의 모방 약제 제약회사가 수년 전부터 값싼 시럽을 생산해서 전 세계의 가난한 지역으로 수출했다. 원래 약품을 생산하는 독일의 제약회사 베링거 인겔하임이 지금 인도에 약품 특허권을 신청해놓았다. 앞으로 특허권 보호가 시행되면 수백만 명의 어린이들이 생명을 유지하는 데 꼭 필요한 약을 더 이상 쓸 수 없게 된다.

다른 제약 기업인 노바티스는 인도 당국을 상대로 고소를 제기했다. 인도 당국이 노바티스의 백혈병 치료제 글리벡의 특허를 거부했다는 이유에서다. 매년 약 2만 명에 달하는 인도인들이 백혈병을 앓는다. 노바티스에 특허세를 내고 약을 살 수 있는 나라에서는 치료비가 한 달에 2,600달러에 이르지만, 인도의 모방 약제를 쓰면 200달러밖에 들지 않는다. 노바티스의 고소는 전 세계에 반대 운동의 홍수를 불러일으켰다. 인도에서 국민의 80퍼센트가 하루에 2달러도 안 되는 돈으로 생활을 꾸려야 한다는 사실을 생각해보라.

그와 동시에 노바티스는 여론 앞에 사회적 책임을 다하고 있다며 으쓱댄다. 인도에서 6,700명의 백혈병 환자가 무료로 글리벡을 받고 있다는 것이다. 그런데 제약회사가 입을 다물고 있는 부분이 있다. 2006년에 이 기업은 미화 72억 달러를 벌어들여 세계 10위라는 기록적인 수익을 올렸다. 이 액수의 절반도 안 되는 돈으로 전 세계에서 백혈병을 앓고 있는 모든 환자 10만 명이 비싼 특허세를 내면서도 글리벡을 쓸 수 있다.[1]

사람을 실험용 토끼로 쓰다

게다가 새로 개발된 약이 가난한 나라에서 실험될 때가 종종 있다. 가난한 나라에서는 아주 적은 돈을 받고도 새 약물 테스트에 기꺼이 자신의 몸과 건강을 내주려는 사람들을 쉽게 찾을 수 있다. 환자가 '실험용 토끼'로 오용되었다는 사실을 전혀 알리지 않는 경우도 심심찮다. 게다가 실험 대상이 된 환자가 목숨을 잃는 일도 적지 않다.

일례로 미국의 다국적 제약 콘체른인 화이자는 1996년 나이지리아에 전염병인 뇌막염이 퍼졌을 때, 100명에 이르는 어린이들에게 안전성이 검증되지 않은 항생제 트로반을 불법으로 실험했다. 물론 위험한 실험을 하고 있다는 정보를 주지 않았기 때문에 부모들은 모두 제대로 된 치료를 받는 것으로 알았다. 실험 대상이 된 어린이들 중 11명이 사망했고, 다른 어린이들은 뇌에 손상을 입고 심하게 앓았다.[2] 그런데도 1년 후에 트로반은 미국에서 승인을 받았다. 물론 어른들만 사용하는 약품으로 제한되었다. 그 후 2년이 지나서 미국에서 트로반 사용을 급격하게 제한했는데, 약을 복용한 사람이 간 손상으로 사망했기 때문이다. 유럽에서는 유럽의약품관청이 1999년부터 트로반 사용을 완전히 금지했다.

화이자는 2007년에 시행한 불법 테스트를 두고 좋은 일을 한 것이며, 윤리위원회에서 승인받은 실험이었다고 주장했다. 그런데 승인을 받았다는 주장은 거짓이었고, 윤리위원회라는 기관은 존재하지도 않았다. 나이지리아의 한 조사위원회가 이 같은 사실을 알아냈지만, 조사 결과는 5년 동안이나 비밀에 부쳐졌다. 마침내 이 정보기 〈워싱턴 포스트〉에 슬며시 흘러들어가고 나서야, 비로소 화이자가 쉬쉬하며 비밀에 부치려던 것이 백일하에 드러났다. 제보한 사람은 신변에 위협을 느껴서 익명으로 남으려 했고, 조사위원회의 대표도 살해 협박을 당했다.

나이지리아 연방주 카노 정부와 해당 가족들이 2007년에 화이자를 상대로 수십억의 손해배상 소송을 걸었다. 〈디 벨트〉의 기사에 따르면, 화이자는 기자회견에서 약품 실험에 대해 나이지리아 정부가 알고 있었고, 정부의 전면적인 지원으로 실험을 시행했다고 해명했다. 말하자면 화이자를 상대로 한 모든 고소가 '완전히 허위'라는 주장이었다. 또한 화이자 측 변호인 에이프 바바롤라는 유럽과 미국에서 5만 명의 환자에게 트로반을 실험했다는 증거를 들었는데, 그동안 아무도 사망하지 않았다고 했다. 화이자는 이처럼 모든 비난을 부인했다.[3]

동유럽에서 일어나는 의약품의 불법 실험

제약 콘체른들이 생명을 담보로 실험하는 일이 얼마나 널리 퍼져 있는지를 동료인 한스 바이스가 2001년에 《나쁜 기업》을 쓰기 위해 조사하는 과정에서 증명할 수 있었다. 한스는 당시에 제약회사 컨설턴트로 사칭하고, 헝가리 의사들에게 환자들에게 위험한 의약품 테스트를 해주면 실험 대상자당 3,800달러를 주겠다는 내용의 메일을 보냈다. 나흘 만에 한 의사가 거래하겠다는 메일을 보내왔다. "우리는 실험 경험이 있는 다른 병원들과도 관계를 맺고 있습니다. 물론 모든 세부 사항을 확실하게 지켜 실험합니다." 그래서 한스가 만남을 제의하며 의사에게 어떤 장소가 좋겠냐고 묻자, 의사가 대답했다. "아일랜드나 시칠리아에서 미팅이 이뤄지면 좋겠습니다." 이렇듯, 제약 사업에서는 사치스러운 여행 정도는 관례로 통한다. 제약회사들은 이런 여행을 제공함으로써 의사들의 마음을 녹여 일을 쉽게 성사시키려 한다. 그리고 이런 유형의 뇌물 제공에 들어간 비용을 나중에 '연구'라는 항목으로 예산안에 포함시킨다. 그러나 실제로 비용을 지불하는 쪽은 환자들이다. 물론 비싼 약값으로 말이다.

헝가리 의사는 비슷한 실험을 이미 충분히 했다는 사실을 증명하기 위해 이미 자신의 연구소에서 유명한 제약회사와 계약하여 실행한 의약품 연구 실적을 보여주었다. 한스는 그 연구 실적을 가지고 이들 제약회사가 사람을 대상으로 위험한 실험을 했다는 사실을 증명할 수 있었다. 국제의사협회는 그런 종류의 실험을 강력하게 금지하고 있지만, 몇몇 제약 기업과 돈에 눈이 먼 의사들에게는 관심 밖의 일인 것 같다.

쓰디쓴 알약

한스 바이스는 모든 의약품의 4분의 1이 약효가 의심스러우므로 시장에서 거둬들여야 한다고 주장한다. 한스는 여러 책에서 이 주제를 다뤘다. 심지어 수천 명의 생명을 앗아간 수많은 의약품도 여전히 팔리고 있다.

많은 의사들이 아무 생각 없이 모든 약제를 처방한다. 이에 대해 제약 회사들은 물질적, 재정적 지원을 아끼지 않고 갖가지 방식으로 의사들에게 사례한다. 〈슈테른〉의 편집자 마르쿠스 그릴에 의하면, 제약회사는 한 번도 실험해보지 않은 약을 좋은 약으로 선전해달라는 뜻으로 교수에게도 돈을 준다고 한다.[4] 제약회사는 심지어 텔레비전 드라마 대본도 특정한 약을 구하려 애쓰는 대사로 고쳐 쓰게끔 손을 쓴다. 게다가 의사들의 양성과 재교육에도 영향력을 행사한다. 그 결과, 많은 의사들이 예방이나 전체적인 건강을 고려하기에 앞서 약물로 치료하는 식의 처방을 내리곤 한다. 이 모든 광고 및 마케팅 목적으로 들어가는 비용이 제약회사의 예산 중 평균 30퍼센트를 넘게 차지한다. 다시 말해, 연구를 위해 들어가는 비용보다 훨씬 더 많은 액수다.

그렇게 하는 것이 제약 기업으로서는 득이 된다. 한편 너무 비싼 의약품 지출로 사회체제가 붕괴될 지경에 이르렀다. 이때, 인류의 건강 문제는 완전히 등한시된다.

요약

- 거대 제약 콘체른이 가난한 나라의 환자들이 값비싼 의약품을 얻는 길을 차단한다. 그러므로 제약 기업은 수백만 명의 생명을 죽음으로 내몬 데 대해 책임이 있다.

- 제약회사들은 광고에 훨씬 더 많은 비용을 지출하고, 매년 수십억에 달하는 수익을 내고 있으면서도 연구 비용이 많이 들어간다면서 특허권을 주장한다.

- 그와 동시에 새로 개발된 약품의 연구를 위해 위험한 테스트에 환자들의 등을 떠밀고 있다. 테스트는 대부분 가난한 나라에서 시행된다.

- 의약품 대부분이 의학적으로 효과가 의심스럽거나 심지어 생명을 위협하기도 한다. 수많은 의사들이 제약 산업 관계자들로부터 뇌물과 재정적 후원을 받고 쉽게 유혹당한다. 기업으로서는 인류의 건강이 문제가 아니라 엄청난 이익을 얻는 것이 관건이다.

- 이러한 일이 세상에서 버젓이 벌어지고 있다. 그러니 약을 이용하기 전에 우선 효용과 부작용에 대한 정보를 얻어야 한다.

기타 정보

- www.bukopharma.de
  의약품캠페인이 독일 제약회사들이 제3세계에서 하는 일을 조사한다.

- www.medico.de
  메디코는 세계 건강, 사회법, 인권을 위한 비판적 구제 기관이다.

- www.msf.de/.at/.ch
  의사들이 국경을 넘어 위기 지역에 융통성 있게 원조하고, 의약품을 얻는 경로를 찾기 위해 노력한다.

돈이 세계를 지배한다

최후의 나무가 벌목되고, 최후의 물고기가 잡히고,
최후의 강이 오염되었을 때에야 비로소
너희들은 돈을 먹을 수 없다는 사실을 깨달을 것이다.
– 크리족의 예언

은행과 증권이 빠르게 얻는 이윤을 추구하며 세계의 모든 나라를 초토화시키려 한다. 국제 금융시장에서 거래되는 돈은 대부분 투기성 사업에 쓰이고, 실제 경제와는 전혀 관계가 없다.

1장에서 물질적 재산이 이 세계에 얼마나 불공평하게 분배되어 있는지에 대해 알게 되었다. 토지, 재화, 특히 돈을 두고 하는 말이다. 그런데 돈이란 정말로 무엇일까? 돈 자체만 두고 보면 꽤나 쓸모없는 물건이다. 한 장의 종잇조각 또는 실물보다는 통장에 찍혀 있는 숫자의 형태로 더 자주 보는 것이 돈이다. 돈은 물건과 서비스의 교환을 쉽게 해주며, 교환가치를 가늠할 수 있는 도구가 될 때 비로소 가치가 있다.

세월이 흐르면서 돈의 '가치'는 점차 고유한 값으로 독립되었다. 예를 들어 1유로의 사용 값은 누구에게나, 전 세계 어디에서나 똑같은 값을 가진다. 사람이 돈으로 할 수 있는 일은 주로 무엇인가를 사는 일이다. 그런데 돈이 돈에 의해 점점 불어나기도 한다. 이는 이자를 받고 돈을 빌려주거나 이윤을 약속하는 기업의 주식에 돈을 투자함으로써 이뤄진다. 돈을 불리는 또 다른 방법이 있는데, 이것은 게임에 비유할 수 있다. 특정한 경제 상황(예를 들어 변화하는 원료 가격이나 환시세의 등락)이 나타날 때 그곳에 돈을 죄다 거는 것이다. 이를 두고 '투기'를 한다고 말한다. 이때 어떤 사람은 자유롭게 쓸 수 있는 돈이 많아서 가끔 나타나는 상황에 돈을 많이 걸수록 이익을 얻을 기회가 더 많아진다. 돈은 권력을 의미한다. 그래서 돈을 가진 사람이 게임 규칙을 정할 수 있고, 게임이 진행되는 과정에 큰 영향력을 미칠 수 있다. 단점이라면 게임과 게임에서 목표로 하는 이윤이 물건과 서비스를 사는 데 돈이 필요한 사람들의 희생을 대가로 삼는다는 사실이다. 그들은 살아가는 데 꼭 필요한 만큼도 가지지 못한 사람들이기 때문이다.

지속 가능한 경제 대신 신속한 수익

자본 투자자들은 몇 년 전부터 점점 더 높은 연수익률을 요구한다. 연수익률이란 투자한 자본의 액수에 대비해 매년 얻는 수익을 말한다. 그래서 주식회사, 은행, 투자 펀드의 매니저들은 가능한 한 짧은 시간에 높은 수익을 얻는 일에 주력하는 한편, 그들의 사업이 인권을 침해하고 환경과 생활 공간을 파괴하며 일자리를 없애고 더 나아가 모든 국가를 경제 위기 상황으로 몰고 간다는 사실에 대해서는 크게 신경 쓰지 않는다. 글로벌 자본주의 사회에서 왜 윤리적 가치가 등한시되는지 의아했다면, 그 이유가 매니저 개인의 잘못이 아니라는 사실을 분명히 알아야 한다. 문제는 수익에 방향이 맞춰진 경제체제 때문이다. 물론 개개인은 자신의 행동에 책임이 있다. 그렇지만 세계에 만연한 불공평의 주요 원인은 개인의 '나쁜' 행동 때문이 아니라, 자본주의 경제 질서의 기반을 이루는 수익 추구 때문이다. 잘못을 따지자면, 살아가는 데 필요한 것보다 더 많이 가지기를 바라는 것, 그리고 이미 많이 소유하고 있으면서도 가난한 사람들을 희생시키며 자신의 돈을 더 많이 불리려는 사람들을 우리가 허용하는 것이다. 은행과 펀드 회사가 "당신의 돈이 스스로 일하도록 맡겨주십시오!"라고 우리를 부추길 때, 이는 가진 것이 훨씬 적은 사람 또는 전혀 가지지 못한 사람을 일하게 만드는 셈이다. 삽자루를 쥐고 일하는 지폐를 본 적이 있는가?

주주 가치를 위한 모든 것

콘체른, 주식회사, 은행, 펀드는 무엇보다 뚜렷한 목표를 가진다. 바로 주주들의 연수익률을 높이는 것이다. 다시 말해, 모든 일이 기업의 몫을 소유한 주주들을 위한 것이다. 그래서 주주 가치 원칙에 의해, 예컨대 인권 보호라든가 경제적, 생태학적으로 지속 가능한 경제 방식 및 민주주의와 윤리 원칙과 같은 가치들이 그늘에 가려지게 된다.

글로벌화는 전 세계적으로 비교적 방해받지 않고 수익의 극대화를 위해 자본이 투입될 수 있도록 한다. 그 결과, 은행과 콘체른은 주로 빈국에서 발전소, 석유 수송관, 광산이나 콩 재배 대농장과 같이 돈벌이가 되는 거대 사업에 재정적으로 참여했고, 지금도 참여하고 있다. 이런 사업이 높은 수익을 보장하기 때문이다. 가난한 나라의 국민과 환경에 부담이 된다는 사실에 대해서는 주의를 기울이지 않는다. 예를 들어 지멘스는 중국에 산샤 댐 건설과 같은 사업에 깊이 참여함으로써 수익을 올린다. 독일 기업 지멘스는 중국에 세계 최대의 수력발전소를 움직일 터빈을 계약하여 수십억을 벌었다. 인공호를 만들기 위해 500만 명이 삶의 터전에서 쫓겨나 살 길을 잃었다. 중국 정부는 나가지 않겠다고 버티는 주민들에게 폭력을 휘둘러 쫓아냈다. 그 지역의 환경 파괴는 말할 것도 없고, 전 세계적으로 4000~8000만 명에 이르는 사람들이 인공호 건설로 토지를 잃었다. 서유럽에서 그런 대규모 공사를 진행하려면 건설 규모와 환경보호와 관련한 엄격한 규정에 따라야 하지만, 아프리카와 아시아, 라틴아메리카에서는 기업들이 아무런 제약도 받지 않고 공사를 벌일 수 있다.

그런 괴물 사업에 은행이 자금을 빌려주면, 은행은 정치적, 경제적으로 불안정한 나라에서 발생하는 큰 위기에 엮여들 가능성이 있다. 환율 위기, 전쟁, 쿠데타, 환경 파괴 등의 모든 위기 상황이 수익을 보장하는 사업을 일순간에 파산시킬 수 있다. 그러므로 국가의 수출대출보험이 수출 경제를 활성화할 목적으로 이런 위험을 떠맡는다. 달리 표현하면, 외국에 투자한 거대 사업 중 하나가 실패로 돌아가면 국가가 비용을 지불한다는 뜻이다. 즉, 세금을 내는 국민들이 손실의 대부분을 지불해야 한다. 독일의 경우는 오일레스헤르메스대출보험 주식회사가 프라이스워터하우스 기업과 공동으로 이 임무를 맡고 있고, 오스트리아에서는 조정은행, 스위스에서는 수출위험보장ERG이 떠맡고 있다.

그렇다고 큰 은행들이 삶의 터전 파괴와 착취 사업에만 돈을 대주는 것은 아니다. 감당할 수 없는 빚으로 붕괴하는 나라의 부패한 정부에도 돈을 대준다. 부패한 정부의 어마어마한 부재를 나중에 그 나라의 국민들이 갚아야 한다. 국가가 큰 빚을 졌기 때문에 국민들은 사회복지 보조금을 비롯해 학교와 병원 등 국가 차원의 기반 시설을 포기할 수밖에 없다.

가난한 사람의 희생을 대가로 얻은 투기 수익

부자들의 자본이 실제 존재하는 프로젝트에 투자되는 경우는 참으로 드물다. 많은 자본가들이 증권과 외환 거래에 투기한다. 그야말로 지저분한 사업이다. 예를 들어 돈을 아주 많이 가지고 있는 사람은 한 국가가 경제 위기에 처하는 일에 돈을 걸 수 있다. 엄청난 돈을 그런 일에 걸 수 있는 사람은 경제 위기가 일어나게끔 촉진할 수도 있다. 다시 말해, 소수의 사람들이 수백만 명을 빈곤에 빠뜨림으로써 돈을 불린다는 말이다.

투기는 생산이나 산업을 위한 실제 투자와는 전혀 관계가 없다. 이를 실질 경제로부터 증권시장의 분리라고도 한다. 다시 말해, 유통 과정에 실제의 가치보다 훨씬 더 많은 돈이 존재한다는 뜻이다. 그 결과 증권시장, 부동산시장, 외환시장에는 어느 정도 시간이 지나면 꺼지고 마는 거품과 같은 이른바 '투기 거품'이 생겨나고, 이것이 국민경제 전체를 파국에 빠뜨린다. 이때, 늘 그렇듯 누구보다도 가난한 계층이 크게 고통받는다. 빈민층은 일자리를 잃고, 빚을 더 이상 갚을 길이 없어 곤궁의 늪에 빠진다.

1970년대 초부터 외환 주식의 규모가 말 그대로 폭발적으로 커졌다. 700억에서 3만 2000억 달러로 증가했다, 그것도 하루에! 그러는 사이에 모든 외환 주식의 95퍼센트 이상이 투기 목적으로 이용된다. 게다가 금융거래가 점점 더 단기간에 이루어진다. 증권시장에 오른 모든 외국 투자의 80퍼센트가 8일 이내에 다시 돌아온다. 그러니까 돈이 다시 자신의 계좌로 들어온다는 말이다. 물론 엄청나게 늘어나서 말이다. 사업의 40퍼센트는 이 과정에 겨우 이틀밖에 걸리지 않는다. 거기에 10분을 '장기'로 치는 단기 투자인 '당일거래자Day-Trader'도 있다. 당일거래가 진행되는 방식을 보자. 유로와 비교했을 때 달러가 더 오를 것으로 보이면, 예컨대 100만 유로를 가지고 150만 달러를 사는 것이다. 이제 달러가 10분 후에 0.01퍼센트만 올라도 10분에 1,000유로를 버는 셈이다. 한 시간이면 6,000유로를 번다. 이 정도면 꽤 괜찮은 일당이 아닌가? 물론 이런 식의 단기 투자는 그 일에 필요한 인프라 구조를 사용할 수 있고 투기사업의 위험에 뛰어들 수 있는 자들의 몫이다. 특히 투자펀드회사와 은행들이 여기에 해당한다. 그리고 돈을 많이 투자할수록 원하는 효과를 얻을 수 있다. 증권과 외환시장은 투기자들의 예상 행동에 따라 반응하기 때문이다. 예를 들어 대규모 투자자들이 아르헨티나 화폐인 페소의 가치가 낮아진다고 예상하고 행동하면, 많은 사람들이 대규모 투자자들을 따라 페소를 달러로 교환한다. 그러면 실제로 페소 가치가 낮아진다. 이 일의 희생자는 생활하는 데 페소 화폐가 필요하거나 달러로 신용 대부를 받은 아르헨티나 사람들이다. 1990년대의 경제 위기는 다음 희생자를 찾아 나섰다. 그래서 동남아시아의 경제 위기로 5000만 명이 일자리를 잃고 빈민층으로 내몰렸다.

투기사업에 붙는 세금

물론 단기 투기를 막는 효과적인 도구가 있기는 하다. 이른바 토빈세라고 한다. 토빈세는 노벨 경제학상 수상자 제임스 토빈의 이름을 따서 붙여진 것으로, 외환 거래를 할 때마다 0.01~0.5퍼센트까지 부과되는 세금을 말한다. 세금이 붙는 비율은 매우 적지만 그래도 토빈세가 국제 증시에서 일일 매상의 가장 큰 부분을 차지하는 외환 단기 거래에 부담을 주기 때문에 수익을 크게 얻지 못하게 하는 역할을 한다. 오늘날은 매우 낮은 마진에도 불구하고 빨라진 속도로 인해 사회를 희생시켜서라도 엄청난 수익을 얻는 것이 일반적이다. 토빈세는 일차적으로 국내 및 국제 입법기관에서 적용한다. 그런데 유감스럽게도 유럽연합위원회도 토빈세 도입을 거부하고 있다. 아마도 은행들이 압력을 넣고 있을 것이다. 토빈세를 적용하면 다른 긍정적인 효과도 볼 수 있다. UNO는 토빈세에 의해 세율에 따라 1년에 800~2700억 달러를 거둬들일 수 있다고 추정한다. 이 돈만 있으면 빈곤이나 무직 상태를 없앨 수 있고, 병원과 교육기관을 세울 수도 있다.

연금에 대한 거짓말

현재 상황은 정부와 은행 및 콘체른의 뜻에 따라 반대 방향으로 가고 있다. 갈수록 더 많은 돈이 펀드와 유가증권으로 흘러들어간다. 심지어 노인복지 수당을 개인연금 펀드의 형태로 전환하는 것이 더 안전하고 좋은 방법이라고까지 주장한다. 연금은 국민들이 버는 수입의 일부를 사회보장보험에 정기적으로 입금해서 나오는 돈을 말하는데, 지금까지 노인들은 이 연금으로 생활해왔다. 연금제도에서는 수입의 정도에 따라 등급별로 액수가 정해지기 때문에, 부자는 돈을 더 많이 내고 가난한 사람은 덜 내게 되어 있다. 그런데 오늘날 사회가 노령화되면서 노인복지 수당을 보장하기에는 돈이 충분치 않다며 국민을 속이려 든다.

당연히 말도 안 되는 소리다. 이 말은 부자가 사회보장 분담금에 돈을 덜 내게 하고, 개인연금 펀드에 더 많은 돈을 투자하도록 유도하기 위한 것이다.

사회보장제도의 재정 능력이 어느 정도인가는 사실 한 국가의 경제력과 벌어들인 수입에서 얼마만큼을 사회복지기금으로 돌리느냐에 달려 있다. 유럽의 국민경제는 지난 수십 년간 지속적으로 증가해왔다. 그와 동시에 특히 재산가, 최고 소득자, 대기업들이 날이 갈수록 사회보장제도의 유지에 기여도를 줄여왔다. 바로 이것이 문제다. 경제활동 능력을 가진 젊은 층이 적은 것이 문제가 아니다. 그리고 경제활동 인구 문제도 쉽게 해결할 수 있다. 다른 나라에서 들어오는 사람들의 이주 절차만 간편하게 만들어도 일을 하고 싶어 하고, 일을 할 수 있는 사람들 모두의 소원을 들어줄 수 있다.

사회보장제도와 연금제도를 개인화하는 일은 무엇보다 잘사는 사람들에게 이득을 가져다준다. 부자들이 가난한 시민들의 연금을 같이 부담하는 일이 점차 줄어들 것이기 때문이다. 게다가 개인연금이 국가의 사회보장제도보다 훨씬 더 비싸고 불확실하다. 증권이 망하거나 개인 펀드가 파산하면 돈도 한번에 날아가버리기 때문이다. 게다가 국가는 경제의 지속성과 근로자들을 희생시키면서 오직 최대 수익을 목표로 하는 주주 원리에 따라 움직여서는 안 된다.

내가 저축한 돈은 어디로 갈까?

돈을 은행 계좌나 통장에 예금하고 주식이나 펀드에 집어넣으면, 그 돈을 가지고 은행은 자기들이 원하는 일을 한다. 다시 말해, 은행은 일반적으로 사회적, 생태학적 결과를 고려하지 않고 신속하게 수익을 창출하는 곳에 돈을 투자한다. 그래서 독자들의 돈을 잘 처리할 수 있게 하는 몇 가지 정보를 제공한다.

돈을 많이 가진 사람은 집이 없는 노숙자와 이주자를 비롯해 가지지 못한 사람들에게 돈을 나눠줄 수 있다. 동정이 아니라 평형을 이루기 위해 돈을 나누면, 주는 사람과 받는 사람 모두를 더욱 행복하게 만든다. 또한 가지 좋은 방법으로 살기 좋은 세상을 만들기 위해 투쟁하는 조직이나 협회에 투자할 수도 있다.

돈을 저축해서 나중에 자신을 위해 쓰려는 사람이라면, 지속적인 프로젝트를 위해 돈이 필요하거나 생활하는 데 돈이 필요한 다른 사람에게 낮은 이자로 빌려주는 방법도 있다. 돈이 필요한 사람들은 집을 사고 싶거나 좋은 아이디어를 현실화하는 데 초기 자본이 필요한 가까운 지인일 수도 있다.

또 하나, 대체에너지 또는 빈곤 퇴치 분야와 같은 지속적인 프로젝트에 최저 대출이자로 투자하는 대안 은행과 기구들도 있다. 예를 들어 GLS 공동체은행이나 생태은행 같은 곳이다.

한편 한 개인이 회사에 영향력을 행사할 정도로 많은 양의 주식을 환경 펀드나 윤리 펀드에 집어넣고 눈여겨보며 즐길 수 있다. 이들 주식 중에는 많은 주식이 단순히 이미지가 좋다는 이유로 이런 이름을 달고 있는데, 이는 부유한 주주의 가치 기준에 따라 움직일 수 있기 때문에 주의가 필요하다.

윤리적 투자 가능성에 대한 더 자세한 내용은 볼프강 케슬러^{Wolfgang Kessler}와 안체 슈니바이스^{Antje Schneeweiß}의 《돈과 양심^{Geld und Gewissen}》 또는 막스 델름^{Max Deml}과 한네 마이^{Hanne May}의 《녹색 돈^{Grünes Geld}》과 같은 책을 참고하기 바란다.

요약

- 현 경제체제는 은행과 콘체른이 최대한 단기간에 높은 수익을 얻는 것을 목표로 하도록 몰아댄다. 이 같은 주주 가치 원칙은 사회 및 생태학적 지속성이나 윤리적 기본 원칙을 고려하지 않는다.
- 전 세계의 경제 흐름이 더 이상 실질 경제(예를 들어 재화와 서비스 생산에 투자하는 일)에 기반을 두지 않고 대신에 주식, 원료, 환율의 변동에 투기해 이익을 취하고 있다.
- 그로 인해 발생하는 재정 위기가 국민경제를 붕괴시키고 수백만 명을 곤궁에 빠뜨린다.
- 사회보장제도의 개인화는 국민을 금융시장에 더욱 의존하게 만들고, 사회보장제도 및 연금제도를 더욱 불확실하고 비싸게 만든다.

기타 정보

- www.erlassjahr.de
  국민들이 직접 '부채'를 지지 않았는데도 빈국들이 갚아야 하는 엄청난 '부채'에 반대하는 캠페인.
- www.is.gd/ofJ
  "돈은 어떻게 기능하는가?"라는 질문에 대답하는 애니메이션 영화.
- www.ecoreporter.de
  윤리적, 생태학적으로 저축할 수 있는 정보를 제공한다.
- www.bewegungsstiftung.de(.at)
  사회적 개혁에 투자하려는 사람은 이곳을 살펴보는 것이 좋다.

세계는 우리 것이다!

우리는 권력을 콘체른과 경제 특권층에 내주어서는 안 된다. 전 세계적으로 성장하는 시민 단체가 억압, 환경 파괴, 인종차별로 이익을 얻는 경제체제에 맞서는 투쟁에서 거듭 성과를 올리고 있다.

다국적 콘체른과 막강한 권력을 가진 소수의 특권층이 민주주의를 전복시키고, 복지를 파괴하고, 인권을 오용하고, 지구의 생존 모두를 이익 창출에 건다는 이야기를 들으면 맥이 빠지면서 한없이 작아지는 기분을 느끼기 십상이다. 그도 아니면 화가 난다. 화를 내는 것도 나쁘다고는 할 수 없다. 화가 날 때 상황을 바꾸고 싶은 생각도 들기 때문이다. 철학자 페터 슬로터다이크는 분노야말로 정치적 변화를 일으키는 가장 중요한 추진력이라고 했다. 《요한복음》에도 나사렛의 예수조차 이익만 추구하는 장사치들에게 화를 냈다는 내용이 있지 않은가. "예수가 무척 분노해 새끼줄로 채찍을 만들어 내리치며 장사치들을 양과 소들과 함께 사원에서 쫓아냈다. 예수는 고리대금업자의 돈을 내동댕이치고 탁자를 뒤집어버렸다."

최근 수년 전부터 전 세계적 불공평에 대해 더 많은 사람들이 분노를 느낀다. 전 세계에 걸쳐 주로 젊은 사람들이 신자유주의 글로벌화, 콘체른의 권력, 환경 파괴에 대항해서 싸우기 위해 뜻을 모은다. 젊은이들은 단순히 '대항'하는 데 그치지 않고, 정당한 세계에 대한 구체적인 아이디어를 발전시키기도 한다. 정당한 세계란 자유와 평화와 복지를 가능하게 하고, 지구와 생물의 기반을 보살피는 세계를 말한다.

물론 우리보다 훨씬 강한 '저 위에서 하는 일'에 대항할 수 없다며 손사래를 치는 사람도 있을 수 있다. 그러나 그런 태도는 첫째, 수수방관하고 아무것도 하지 않겠다는 안일한 생각이다. 둘째, 그 주장이 전혀 옳지 않다는 사실을 역사가 가르쳐준다. 석기시대부터 현대에 이르기까지, 사회의 변화는 모두 상대적으로 작은 집단에 의해 이루어졌다. 이들 소수집단은 자신과 타인을 위해 더 좋은 세상을 만들 수 있다고 믿는 사람들의 모임이었다. 민주주의, 계몽주의, 노예제 폐지, 인권, 노동권, 여성의 권리,

소수민족의 권리를 비롯해 환경 및 동물 보호권, 더 나아가 지구가 태양 주위를 돈다는 인식까지도 모두 소수에 의한 것이었다. 현재 우리가 이 모든 것을 누리게 된 것은 처음에는 변화가 불가능해 보였지만 굴하지 않고 자신의 생각을 관철하기 위해 투쟁한 사람들의 덕택이다. 글로벌 자본주의와 권력자의 이익 추구가 모든 생활 영역에 걷잡을 수 없이 파고들수록, 우리가 지금껏 이뤄놓은 훌륭한 성과마저도 위태로워진다는 사실을 인식해야 한다.

초기 자본주의의 비판

자본주의에 대한 비판은 자본주의가 생겨났을 때부터 있었다. 자본주의 비판에 있어서 가장 유명한 대표자가 독일 철학자인 칼 마르크스와 프리드리히 엥겔스다. 두 사람은 공산주의를 통해 모든 사람들이 사회의 복지를 똑같이 나눠 가지는 계급 없는 사회를 만들려고 했다. 실제로 공산주의의 전 단계인 사회주의가 쿠바 같은 나라에 도입되어 쿠바에서는 (자본주의를 채택한 라틴아메리카의 다른 나라에 비해) 어느 누구도 굶지 않고, 거의 모든 사람들이 거주지와 교육 및 건강관리를 누릴 수 있다. 물론 쿠바 사회의 상대적 공평성은 개인의 자유를 희생하고, 다른 이념을 가진 사람들을 억압한 대가로 얻어진 것이다.

한편 소비에트공화국과 중국을 비롯한 다른 나라에서는 소유한 재산이 없는 다수, 다시 말해 '프롤레타리아'가 아닌 부패한 독재자가 권력을 쥐고 있다. 조지 오웰은 《동물농장》에서 썩은 독재자들은 정당한 사회를 건설할 의지가 없다는 사실을 탁월하게 묘사했다. 동물농장에서 억압받던 동물들이 자본주의 농장주에게 맞서 혁명을 꾀하고, 스스로가 운명의 주인이 된다. 그리고 "모든 동물이 평등하다"는 동물들의 헌법이 선포된다. 그러나 돼지가 권력을 넘겨받자 다른 동물들은 예전보다 더 곤궁에 빠지게 된다. 이어서 갑자기 "모든 동물이 평등하다. 그러나 어떤 동물들은 더 평등하다"라고 헌법이 바뀐다. 결국 억압받던 동물들은 돼지와 농장 주인이 서로 어울려 축제를 벌이는 모습을 지켜본다. 조지 오웰은 독재자 스탈린에게서 받은 인상을 바탕으로 1945년에 이 책을 집필했다. 하지만 오늘날에도 중국의 공산주의 독재자들과 자본주의 콘체른 및 정부 수뇌들은 국민을 기만하고 벌어들인 막대한 이익을 앞에 놓고 《동물농장》에서처럼 즐겁게 축제를 벌이고 있다.

무정부: 지배권이 없는 질서

자본주의의 또 다른 대안으로 자본주의보다 훨씬 오래된 체제인 무정부주의가 있다. 많은 사람들이 무정부를 폭력이나 무질서와 같은 뜻으로 받아들인다. 그러나 그렇지 않다. 그런 생각의 배후에는 무정부 사회에서 권력을 잃을까봐 두려운 사람들, 즉 지배층의 두려움이 숨어 있을지 모른다. 무정부를 뜻하는 고대 그리스어 아나르코스$^{\alpha\nu\alpha\rho\chi\sigma\zeta}$는 바로 지배권이 없다는 뜻이기 때문이다. 아리스토텔레스(기원전 384~322년)도 이미 무정부는 "주인이 없는 노예의 상태"라고 기술했다.

근대 무정부주의의 대표적 선구자로 프랑스 경제학자 피에르 조제프 프루동과 러시아 철학자 미하일 바쿠닌이 있다. 두 사람은 마르크스, 엥겔스와 거의 동시대인 19세기 중반에 사상을 발전시켰다. 프루동은 무정부를 "지배권이 없는 질서"라고 정의했다. 무정부주의자들도 자본주의를 폐지하려 했고, 이때 프루동은 바쿠닌이나 마르크스, 엥겔스와는 다르게 혁명적 폭력의 투입을 거부했다.

국가에게 집약된 권력을 부여하는 공산주의와는 달리, 무정부주의자들은 지배권을 전혀 인정하지 않는다. 그리고 공평한 사회는 오직 자치 조직(예를 들어 협회 같은)을 통해서만 이루어질 수 있다는 견해를 가진다. 이처럼 무정부주의가 인간의 자유를 우선시하기 때문에 '자유 사회주의'라고 불리기도 한다. 그러나 협회와 같은 형태라 해도 공동생활을 위해서는 당연히 법률이 있어야 한다. 물론 법률은 독재적 지배자가 부과하는 것이 아니라 공동체에서, 다시 말해 '아래로부터' 결정되어야 한다. 무정부주의 체제에서도 법률을 어기는 자를 응징하지만, 공동체의 일원들이 응징하는 것이지 중앙집권 지도층이 응징하는 것은 아니다.

프루동이 한 말 중에 "재산은 도둑질이다"라는 유명한 말이 있다. 그렇다고 프루동이 재산의 소유를 금지했다는 뜻은 아니다. 그보다는 타인을 희생으로 재산을 증식하거나, 타인에 비해 이익을 지나치게 많이 축적하는 일이 부당하다는 것을 분명하게 밝히려 했다. 프루동에 따르면, 개인적으로 필요한 물건을 제외하고 자신의 소유라고 할 수 있는 재화는 오직 스스로, 또는 공동의 노동을 통해 생산하거나 교환을 통해 얻은 것이어야 한다.

이 말이 유토피아에서나 가능한 것처럼 들리는가? 틀림없이 그럴 것이다. 그러나 민주주의에서도 여성의 선거권 또는 동성 관계의 무죄를 주장하는 일이 한때는 유토피아 같은 소리였을 때가 있었다. 사회가 국가권력과 지배권 없이도 매우 잘 조직되는 예도 많다. 남아프리카 토착민인 샌족, 칠레의 마푸체 족, 멕시코의 치아파스에 있는 '무정부 공동체'들은 지배자 없이 자치를 토대로 살았고, 지금도 그렇게 살고 있다.

또 서구 산업사회에서도 이미 무정부주의가 성공적으로 이루어진 예가 있다. 스페인 내란이 발생했던 1936~1939년에 스페인 북부의 대부분 지역이 정부 없이 국민들의 자치로 유지되었다. 이때 개인적으로 부당한 이득을 취할 수 없게 되자, 많은 물건의 값이 일시에 기존 가격의 4분의 1로 떨어지고 생산량도 늘어났다. 결의 내용은 선출된 '자문단'에 의해 공개 회합에서 합의되었다. 자문단은 국민에 대해 직접적으로 책임이 있는 전권 사절이었다. 자문단원들은 의회 위원과는 달리 모두 자문단의 지시에 따라야 하고, 언제든지 면직당할 수 있었다. 더 나아가 스페인 무정부주의자들은 수백만 명의 인구가 밀집된 바르셀로나의 운수업도 대표자 없이 성공적으로 관리했다. 스페인에서 무정부 상태가 끝난 이유는 소비에트공화국처럼 체제가 기능하지 못하고 실패로 돌아갔기 때문이 아니라, 파시스트인 프랑코 장군이 내란을 종식하고 국가를 독재 체제로 전환했기 때문이다.

민주주의와 사회적 시장경제

2차 대전이 끝난 후에 독일에서는 순수 자본주의 경제체제가 국가의 일정한 개입을 통해 사회적으로 제어받는 모델이 생겨났다. 이를 '사회적 시장경제'라 한다. 사회주의 국가의 발전 성과와 더불어 사회적 시장경제는 오늘날 유럽 국가들 사이에서 성공적인 모델로 통한다. 사회적 시장경제를 통해 국민 전반에 복지와 사회의 안전을 비롯해서 교육과 건강관리와 같은 가장 중요한 사회 서비스가 제공되기 때문이다. 이 모델은 노동 협약

당사자들의 합의 원칙에 따른다. 그 말은 노동조합과 경영자협회가 임금 문제와 같은 갈등이 발생했을 때 평화로운 합의를 위해 노력한다는 뜻이다. 게다가 대규모 사회집단의 이해를 수렴해서 선출된 당을 통해 입법하는 것도 보장한다.

그런데 유럽의 사회주의 국가 모델 역시 옛 식민지 국가에서 산출되는 값싼 원자재를 착취해 이득을 취했다는 사실을 차치하더라도, 지난 20세기 마지막 수십 년 사이에 사회가 크게 달라지는 바람에 새로운 문제들과 마주치게 되었다. 또 종전 이후 빠른 경제성장이 복지와 기술적 발전을 불러왔지만, 환경 파괴는 심각한 수준에 이르렀다. 그 밖에도 서유럽의 경제 비약이 노동 인력의 부족을 동반했다. 그래서 유럽은 1960년부터 빈국에서 외국인 노동자들을 불러들일 계획을 세웠고, 이들은 값싼 노동력이 되어 복지사회를 이루는 데 기여했다. 그런데 외국인 노동자들도 각자 욕구가 있고, 이곳에서 기계처럼 일만 하는 게 아니라 사람답게 살고 싶어 한다는 점에 대해서는 아무도 신경 쓰지 않았다. 사람들은 외국인 노동자와 그의 가족들이 우리와 더불어 복지를 누리고 민주주의의 권리를 행사하도록 길을 터주는 대신에, 일이 끝나는 즉시 빨리 자기네 나라로 돌아가라고 재촉했다. 그들도 이곳에 살면서 국가의 경제성장에 기여했고 자녀들도 이곳에서 자랐는데, 다시 본국으로 돌아가야 하는가? 본국으로

돌아간다고 해도 직업을 얻을 전망도 없으며, 이제는 더 이상 아는 사람
도 없고 인간관계도 맺을 수 없는데 말이다.

빈곤으로부터의 도피

글로벌화는 아직도 더 많이 변화해야 한다. 세계무역과 자본을 위해서는
국경이 활짝 열리면서, 빈국의 사람들에게는 더욱 굳게 문을 닫는다. 한
편 서구 산업국가와 콘체른들은 빈국의 노동 인력과 원자재를 착취하는
행위가 날이 갈수록 심해지고 있다. 이는 착취당하는 나라의 빈곤을 한
층 심각하게 만들고, 무기를 앞세워 갈등을 부추긴다. 폭력과 전쟁 또는
억압을 이기지 못해 고향 땅에서 도망친 도피자들이 전 세계적으로 3300
만 명이 넘는 실정이다. 설상가상으로 본국에서는 인간 대접을 받으며 가
족을 먹여 살릴 전망이 없다. 이 때문에 가난한 사람들 대부분은 자국의
다른 지방이나 이웃 나라로 도주한다.

도피자들 중에 소수만이 고국의 부가 대부분 흘러들어간 부유한 산업
국가, 다시 말해 우리가 살고 있는 독일 같은 나라로 들어올 수 있다.

도피자들도 물론 정보를 가지고 있다. 많은 사람들이 텔레비전이나 인
터넷을 통해 유럽에는 복지가 잘 이루어져 있고, 가장 임금이 낮은 3D 업
종에서 일을 해도 고국에서 한 달 일해야 벌 수 있는 돈을 하루 만에 벌

수 있다는 사실을 안다. 예컨대 나이지리아에서는 셸을 비롯한 다른 정유 회사들이 석유 채굴로 엄청난 돈을 벌고 그 돈으로 부패한 지배자를 지원하는 바람에, 노동자들의 평균 월수입은 1인당 45유로밖에 되지 않는다. 그런데 나이지리아에서도 석유나 의약품, 물건 값은 우리와 거의 비슷하다. 그러니 45유로를 가지고 도대체 어떻게 가족을 꾸리며 살아갈 수 있겠는가? 책임감 있는 외국인 노동자들은 열악한 상황을 바꾸기 위해, 그리고 운이 좋으면 번 돈을 고향으로 보내 가족을 먹여 살릴 수 있는 어딘가로 가기 위해 무슨 일이든 할 수밖에 없다.

고향을 떠난 이주자들이 본국을 돕는다

실제로 이주자들이 고국에 도움을 준다. 이들은 매년 3000억 달러 이상을 고향의 가족들에게 송금하는데, 이 액수는 전 세계 저개발국 원조 목표액의 세 배가 넘는다. 더욱이 이주자들의 돈은 수많은 저개발국 원조 사업보다 근본적으로 더욱 가치 있게 쓰인다. 돈이 당장 필요한 사람에게 직접 전달되기 때문이다. 그러는 사이에 수많은 이주자들이 송금하는 돈이 빈국에서 가장 중요한 경제 요인으로 떠올랐다.

그러면 우리에게는 어떤 일이 일어날까? 위험하고 비용도 많이 드는 험난한 여행을 뒤로 하고 간신히 유럽에 발을 들인 나이지리아 사람이 굳게

▶ 아프리카 도피자들이 이탈리아 해안경비대에 의해 구조되고 있다. 도피자들 중 수백 명이 매년 익사하는데, 유럽이 국경을 더욱 굳게 닫기 때문이다.

닫힌 유럽의 국경 앞에 서 있다. 석유와 자본은 국경 안으로 들어와도 되지만, 사람은 들어올 수 없다. 그런데도 절망스러운 사람들은 점점 더 많이 '유럽 요새'의 성벽을 넘으려 기를 쓴다. 그리고 그들은 불법 체류자가 된다. 범죄자로 취급받는 것이다. 마치 더 나은 미래를 추구하는 일이 범죄이기라도 하듯이. 이 태도가 얼마나 차가운지는 오스트리아 국경 경찰의 공식 발언에서도 볼 수 있다. "네 명의 불법 체류자들이 강을 헤엄쳐 건너가는 데 성공했다. 소말리아인 한 명은 익사했고, 한 명은 동상에 걸렸다. 이들의 행동은 오스트리아 법을 완전히 무시하고, 공공의 평온과 질서와 안전을 방해하고 있음을 명백히 보여준다."[1]

제네바 망명자 조약은 폭력과 전쟁 또는 억압을 이유로 고향에서 도주한 모든 사람들을 보호하고 망명을 허가해야 한다는 법을 정했다. 그러나 부유한 국가들의 개입으로 비롯된 빈곤을 더 이상 견딜 수 없어 고국에서 도망치면 경제적인 사유로 인한 도피자라는 이름으로 유럽 국경에서 입국을 거절당한다. 이들 중 많은 사람들이 유럽에 왔는데도 합법적으로 일하는 것이 허락되지 않으며, 그 어떤 지원도 받지 못한다. 이들은 결국 새로 나온 휴대전화 모델 중에 어떤 것을 사느냐 하는 것이 최대의 관심거리인 부유한 나라에 와서도 배를 곯고 추위에 떨어야만 하는 선고를 받는다.

유럽연합이 세계로 확장되면 어떻게 될까?

물론 정치가들은 유럽이 경제적 안정과 사회적 안전을 확고히 하려면 더 많은 이민자가 필요하다는 사실을 알고 있다. 독일경제연구소의 계산에 따르면, 인구수를 안정적으로 유지하기 위해서는 현재 매년 약 2만 3,000명 정도인 이민자 입국 허용 인원을 27만 명으로 늘려야 한다. 모든 유럽 국가에서 출산율이 계속 하락하고 있기 때문이다. 세계적으로 볼 때 인구가 늘어난다는 사실을 고려하면, 우리가 외국에서 들어오는 사람들을 두 팔 벌려 환영하는 것이 문제가 되지는 않는다. 혹시 외국인들은 질이 낮다고 생각하는 사람이 있을지도 모른다. 정치가들과 몇몇 매스컴이 끊임없이 외국인을 적대시하는 발언을 하는데, 이는 국민들에게 불안감을 부추기고 자신의 권력을 확고히 하려는 의도가 다분하다. 이런 정치가들은 주어진 문제를 잘게 나누어 하나씩 정복한다는 케케묵은 '분할 정복법'에 따라 행동한다. 분할 정복법은 한 집단에서 다른 집단이 위협적이라고 느껴지면 도움을 구할 때 권력에 의지한다는 이론이다.

이럴 때일수록 더욱 용기 있고 인본적인 시각을 갖는 것이 중요하다. 예컨대 유럽연합이 2020년부터 일종의 '세계 개방'에 관심을 둔다면 어떻게 될까? 유럽 국경의 점진적 개방이 무역과 자본에만 해당되는 것이 아니라 사람에게도 해당될까? 또 유럽이 10년 넘게 빈국의 착취를 그만둔다고 가정해보자. 다시 말해 유럽의 각국 정부들과 콘체른들이 마침내 빈국의 재산을 빼앗는 일을 그만두는 일이 일어난다고 해보자. 그러면 수백만 명이 갑자기 유럽에서 살겠다고 나서는 일도 없어질 것이다. 유럽연합의 통합 과정에서 동유럽을 통합한 경험이 이를 뒷받침한다. 당시에 물건과 서비스, 자본만이 아니라 사람들의 통행도 자유롭게 했다. 그러자 극소수의 사람들만이 고향을 떠나겠다고 했다. 대부분의 사람들이 가족과 친구가 있는 곳, 익숙한 주변 환경과 자신의 정체성을 찾을 수 있는 곳에서 살고 싶어 했기 때문이다.

더불어 사는 법 배우기

날이 갈수록 증가하는 이민이 오늘날 일으킨 문제들, 예를 들어 이민자들의 짧은 언어, 열악한 교육 상태, 종교적 근본주의 같은 문제에 어떻게 대처할 수 있을까? 이주자를 통합하는 일은 일방통행이 아니다. 다시 말해, 누구에게 의무를 지운다면 그만큼의 권리도 인정하는 것이 당연시되어야 한다는 뜻이다. 스스로 오랫동안 외국에서 살았기 때문에 경험으로 말할 수 있다. 자신이 제외당하는 느낌이 들고, 결정에 참여할 수 없고, 자신이 가진 문화와 언어에 대해 평가받지 못하면 공동생활을 위해 적극적으로 힘쓰고 싶은 마음이 우러나지 않는 법이다.

어떤 사람은 '그들은 손님이니까 우리 문화에 적응해야 한다'고 생각한다. 그러나 우연히 그곳에서 태어났다는 이유만으로 나라나 문화에 대한 권리가 있는 것은 아니다. 세계는 우리 모두의 것이다. 그리고 우리가 세계 속에서 잘살려면 우리의 이웃을 국적, 피부색, 종교, 말투, 성이나 성 정체성으로 판단해서는 안 된다는 사실을 이제는 배워야 한다. 현재 지구상에는 약 70억 종의 문화가 있다. 각자가 모두 다 다르기 때문이다. 여성이나 소수민족을 억압하고, 인권이나 개인의 자유를 무시하는 것을 자기들의 '문화'라고 생각하는 사람들은 위험하다. 이슬람 근본주의자들이 여성의 권리와 민주주의에 이의를 제기하거나 테러로 위협할 때만 위험한 것이 아니다. 가톨릭교회도 비인간적일 때가 있다. 예를 들어 동성애자를 차별하고, 콘돔 사용과 낙태를 금지해서 매년 100만 명이 목숨을 잃는다. 가난한 나라에서는 에이즈나 부적절한 낙태 방법으로 사람들이 죽어간다.

우리는 시민으로서 용기를 가지고 모든 분야에 존재하는 폭력과 인종차별, 성차별에 반대해야 한다. 그들이 정치가든, 자린고비가 제일이라고 믿는 기업가든, 젊은 남성우월주의자든 가리지 말고 말이다.

인권이 글로벌화한다

조악한 비인간성을 전면적으로 금지하면 간단하게 해결할 수 있지 않을까? 그러나 많은 법이 권력을 쥔 사람들의 이해를 위해 존재한다. 콘체른과 억만장자는 자기들의 거래와 이익을 글로벌화하지만, 노동법과 사회법과 환경보호법의 글로벌화는 존재하지 않는다. 네슬레나 크래프트의 주주들에게 서아프리카 카카오 수확에서 어린이 노예를 부려 이익을 올리는 것에 대해 책임을 묻는 사람은 거의 없다. 반대로 콘체른의 로비, 세계무역기구와 같은 국제기구와 보수주의 정치가들은 온갖 수단을 동원해 이에 맞선다. 그러니 이들이야말로 글로벌화의 실제 반대자들이라 할 수 있다.

한편 신자유주의의 글로벌화를 비판하는 사람들의 운동이 크게 성장하고 있다. 이들은 전 세계인들이 평화롭게 더불어 살게끔 하는 구속력 있는 법을 요구하며 운동을 벌인다. 1990년대 중반부터 전 세계 방방곡곡의 젊은이들이 글로벌 자본주의에 맞서 싸우기 위해 모임을 꾸렸다. 이들이 벌이는 운동의 목표는 그들의 출신만큼이나 다양하다. 경작지가 없는 농부, 토착민 대표자, 노동조합, 인권 및 환경보호 단체, 참여적인 개인들이 모여 글로벌화의 정당한 형태를 위한 아이디어와 콘셉트를 만들고, 매스컴을 동원해 전 세계적으로 토론하기 위해 애쓴다.

다윗과 골리앗

이 작은 '다윗'들, 전 세계에 네트워크로 연결된 시민 단체들이 우세해 보이는 콘체른이라는 '골리앗'을 상대로 이미 수많은 성공을 거두고 있다. 일례로 시민 단체는 1998년에 소위 다자간투자협정[MAI]을 결렬시킨 적이 있다. MAI의 목표는 다국적기업들이 생산 국가에서 사회 및 환경보호법을 장기적으로 적용하지 못하게 하려는 것이었다. 만일 한 국가가 최저임금을 올리거나 더 엄격한 환경보호법을 결정하면 결과적으로 그 나라에 투자한 콘체른들이 손해를 본다. 그런 손실이 발생할 경우, 콘체른들이 손해배상금을 요구할 수 있도록 하는 것이 다자간투자협정이다. 그렇게 되면 가난한 나라는 재정적으로 파국을 맞는다는 뜻이므로 국가가 자발적으로 환경보호 및 사회 기준을 포기하게 된다. 그러나 비정부기구[NGO]의 세계적인 네트워크가 개발도상국과 손잡고 MAI의 비밀 규정을 백일하에 폭로했다. 그러자 가장 중요한 산업국가인 프랑스가 발을 뺐고, 곧 MAI는 좌초되었다.

1999년 말에는 수만 명의 시위 인원이 경찰의 폭력적인 저지에도 불구하고 미국 시애틀에서 열린 세계무역기구 회의를 무산시키기도 했다. 이후 수십만 명의 사람들이 WTO, 세계은행, 외환안정기금, 월드이코노믹포럼WEF, 주요8개국정상회담G8의 모든 회의에서 경제적, 정치적 권력자들이 누구의 방해도 받지 않고 자신들의 이해를 위해 비밀리에 뒷거래를 하지 못하도록 지켜보고 있다.

다른 세계도 가능하다

그와 동시에 글로벌화 비판 단체와 개인들이 2001년부터 세계사회포럼에서 "다른 세계가 가능하다"라는 모토를 내걸고 모든 분야에 걸쳐 진행되는 글로벌화에 대해 정기적으로 모여 구체적인 제안을 구상하고 있다. 예를 들어 공정한 세금 체제, 환경 및 동물 보호를 위한 조처, 대체에너지 자원, 식수와 음식과 교육의 지속적인 공급, 인종차별과 성차별 및 억압을 없애기 위한 창의적인 시위 방법을 토론하며 구상한다. 이 포럼에서 18~25세의 젊은이들이 놀라울 정도의 세부 지식과 총체적 관계에 대한 지식을 드러내 보이곤 한다. 그리고 정치가들과 매스컴이 나서서 청년들의 아이디

▶ 세계사회포럼의 시위: 올
바른 글로벌화 형성을 위
한 행진을 하고 있다.

어가 실효성이 있다고 힘을 실어주는 경우가 점점 많아지고 있다.

폭력과 대응 폭력

정부 관계자와 경제를 이끄는 지도자들은 억압당한 사람들, 그들과 연대
를 이룬 부유한 산업국가 사람들의 저항을 제지한다. 그래서 정부는 걸핏
하면 글로벌화 비판자들을 폭력을 일삼는 무정부주의자로 몰아붙여 경
찰력으로 맞선다. 2001년 7월에 제네바에서 G8이 열리자, 20만 명이 넘
는 사람들이 정치와 자본의 착종에 반대하며 평화 시위를 벌였다. 이때
시위대 내부에 이탈리아 경찰을 선동자로 변장시켜 잠입시켰다는 사실을
이후에 정부가 공식적으로 인정했다. 이탈리아 총리 베를루스코니에 의

한 독재 정권이 이때를 계기로 시위대에 과격한 폭력을 행사하겠다는 계획을 꾸몄던 것이다. 이로 인해 200명의 부상자가 났고, 시위 대열에 있던 23세의 카를로 줄리아니가 경찰이 쏜 총에 머리를 관통해 목숨을 잃는 불행한 사건이 있었다.

물론 시위하는 사람들 중에는 기존 제도에 대한 분노를 폭력적인 행동으로 표현하는 사람들이 있게 마련이다. 그래도 이들은 소수에 지나지 않는다. 그런데 콘체른에 의해 폭력과 테러가 합법화되는 경제체제가 대응 폭력을 불러일으키는 것은 아닌지 생각해보아야 한다. 한편 매스컴은 그제야 비로소 집회를 폭력으로 일그러진 이미지로 전하던 행태를 멈추고 전 세계에 만연한 부당성에 대해 보고하기 시작했다. 일례로 주간지 〈슈피겔〉 같은 신문은 제네바 사건 이후에 때늦은 질문이지만 "세계는 누구의 것인가?"라는 제목의 기사를 내보냈다. 전적으로 평화롭게 활동을 벌이는 독일의 아탁은 제네바 사건 이후 급속하게 회원수가 늘어났고, 한 설문에서는 독일인의 70퍼센트가 글로벌화를 비판하는 사람들의 뜻에 동의한다는 결과가 나왔다.

2007년 6월에 독일 하일리겐담에서 주요 8개국의 정상들이 회담할 때였다. 경찰들은 비판적인 무고한 시민들을 마치 국가의 위험한 적을 대하듯 진을 치고 대치했다. 세금에서 총 1억 유로가 훨씬 웃도는 돈을 들여

전 지역에 출입을 차단하고 철통같은 안전시설을 설치함으로써 일곱 남성과 한 여성(독일 메르켈 총리를 이름–옮긴이)이 그들이 초대한 손님들과 함께 세계의 운명을 협상할 수 있었다. 12킬로미터에 이르는 긴 차단막 앞에 8만 명이 평화 시위를 위해 모여들자, 경찰과 시위하는 개인 사이에 선동과 개입이 발생했다.

이 시점에 중요한 것은 모든 국가와 문화 그리고 각계각층의 남녀노소 할 것 없이 점점 더 많은 사람들이 목소리를 내어 말하고 있다는 사실이다. "그만, 더 이상은 안 돼. 우리는 모두가 사람답게 살 수 있는 세상을 원해. 그리고 다음 세대를 위해 이 세상을 잘 지키고 싶어."

그렇다면 좋은 세상은 어떤 모습일까?

민주주의와 복지의 재획득

인도의 여성 작가이자 인권 행동가인 아룬다티 로이가 말한다. "우리의 자유는 정부가 보장해주는 것이 아니다. 우리는 엄청나게 노력을 기울여야만 자유를 얻을 수 있다. 그리고 자유를 지키지 못하고 한번 내주게 되면 되찾기 위한 투쟁은 곧 혁명이 된다. 이 투쟁은 전 세계의 모든 나라에서 이뤄져야 한다. 자유를 위해서라면 어떤 목표도 사소하지 않으며, 어떤 승리도 무의미하지 않다."

콘체른과 권력자들이 민주주의를 무시하고 우리의 복지와 환경을 파괴할 때, 그리고 인권에 앞서 이익을 더 챙길 때, 우리는 행동해야 하고 책임자들의 손에서 우리와 지구의 운명에 관여하는 권력을 빼앗아야 한다. 이 일은 과거에 있었던 대규모의 혁명처럼 권력을 내 손에 쥐는 것이 목적이 아니다. 많은 사람들이 바라는 것은 자신의 운명을 스스로 결정할 수 있는 권리를 누릴 수 있는 세상을 만드는 것이다.

몇몇 권력자가 타인의 삶을 결정하는 일은 인간다운 공동의 삶에서는 결코 용납되어서는 안 된다. 이 말은 법률을 없애거나 국제협의기구가 존재해서는 안 된다는 뜻이 아니다. 반대로 "강자와 약자 간의 관계에 있어서 자유는 억압 구조를 낳는 반면, 오히려 법이 자유를 가능하게 한다"는 사실은 이미 철학자 장 자크 루소(1712~1778년)가 말한 적이 있다. 그러므로 법과 규칙은 일차적으로 당사자들에 의해 만들어져야 한다. 지역적인 차원에서 말하면, 생태학적 또는 사회적 영향력을 가진 결정(산업 시설 건설과 같은 일)이 오직 국민들의 동의로 체결되어야 한다는 말이다. 지역을 넘어선 국제적인 차원에서는 민주주의적 조정 가능성을 강화하는 일이 무엇보다 중요하다. 유럽연합에서부터 UNO 기구까지, 이 기관들의 임무는 평화, 발전, 생태계와 같은 범세계적 관심사를 보호하는 것이어야 한다. 이때에도 항상 보완 원칙(특히 유럽연합에서, 결정 사항을 조직 전체가 아닌 관계국에서만 시행하는 방식—옮긴이)이 중시되어야 한다. 지역적 공동생활의 문제도 지역의 자치에 의해 결정되어야 한다는 뜻이다.

지역 자치의 성공적인 예가 있다. 많은 지역과 대도시에서 '지방자치 민주주의'가 실행되고 있다. 이 제도는 국민이 정치적 결정에 적극 참여해서 자신들이 낸 세금을 사용하는 많은 부분을 직접 결정할 수 있도록 한다. '대의 민주주의' 제도처럼 몇 년마다 선출하는 정당에 개인의 뜻을 위임하고, 정당이 내린 결정을 좋든 나쁘든 받아들여야만 할 필요가 없다. 그리고 지방자치 민주주의는 '직접 민주주의' 제도와는 달리 구체적인 질문에 '예' 또는 '아니오'로 대답하는 식으로 간단하게 결정되지 않는다. 직접 민주주의의 경우에는 대중 영합주의적 여론 몰이꾼에 의해 오용될 수 있다는 단점이 있지만, 지방자치 민주주의는 모든 사람들의 합의점을 찾는 데 주력한다. 이런 결정 과정을 통해 소수자의 이해도 고려할 수 있다. 그래서 브라질의 대도시 포르투알레그레에서는 시민들이 직접 세금을 어디에 쓸 것인지 결정한다. 이 도시의 시민들은 도로나 주거지 건설에 대해 스스로 결정을 내린다. UNO의 비교 연구에 따르면, 포르투알레그레가 오늘날 라틴아메리카의 모든 대도시 가운데 삶의 질이 가장 높다고 한다.

경쟁 경제 대신에 연대 경제

우리는 오늘날 지구가 아무 문제 없이 120억 인구를 먹여 살릴 능력이 있다는 사실을 안다. 또 모든 사람들에게 영속적인 에너지 공급을 보장하는 기술이 충분히 가능하다는 사실을 안다. 그리고 이 모든 것이 지구의 생태학적 풍부함을 지킬 수 있도록 바르게 사용할 때에만 가능하다는 사실도 안다. 그래서 무엇보다 우선 경제에 대한 새로운 정의가 필요하다. '경제'라는 단어는 '가치를 창조한다'는 말에서 유래했다. 경제활동에 있어서 개인의 부를 늘리고 경쟁을 앞세우는 대신에, 공공의 복지와 생명 존중을 중심에 놓아야 한다. 오늘날 자치 경영과 조합에서, 공정무역 프로젝트에서, 생태학적 농업경제조합 또는 물물교환연합에서 이미 그렇게 진행하고 있다. 그 일의 기반은 토지개혁에서부터 공정한 세금 체계에 이르기까지 널리 그 영향을 미친다. 세금 체계는 재산과 이윤에 세금을 물리는 일 외에도 모든 거래에서 생태학적, 사회적 성과도 같이 포함해서 세금을 물린다. 또 이 세금으로 모든 사람이 출신이나 경제활동 가능성과는 관계없이 인간다운 삶을 살도록 보장하는 토지 담보 모델을 재정적으로 지원할 수도 있다.

그런데 사람이란 원래 타인과의 경쟁과 시합을 통해 자신의 뜻을 관철하도록 태어나지 않았는가? 아니다. 현대의 뇌 연구를 통해 모든 아기가 일치

단결하는 성향을 가지고 세상에 태어난다는 사실이 밝혀졌다. "인간의 모든 동기의 핵심은 사람들에게 인정받고 평가받으며, 관심과 애착의 대상을 찾고 이를 나누려는 것이다"라는 사실은 신경생물학자 요아힘 바우어가 《인간을 인간이게 하는 원칙》에서 밝혔다. 결국 문제는 사회와 부모와 학교, 경제와 정치에서 무엇을 장려하고 칭찬하느냐에 달려 있다. 매몰찬 시합과 무자비한 책략을 장려하느냐, 혹은 뜻을 같이하는 공동체와 보편적 복지를 추구하는 인간의 천성적 욕구를 장려하느냐의 문제라는 것이다.

복지는 수입이 많다고 되는 것이 아니다. 복지는 사회적 안전 그리고 개인의 자유와 건강을 유지하는 데 필요한 음식과 주거와 교육과 건강관리로 가능하다. 그 밖에도 깨끗한 자연과 문화를 누리고 사회적으로 인정받을 수 있다는 뜻이다. 이 말은 인권과 공익과 개인의 행복이 모든 경제 행위의 근거이자 목표가 되어야 한다는 뜻이기도 하다.

요약

- 자본주의 글로벌화를 반대하는 투쟁에 전 세계 사람들이 더욱 많이 참여하고 있으며, 이미 상당한 성과를 이루었다.

- 부자들과 권력자들이 여러 사회적 단체들을 서로 반목시켜 어부지리 식의 이익을 얻으려 한다. 이때 인종차별적이고 외국인에게 적대 감정을 가진 측이 이익을 본다.

- 우리는 연대적이고 서로에 대한 존중과 개인의 자유를 바탕으로 한 세계상을 세울 수 있다. 그 세계상은 모든 경제행위가 모든 사람의 복지에 대한 권리 그리고 생태학적 균형 유지를 목적으로 한다.

- 그러기 위해서는 민주주의와 생태계 체계의 근본적인 개혁이 필요하다. 이 개혁은 모든 사람이 정치적 결정 과정에 참여해서 합의할 수 있도록 해야 한다.

기타 정보

- www.weltsozialforum.org

  올바른 글로벌화를 위해 노력하는 전 세계 사람들을 만날 수 있다.

- www.fse-esf.org

  유럽사회포럼: 독일, 오스트리아, 스위스를 비롯한 다른 국가에도 지역 사회 포럼이 있다.

- www.anarchismus.de/at

  무정부는 혼란을 뜻하는 것이 아니라 지배권이 없는 질서를 말한다. 무정부가 어떻게 기능하는지 알 수 있다.

- www.no-racism.net

  일상생활과 정치에 존재하는 인종차별에 대한 정보 및 반인종차별 활동에 대한 보고가 실려 있다.

- www.indymedia.org

  위계적이지 않고 비영리적인 통신원을 위한 세계적 네트워크다.

- www.solidarische-oekonomie.de

  어떻게 경제활동을 해야 하는가? 글로벌화된 자본주의 속에서의 연대적 경제에 대한

  글과 조언이 실려 있다.

- www.unhcr.de

  국제연합기구 UNO 난민중개기관이 학교에 대한 정보와 무상 DVD를 제공한다.

스스로 세계를 만든다!

뻔뻔함이 이긴다.
– 속담

세계를 좀 더 좋고 아름답게 만드는 일에 누구나 힘을 보탤 수 있다. 자신의 방식대로 말이다. 이때 중요한 것은 내가 가진 소망과 꿈을 믿고, 주변 사람들에게 정보를 주고 같이 행동하는 것이다. 그런 일에서 즐거움은 방해 요소가 아니라 바람직한 일이다.

정글에 불이 났다. 일순간에 온갖 동물들이 공포와 혼란에 빠졌다. 코끼리가 정신없이 달려가고 있는데, 뒤를 바짝 뒤쫓던 벌새가 쌩하니 앞서 날아가더니 금세 되돌아와서 불이 난 방향으로 날아가는 모습을 보았다. 벌새가 똑같은 행동을 반복하자, 코끼리가 뛰다 말고 벌새에게 물었다.

"지금 뭐 하니?"

"불을 끄려고해. 강으로 날아가서 주둥이에 물을 머금고 와서 물을 붓고 있는 거야."

벌새가 대답했다. 그러자 코끼리가 반박했다.

"그렇게 해봤자 불을 끌 수는 없어."

"네 말이 맞을지도 몰라. 하지만 난 내가 할 수 있는 일을 하는 거야."

나는 이 아름다운 이야기를 매년 뮌헨에서 열리는 청소년그룹회의에서 들었다. 세계를 올바르게 만드는 아이디어를 발전시키기 위해 열리는 청소년들의 회의다.[1] 이 이야기는 우리가 무엇을 해야 하는지를 잘 보여준다. 각자가 자신의 가능성에 따라 용감하게 발걸음을 내딛는 모습을 보여주기 때문이다. 친구들이나 가족 간에, 학교와 직장 또는 우리가 있는 현장에서, 사람들이 차별당하는 장소에서 용기를 내야 한다. 우리는 정치적, 사회적으로 참여할 수 있고, 조직 속에서 행동할 수 있으며, 소비자로서 방향을 제시할 수 있다.

이 같은 참여가 구체적으로 어떤 것인지는 개인적으로 다를 수 있다. 코끼리는 벌새와는 다른 가능성과 욕구를 가지고 있다. 그래서 나는 이 책에서 세계를 성공적으로 개선하는 모범 답안을 내놓을 수 없다. 개인적으로는 감독받지 않는 세계, 상이성과 자기 책임이 긍정적인 가치로 평가받는 세계에서 살고 싶다. 그 밖에도 이데올로기나 지도자를 뒤따르지 않을 때 우리가 더 성공하고 행복할 수 있다고 생각한다. 남을 따르기보다 자신의 건강한 직감을 믿는 한편, 타인을 존중하고 인간적이어야 한다. 그 일은 우리가 비판하고 맞서 싸우는 비사회적 음모자들을 포용하는 일도 포함한다. 각각의 개인을 공격하는 일은 중요하지 않다. 친구와 적, 권력과 돈을 둘러싼 거대한 싸움에서 승자와 패자를 가르는 체제가 문제이고, 그 체제에 우리가 맞선다는 사실이 중요하다.

지금의 체제 안에서는 결국 모두 패자가 된다. 권력 남용과 이익 추구만이 지구 생존의 기반을 파괴하는 것이 아니다. 추악하고 파괴적인 행태는 글로벌 복지로부터 세계 인구의 큰 부분을 제외시킨다. 이 파괴적인 일을 오래 방관할수록 현재 유지되고 있는 사회적 안정도 위태로워진다. 더 이상 잃을 것이 없는 사람은 사회의 재산 중에 자신의 몫을 폭력과 범죄로 얻겠다고 마음먹을 가능성이 크기 때문이다. 이런 일은 극단적인 부와 극단적인 빈곤이 맞닥뜨리는 곳에서 주로 볼 수 있다.

부자들의 감옥

이미 전 세계적으로 '게이티드 커뮤니티'라는 것이 수없이 많이 생겨났다. 이는 완전히 차단되어 무장 인력으로 지키는 거주지를 말하는데, 그곳에서 부유한 윗분들이 위험하다고 상상하는 외부 세계와 몇 겹의 담을 쌓고 산다. 카메라와 무장한 안전요원들이 지키고 있는 철조망과 높은 담 뒤에 갇힌 사람들은 그럴듯한 사치에 빠져서, 자신들이 스스로 감옥을 지었다는 사실을 절대 깨닫지 못한다. 바깥에는 빈곤과 범죄가 도사리고 있기 때문에 어떤 지역에서는 보디가드 없이는 부자들이 아이들을 학교나 파티에 보낼 수도 없다. 충돌이 일어나거나 습격을 받을 수 있다는 두려움 때문이다. 이것이 바로 부자들의 부와 무관심의 대가다. 만일 부자들이 부를 정당하게 나눴더라면 두려움에 떨 일도 없었으리라.

빈부의 격차가 지금처럼 계속되면, 우리에게도 상황은 더욱 심각해진다. 유럽은 엄격한 이민자법을 통해 가난한 나라에는 문을 닫기로 작정했다. 어디에서나 마찬가지로 유럽에서도 사회적 격차와 함께 범죄가 늘고 있다. 정부는 경찰을 과격하게 강화하는 식으로 대응해서, 이제 동독 시절이나 다름없이 사람들을 염탐하고 미행하는 일이 늘어나고 있다. 도처에 감시 카메라가 설치되어 있고 통화 내용 및 인터넷 채팅도 기록하기 시작했다. 상황이 이런 것을 보면 우리도 곧 상대적인 부유함이 만든 감옥에 갇히는 것은 아닐까?

우리가 가진 자유와 복지를 지키려면 인류 모두에게 자유와 복지가 이뤄져야 한다는 입장에 서야 한다.

그러나 구체적으로 어떻게 해야 할까? 우리가 무엇을 할 수 있을까?

이 일에 딱히 특효의 처방전은 없다. 바람직한 방향으로 소비하는 행동이 좋은 세상을 만드는 데 일조했다고 믿는다. 많은 사람들이 공정무역을 통해 상품을 사고, 생태계를 고려해 지역 농산물을 사고, 에너지 절약 가전제품을 살피고, 어쩌면 하이브리드 자동차를 타고 다닐지도 모른다. 또 특정한 '악덕' 메이커를 피한다.

서점에 시사를 주제로 한 책이 넘치는 것만 보고 '쇼핑이 세계를 개선한다'고 은연중에 믿거나, '세계를 구하기 위해' 간단한 소비 정보 몇 가지만 중시하면 된다고 생각해서는 안 된다. 로하스Lohas라는 단어는 '건강한 생활을 지속적으로 가능하게 하는 라이프스타일'이라는 뜻인데, 오늘날의 소비 경향으로 떠올랐을 정도다. 이런 일은 좋다. 그런데 오로지 이기적인 목적으로 이런 일을 하는 경우가 있다. 다시 말해, 자신의 양심을 편안하게 하려는 것이다.

양심의 문제가 아니다

나는 '깨끗한 양심'도 수많은 제품처럼 넘쳐나는 사치라고 생각한다. 오늘날 숱한 제품들을 반드시 가져야 하는 물건처럼 광고하는 일상의 소비 테러를 생각해보라. 이런 식의 순수한 양심이란 생태학을 고려한 사치스러운 하이브리드 미래를 살 만큼 돈이 충분한 사람들만이 누릴 수 있다. 물론 자신이 할 수 있는 범위 내에서 사회 유지와 생태계를 고려해 의식적으로 지역에서 생산된 물건을 소비하는 행위는 꼭 필요하다. 혹은 뭔가를 사지 않는 식의 아주 간단한 방법도 있다. 귀찮으면 자세히 살펴볼 필요도 없이 그냥 사지 않으면 된다. 그러나 우리의 행동이 진정으로 책임감 있는 행동이 되려면 우리의 역할을 소비에만 제한해서는 안 된다. 그보다는 스스로를 사회의 일원으로 생각하고, 생각에 따라 행동하는 것이 중요하다.

나는 개인적으로 감정에 호소하는 일이라면 무엇이든 싫어한다. 어떻게 살아야 한다느니, 또는 무엇을 하지 말아야 한다느니 따위의 설교도 듣기 싫어한다. 물론 "어쨌든 가난한 사람들에게 죄를 지었잖아"라며 비난을 퍼부을 생각도 없다. 타인에게 죄를 뒤집어씌우는 일은 아무 도움도 되지 않는다. 그런 행동은 오히려 생활과 환경을 개선하기 위해 써야 할 힘을 앗아갈 뿐이다.

여러분이 모여, 타인이 모여, 연대를 형성하라!
무엇보다 다음의 네 가지가 중요하다는 확신이 든다.

▶ 자신에 대한 믿음을 강화하고 자신의 꿈대로 살아라.

▶ 나와 남에게 정보를 주라.

▶ 시민으로서 용기를 보여라.

▶ 같이 행동하면서 그 일에 즐거움을 느껴라.

첫 번째 걸음: 자신의 꿈대로 살아라!

우리는 대부분 어릴 때부터 주어진 환경에 적응하도록 배운다. 어른에게 대꾸하지 말아야 해, 뻔뻔스러우면 안 돼, 너무 많은 질문을 해서는 안 돼, 너무 나대도 안 돼, 바비인형처럼 예쁘게 보여야 해, 넌 더 잘해야 해, 더 공부해야 해, 일을 더 해야 해, 성공해서 부자가 되어야 해, 약한 모습을 보이면 안 돼, 슬퍼해도 안 되지만 그렇다고 너무 많이 웃어도 안 돼, 넌 해야 해, 해야 해….

'해야 해' 대신에 하고 싶은 일이 무엇인지, 어떤 사람이 되고 싶은지 물어보는 사람은 거의 없다. 그것도 다른 사람들의 기대가 아닌 자신의 뜻이 무엇인지, 왜 물어보지 않을까? 젊든 나이가 많든, 부자든 가난하든, 사람들은 모두 꿈과 소망이 있다. 그러나 세월이 지나면서 자신이 진짜 무엇을 원하는지도 모르게 된다. 살면서 이런 말을 귀에 못이 박이도록 듣는다. "꿈 좀 그만 꿔. 잊어버리라고." 그러면 언젠가는 꿈을 잊어버리고 남에게서 배운 대로 행복해지려고 애쓴다. 인정사정 보지 않고, 생전 알지도 못하는 사람을 모범으로 삼아 경쟁과 이기주의를 통해 행복해지려 한다.

사람은 자신의 고유한 방법으로 움직이지 않으면 행복해질 수 없다. 행복은 타인의 전망과 아름다움과 성공을 뒤쫓는 것이 아니라, 나의 능력을 사용하고 약점을 받아들일 때에만 다가온다. 사람들은 누구나 사랑받고 싶고, 고유한 개인의 특성을 인정받고 싶어 한다. 우선 자신이 행복해지면 그다음에는 내 이웃도 인간답게 살면서 꿈을 실현할 수 있도록 기꺼이 투쟁할 마음이 생긴다.

두 번째 걸음: 정보와 비판

현실이 더 이상 내 꿈대로 사는 것을 가로막지 않도록 할 때, 비로소 현실을 분명한 시각으로 바라볼 수 있다. 부모, 학교, 매스컴이나 권력자의 말대로 현실이 과연 정말로 그런지 곰곰이 따져볼 수 있다. 정보는 객관적이지 않다. 대부분의 정보 뒤에는 이해관계가 숨어 있다. 배후에 있는 이해관계에 대해 정확하게 알수록 자신에게 유리하게 정보를 이용할 수 있다. 정보를 책에서 얻었든 매스컴이나 인터넷에서 얻었든, 모두 마찬가지다. 나는 개인적으로 대담과 강연을 좋아하는데, 비판적인 질문과 반론을 던질 수 있기 때문이다. 그리고 가까운 주변을 돌아보거나 여행을 통해, 또는 다른 방식으로 사는 사람들을 자세히 관찰함으로써 이상적인 자신의 모습을 만들 수 있다. 아이들은 천성적으로 호기심을 가지고 있고, 경험을 모으려 한다. 유감스럽게도 자기가 진리를 소유하고 있다고 주장하는 몇몇 오만한 사람들에 의해 너무 많은 아이들이 호기심과 배움의 즐거움을 빼앗겨버리고 만다.

김나지움 1학년인 열한 살 때 나는 학교에서 원자력의 위험에 대해 첫 발표를 했고, 그때부터 환경과 인권 보호에 관심을 가졌다. 행운이 따라 내 뜻을 지원해주는 사람들이 있었고 자신에 대한 신뢰감을 발전시켰으며, 나를 비롯해 다른 사람들에게 정보를 줄 수 있었다. 당시에 나는 헛소리를 꽤나 많이 지껄였을 것이고, 오늘날에도 가끔 그렇다. 하지만 완벽함은 중요하지 않다. 주변의 세상을 관찰하고 내 경험을 다른 사람들과 나누는 것이 중요하다.

역사를 살펴보면, 억압과 착취와 무시에 대항하는 싸움에서 얻은 모든 것은 사전에 정보를 잘 알고 있었기 때문에 가능했다. 실로 정보는 말할 수 없이 중요하다. 세계가 물건처럼 취급되기를 원하지 않는다면, 그리고 자신이 팔려가기를 원치 않는다면, 자신이 먼저 어리석음에 팔려서는 안 된다.

세 번째 걸음: 시민으로서 용기를 보인다

인권유린은 모두가 쳐다보기만 하고 아무도 개입하지 않을 때에만 발생한다. 그러므로 일상생활에서부터 사람이 차별당하거나 권력 남용이 일어날 때 크고 분명하게 "안 돼!"라고 말해야 한다. 인종차별이나 성차별, 동성애에 대한 혐오 발언과 공격이 만연한 현장에서, 학교나 직장에서 집단 따돌림이 벌어질 때, 누군가 우리의 도움과 연대감을 필요로 하는 모든 곳에서 용기를 내야 한다.

네 번째 걸음: 같이 행동하면서 즐거움을 느낀다

혼자서는 아무것도 이룰 수 없다. 물론 혼자서 나쁜 기업을 상대로 반대운동을 벌일 수는 있다. 문제는 효과가 없다는 것이다. 그리고 악에 대항해 자신의 자그마한 혁명을 밖으로 표출하려는 사람은 대부분 금세 기가 죽은 채 포기하고 만다. 잘못하면 감옥에 가기도 한다.

우리가 더욱 아름다운 세계를 누리겠다는 뜻을 세웠으면 당장 세계를 그렇게 만들어야 한다. 오늘 당장. 사람들이 서로를, 그리고 다른 생물을 더 많이 존중하고, 더 나아가 애착을 보일 수 있는 세계가 더욱 아름다운 세계라는 데 동의한다면 이 존중과 애착을 당장, 그리고 매일 실천해야 한다. 그러면 자신이 무엇을 위해 투쟁하는지 자연스럽게 알게 될 것이다.

이때 마음이 맞는 좋은 사람들과 더불어 세상을 조금이나마 개선할 수 있는 일을 계획하고 실행한다면 그 시간만큼 아름다운 순간도 없을 것이다. 게다가 남과 같이 하는 일이 혼자 컴퓨터 앞에 앉아 있거나 쇼핑센터나 맥도날드에 죽치고 있는 것보다 즐거운 법이다.

그렇다, 하는 일이 즐거워야 한다. 풀이 죽어서 "세상에, 이를 어째, 어쩌면 좋아!"라며 걱정해봐야 아시아나 아프리카에서 맥도날드 또는 네슬레의 이익을 위해 죽도록 일하는 어린이들이 얻을 것은 전혀 없다. 그보다는 이 파렴치한 상황에 대해 여론의 관심을 일깨우는 멋진 행동을 하겠다는 즐거움이 있을 때, 고통받는 어린이들에게도 도움이 된다. 여론의 관심만이 정치와 콘체른이 현재의 상황을 바꾸려고 일을 모색하게끔 몰아갈 수 있다. 그러기 위해 많은 사람들이 전단지, 항의 편지, 기사, 책을 쓰고, 다큐멘터리를 제작하고, 강연을 열고, 인터넷 사이트를 만든다. 시위를 하고 창조적 행동을 조직하는 것도 마찬가지다. 무엇보다 바라는 변화가 때로는 전혀 일어나지 않거나 그다지 빨리 일어나지 않는 중에도 우리는 살아가야 한다. 그래서 공동으로 하는 일이 즐거워야 하는 것이다. "그래도 일을 하면서 즐거웠잖아?"라고 말할 수 없다면, 타격을 받은 후에도 어떻게 그 일을 계속할 수 있겠는가?

즐거운 항거의 형태 중에 의사소통 게릴라전이라는 것이 있다. 이것은

▶ 애드버스팅의 예: 독일 루프트한자항
공이 도피자들을 국외로 추방하는
일로 이익을 얻고 있음을 풍자한 것
이다. [5]

콘체른과 정부 그리고 경제 기관들이 음모를 벌이려 할 때 창조적인 방법
으로 방해하는 운동이다. 일례로 '애드버스팅adbusting'은 공공장소에 있는
메이커의 광고물에 해당 기업의 지저분한 간계를 드러내기 위해 광고물의
로고와 모티브를 변형시키는 방법이다.[2]

또 독일의 여러 도시에서 젊은이들이 일명 글로벌화 시내 관광을 실시한
다. 젊은이들이 모여 H&M, 맥도날드와 기타 상점들을 '시찰'한 후에, 지역
의 학급을 찾아가 유명 메이커 회사의 생산 체인에 존재하는 생태적, 사회
적 폐해에 대해 설명하고, 또 공정무역과 같은 대안도 알려준다. 이들은 상
점 한가운데에서 소비 제품의 꼬리표에 나와 있지 않은 모든 것, 어린이 노
동, 최저임금과 글로벌 착취 전반에 대해 정보를 준다.[3] 영국에는 더욱 재

미있는 모임이 있다. 이들은 대형 쇼핑센터를 순례하면서 그곳에서 파는 브랜드 상품을 무릎을 꿇고 열렬히 구걸한다. 이런 행동으로 쇼핑센터가 이미 현대 소비사회의 성전이 되었음을 풍자하는 것이다.[4]

어린이 노예를 반대하는 초콜릿 게릴라전

자를란트에서 청소년 단체를 대상으로 워크숍을 연 후에, 평소에 내가 좋아하는 시위가 벌어졌다. 나는 청소년들에게 크래프트, 네슬레와 같은 기업들을 위해 카카오 농장에서 노예로 일하는 서아프리카 어린이들에 대해 이야기했다. 청소년들은 무척 기분 나빠 했다. 그리고 뭔가를 해야겠다고 마음먹었다. 그때 소비자들에게 아프리카에서 일어나는 상황을 알리자는 의견이 나왔다. 우리는 스티커를 사서 그 위에 다음과 같은 글을 썼다. "초콜릿 게릴라전의 소비자 정보: 이 상품의 원료인 카카오가 어린이 노예들에 의해 수확되었음. 더 많은 정보: www.markenfirmen.com." (이 홈페이지에 세부 배경 정보를 올렸다.) 그러고는 다섯 명씩 짝을 지어 지역에 있는 모든 슈퍼마켓을 돌아다니며 카카오와 초콜릿 상품에 스티커를 붙였다. 이 와중에 자칭 '초콜릿 게릴라'가 백화점 경비원에게 붙잡혔다. 하지만 청소년들은 만반의 대비를 갖추고 있었다. 이런 일이 생길 경우를 생각해서 미리 역할놀이로 연습을 해놓았던 것이다. 청소년들이 어리둥

절해하는 경비원에게 짧은 강연을 했다. 코트디부아르의 생산 조건에 대한 강연이었다. 그러자 경비원이 말했다. "사실 너희들이 옳다." 다음 날에도 '소비자 정보' 스티커는 제거되지 않았고, 밀카 초콜릿과 킷캣 초콜릿에 그대로 붙어 있었다.

물론 밀카 초콜릿에 스티커를 붙여 행복하게 풀을 뜯고 있는 연보라색 소가 자아내는 아름다운 이미지를 훼손하는 일은 불법이다. 그리고 청소년들이 상품의 이미지를 훼손하게 내버려두어도 되냐고 되물을 수 있다. 그렇다면 여섯 살짜리 아이가 초콜릿 회사의 이익을 위해 착취당하다가 일에 지쳐 고통스러워하며 죽도록 내버려두는 것은 합법인가? 적용되는 법이 없다는 이유로 착취가 합법이 되는지 묻고 싶다.

합법, 불법, 적법

원자력 반대자들은 독일 고를레벤 지방에서 방사선 폐기물 수송을 정기적으로 반대하고 있다. 그린피스와 같은 환경 단체들은 석유 기지, 화학 공장, 원자력발전소 지역을 수시로 점거한다. 또 망명 희망자들은 종종 죄도 없이 구금당하는데, 단지 그들이 '잘못된' 나라에서 태어났다는 이유에서다. 몇몇 운동가들은 망명 희망자들이 풀려나도록 애쓰거나, 국외 추방을 막으려 한다. 그리고 가난한 나라에서 노예나 다름없이 사는 농부들과 빈민촌에서 사는 사람들이 대지주가 사용하지 않는 땅을 점거해서 농사를 지으려 한다. 독일에도 오로지 투기 목적으로 쓰이는 빈 주택을 점거하는 일이 가끔 일어난다. 이런 행동 중에 일부는 법적으로 허용된 범위를 벗어난다. 그러나 갈수록 많은 사람들이 인권 보호 또는 환경 유지와 같은 더 높은 가치와 목표가 더욱 적법한 일이라는 확신을 가지고 행동한다.

일부 국민들은 운동가들의 행동이 옳다고 생각하고 지지할 때도 있다. 경영 연구가인 베른하르트 마르크 운게리히트 교수는 그런 경우에 발생하는 "부분적인 법률 위반에 대해 일반 시민들은 전혀 거부감을 느끼지 않는다"고 설명한다. 아니, 오히려 그 반대다. 몇몇 행동은 더 나아가 문제를 대중에게 알리고 매스컴에서 크게 다루는 결과를 끌어낸다. 결국 그것이 정치에 압력을 가할 수 있는 유일한 방법이다. 예를 들어 유럽 국민의 월등한 다수가 반대하는데도 세계무역기구가 번번이 유전자조작으로 만들어진 씨앗으로 곡물을 재배하도록 강제한다. 이때 행동가들이 유전자조작 곡물을 심은 들판에 가서 싹을 잘라버리는 일을 두고 많은 사람들이 적합한 행동이었다고 평가했다.

마르크 운게리히트 교수는 이런 맥락에서 공개적인 시위를 통해 생겨나는 의미 있는 '갈등 비용'에 대해 언급했다. 즉, 이익을 추구하는 콘체른은 항상 자기들의 이윤이 손해 보지 않는 차원에서 문제를 개선하려 한다.

물론 그런 기업의 경영진이 어린이를 착취하거나 환경을 파괴하는 일을 즐기는 것은 아니다. 그들이 그렇게 하는 이유는 주주들로부터 수단과 방법을 가리지 말고 높은 수익을 창출하라고 강요받기 때문이다. 이런 경영진들이 대중의 공개적인 반대와 더불어 거금을 들인 광고 이미지가 부정적인 문구로 망가지는 현장을 보게 되면, 벌어들인 돈의 일부를 환경보호나 사회적 조치에 투자할 수 있다. 다시 말해, 시위로 인한 '갈등 비용'이 커지고 대중에게 정보가 널리 퍼질수록, 나쁜 기업에도 존재하는 선량한 사람들이 몇 가지 소소한 개선 행위를 하도록 유도할 수 있다는 이야기다.

이런 일을 위한 아이디어는 무궁무진하다. 아탁이나 그린피스와 같은 단체, 노동조합, 학교, 협회, 단기적으로 결성된 자발적 단체들이 착취적 경제체제의 파국적 영향에 대한 정보를 대중에게 전하기 위해 창조적인 아이디어들을 끊임없이 내놓고 있다. 그래야 대중이 즉시 참여할 수 있고, 또한 즉흥적으로 만든 자발적 단체를 고무시킬 수 있기 때문이다. www.unsdiewelt.com을 방문해보라. 주변에 어떤 행동 단체가 있는지 알아볼 수 있고, 여러분이 구상한 프로젝트도 올릴 수 있다.

자신의 놀이 공간과 한계를 꼼꼼하게 생각해보기

그렇지만 어디까지 나아갈 수 있을까? 행동이 세인의 주목을 끌거나 법률을 위반했다는 소리를 들으면 우리는 크게 놀라곤 한다. 나는 행동할 때 자신이 기분이 좋을 때까지만 나아가라고 말한다. 물론 행동하면서 다른 사람들을 해쳐서는 안 된다. 그래서 자신의 영향력과 할 수 있는 일에 대해 잘 아는 것이 중요하다. 각자의 나이와 직업적 위치 등에 따라 행동을 확대할 수 있는 가능성이 서로 다르다. 가능성에 대해 잘 알수록 자신의 한계도 더 정확하게 알 수 있다. 시민으로서의 용기를 내보이는 것은 좋지만, 다른 사람들에게 떠밀려 우르르 몰려가는 행동은 삼가는 것이 좋겠다.

자본주의 체제가 때로 비참함과 고통을 생산한다고 해서, 자본주의 체제를 떠남으로써 사회로부터 스스로 소외될 필요는 없다. 자연에서 보면 특히 체제의 경계 부분에서 발전과 변화가 시작된다. 상이한 생태계가 서로 만나는 숲 가장자리나 강가를 말하는데, 우리의 생활도 자연과 비슷하다. 흥미진진한 일은 종종 경계에서 일어난다. 다시 말해, 숲의 보호에서 벗어나 탁 트인 초원이 보이는 곳, 안전한 강가에서 조류가 센 곳으로 발을 내디딜 수 있는 곳이다. 안전과 위험 사이에 존재하는 내적, 외적 경계에서 우리는 새로운 것을 찾아내고, 나와 타인을 움직여 더욱 생생하고 아름다운 변화를 경험할 수 있다. 때로 우리가 허용하면 최대의 개혁은 스스로에게서 일어나기도 한다.

나도 얼마 전에 그런 변화를 겪었다. 나는 어릿광대가 되기로 결심했다. 아니, 더 정확히 말하면 내 안에 숨어 있던 어릿광대를 다시 발견했다고 해야 하리라. 서커스나 어린이 축제에서 곡예를 하는 놀이꾼이나 맥도날드의 멍청한 마스코트가 어릿광대인 줄 알고 있을지도 모르겠다. 이들은 내가 말한 어릿광대와는 무관하다. 나를 흥분하게 만든 것은 자신의 불완전성과 우스꽝스러움을 두려워하지 않는 어릿광대의 능력이었다. 어릿광대가 장난스러운 유희를 표현함으로써 관객의 사랑을 받는 것은 매혹적이다. 더 나아가 어릿광대는 수백 년 전부터 사회적으로 중요한 기능을 해왔다. 중세의 어릿광대는 왕을 비판할 수 있는 유일한 존재였다. 물론 항상 그럴 수는 없었다. 잘못하면 목이 날아갈 위험이 있었기 때문이다. 움베르토 에코의 《장미의 이름》을 읽거나 영화로 본 사람이라면, 교회의 권력자가 코미디에 대한 아리스토텔레스의 글을 민중들에게 내주지 않으려고 살인과 방화를 서슴없이 저질렀음을 알 수 있다. 독재 권력자들은 웃음을 위험으로 받아들인다. 찰리 채플린의 훌륭한 영화 〈위대한 독재자〉가 히틀러 시대에 상영되었다면 어땠을지 상상해보라. 얼마나 많은 사람들이 맹목적으로 히틀러를 따르는 대신에 그를 비웃었을까? 호피 인디언족의 경우처럼, 토착민들은 어릿광대를 족장이나 샤먼을 조롱하는 반대자로 삼았다. 그럼으로써 족장과 샤먼이 권력욕에 빠지지 않게 하려는 것이다. 그리고 레오 바씨, 다리오 포, 장고 에드워즈처럼 세계적으로 유명한 어릿광대들이 권력자들을 조롱하다가 감옥에 갇히기도 했다.

이 아이디어는 몇 년 전에 영국에서 있었던 어릿광대 반란군 운동에 딱 들어맞는다. 어릿광대 반란군은 워크숍을 통해 착취와 억압에 매우 효과적으로 반대하는 재미있는 방법을 배운 사람들이다. 이들은 우스꽝스럽게 분장하고는 시위가 일어나는 곳에서 진을 치고 있는 경찰과 권력자들을 약 올린다. 영국 군대가 신병들을 이라크전쟁에 내보내려 했을 때, 어릿광대 반란군 전체가 신병 모집 본부로 우르르 몰려가 (물론 장난으로) 전선 투입 신병에 지원하겠다고 나서는 바람에 얼마간 혼잡을 빚기도 했다. 과도한 요구라고 판단한 장교는 신병 모집 사무실을 닫아야 했다. 어릿광대들은 이에 그치지 않고 징집 사무실 앞에 서서 평화로운 군대를 위한 어릿광대 반란군 신병을 모집했다. 또 하일리겐담에서 있었던 G8 반대 시위에서는 수백 명의 독일 어릿광대 반란군들이 당국을 황당하게 만들었는데, 지금까지 매스컴에서는 익숙하지 않은 장면을 연출해냈다. 대중들은 창조적인 사람들이 진지한 관심사를 위해 얼마나 즐겁게 맞서는지 볼 수 있었다.

이게 모순일까? 끔찍한 착취, 날마다 일어나는 대량 학살, 글로벌 자본

▶ 어릿광대 반란군: 경찰이 허용한 것보다 현장의 분위기는 더 즐겁다.

주의에 항거하면서 즐거워도 될까?

그래도 된다. 아니, 그래야 한다. 더 정당하고 아름다운 세계를 원한다면 그 세계가 어떨지에 대해 상상해야 한다. 그 세계는 모두가 웃을 일이 조금이나마 있는 세상이다. 모두가 먹고살아갈 것이 충분하고, 자유와 안전, 존중과 사랑을 누릴 수 있는 세계이기 때문이다. 이런 세계가 언제 만들어질지 알 수 없다. 그러나 나는 이런 세계를 꿈꾸고, 내가 꿈꾸는 것을 그들이 빼앗아갈 수 없다는 사실을 안다. 그러기 위해 나는 싸운다. 그리고 이 책을 통해 새로운 동지를 몇 명이라도 얻는다면 그것만으로도 이미 많은 것을 이룬 셈이다.

요약

누구나 세계를 더욱 정당하고 살기 좋게 만들기 위한 일에 자신의 가능성을 보탤 수 있다. 이때 다음의 네 가지 사항이 무엇보다 중요하다.

- 자기 자신을 믿고, 꿈대로 살아라! 자신의 소망을 아는 사람만이 소망을 위해 싸울 준비가 되어 있다. 다른 사람도 자신의 꿈을 위해 살 수 있는 세계를 위해.
- 서로 정보를 나누라. 다른 사람에게도 정보를 주자! 정보의 배후에 있는 이해관계를 알아야만 정보를 의미 있게 이용할 수 있고, 그럼으로써 대중의 관심을 불러일으킬 수 있다. 어리석음에 우리를 팔아넘기지 말자. 우리를 절대로 팔아넘겨선 안 된다!
- 시민으로서 용기를 보여라. 다음의 문구를 행동의 토대로 삼아라. "내가 있는 곳에서는 아무도 차별을 당해서는 안 된다."
- 여러분이 어떤 행동을 하든지 같이 행동하라. 가능하면 좋은 사람들과 가능한 한 즐겁게. 그러면 이미 여러분이 이긴 것이다.

나머지는 취향의 문제다. 의식적인 소비에서부터 정치적 참여와 창조적 반란 행동까지. 이런 일을 하면서 많은 즐거움을 누리고 서로 참여하는 데 감사하자!

기타 정보

- www.konsum-global.de 그리고 www.konsumensch.net
  소비 비판 주제를 다루는 워크숍과 '글로벌화 시내 관광'이 있다.
- www.no-ya.de
  글로벌 비판 청소년 네트워크. 아탁에서 참여까지.

- kommunikationsguerilla.towday.net

  유쾌한 방법으로 대중의 관심을 모을 수 있는 예가 나와 있다.

- kreativerstrassenprotest.twoday.net

  항거의 창조적 형태를 위한 웹 블로그

- www.clownarmy.org

  영국 어릿광대 반란군이 자본주의에 빨간 코를 들이댄다.

  독일 웹사이트는 wendlandclown.twoday.net

정치에 대한 10가지 요구

민주주의 안에서 잠든 사람은
독재 안에서 잠을 깬다.

착취와 파괴가 없는, 더욱 살기 좋은 미래에는 규율이 필요하다. 그리고 변화를 일으키려는 용기도 필요하다. 유토피아와 같은 더 많은 자유, 평등, 박애를 위한 10가지 제안이 있다. 이는 세계가 우리 모두의 것이라는 요구이기도 하다!

1. 자유를 창출하라!

어느 누구도 마음대로 오가고, 머무는 자유를 제한당해서는 안 된다. 어디에서, 어떻게, 어떤 사람과 살든지 금지당해서는 안 된다. 그러나 어떤 사람이 타인의 자유와 안전을 해칠 경우에는 민주주의 권리 규범의 범위 내에서 제한할 수도 있을 것이다. 국경은 자본과 재화보다 우선 사람을 위해 열려야 한다.

2. 불평등을 제한하라!

제한 없는 부는 빈곤, 환경 파괴, 권력 남용을 낳고, 이런 세상에서는 그 누구도 행복할 수 없다. 만일 한 사람이 다른 사람이나 법정 최저임금에 비해 20배 이상 벌 수 없도록 제한하고 개인이 적절한 상한선 이상 소유하지 못하게 한다면, 모두를 위해 복지가 향상되고 민주주의 과정에 공평하게 참여하는 일이 가능해질 것이다.

3. 연대 의식을 장려하라!

교육과 학교를 비롯해 경제와 정치연구소들이 형제애와 연대감의 모범을 보이고 칭찬해야 한다. 교수법, 공공재산의 증여, 입법에서의 경쟁과 무자비함 대신 관대함, 창조성, 자기 책임, 생태계에 대한 인식, 존중과 연민이 장려되어야 한다.

4. 차별을 막아라!

누구나 다른 사람과 다르고, 또 다르게 살 권리가 있다. 그리고 타인의 다름을 존중할 의무가 있다. 견해의 다양함, 특히 의견의 다양함, 생태계의 다양함 유지가 적극 장려되어야 한다. 반면 차별은 경제적, 정치적, 문화적, 감정적 표현에 상관없이 모두 다른 존재와 환경에 대한 잔혹한 태도이므로 제재되어야 한다.

5. 민주주의를 강화하라!

단일 민족국가들은 의미를 잃는다. 그 자리를 지역 행정 단체(예를 들어 읍, 군, 구)가 대신한다. 해당 지역에 살고 있는 사람 모두 연령별로 참가한 행정 단체가 사회적 과제를 해결한다. 한편, 행정 단체에서 해결할 수 없는 과제들, 즉 전 세계에서 통용되는 사회적 권리, 인권, 환경권 및 다자간 분배 문제와 갈등의 경우에만 지역을 초월하는 국제연합 같은 기관에서 규범을 정한다. 그러기 위해 국제기구들은 민주적으로 강화되어야 한다.

6. 모두에게 기본 공급을 보장하라!

모두가 생활에 중요한 것을 사용할 수 있어야 하고, 사용자들이 민주적으로 함께 조성해야 한다. 즉 줄신과 직위에 상관없이 모두가 질 높은 시설 및 기관을 이용할 수 있어야 하고 식수, 건강관리, 교육과 문화, 공공장소와 사회 기반 시설, 의사소통, 정보, 자연 및 기초 생계 보장과 연금에 대한 권리를 누릴 수 있어야 한다.

7. 세금의 공평성을 조성하라!

기본 공급을 보장하기 위해 개인이 소유한 자본과 재산에서 나오는 수입에도 일해서 번 수입에 매기는 것과 똑같은 세금을 매겨야 한다. 또 개인의 수입을 모두 합산하여 누진수입세를 적용해야 한다. 다시 말해, 더 많이 가진 사람은 공동의 복지를 위해 세금을 더 많이 내야 한다. 금융거래와 기업 이윤을 조절하고 세금을 부가해야 하며, 따라서 세금 천국은 폐쇄된다.

8. 사회 및 생태계 비용 견적을 산출하라!

제조에서 사용과 폐기에 이르기까지, 생산이 야기할 수 있는 사회적 침해, 환경 훼손, 건강 손상의 모든 비용은 원인 제공자가 책임진다는 원칙에 따라, 생산품 가격에 포함해서 계산되어야 한다. 그렇게 되면 착취하거나 위험한 해를 끼치는 기술, 재화, 운반에 더 많은 비용이 드는 반면, 지속적이고 공정한 지역 경제 형태와 에너지는 비용이 적게 든다.

9. 세계무역을 위한 관련 법규를 정하라!

전 세계에서 거래되는 원자재, 생산품, 서비스에 공정무역의 구속력 있는 법규, 즉 국제 노동권, 환경 및 인권, 세금 및 반부패법이 적용되어야 한다. 이 법을 지키지 않는 사람은 국제 법정에서 해명해야 한다.

10. 이익 추구가 아닌 공공복지를 추구하라!

경제행위의 목적은 공공의 복지를 위한 것이어야 한다. 개인의 최대 이익으로 정의되어서는 안 된다. 이는 공정무역 또는 공익단체가 추구하는 바와 유사하다. 그래야 기업가, 피고용자, 환경 모두에 이익이 된다. 법과 세금 체계는 기업 내에서의 사회 및 환경 친화적 행위, 그리고 민주주의적 공동 결정에 보답해야 한다.

기업의 초상화

여러분은 이 장에서 각 업종에 있는 전형적인 기업의 모습을 볼 수 있다. 기업의 목록은 불완전하다. 착취와 인권침해로 이익을 취하는 기업을 모두 나열하자면 이 책이 엄청나게 불어날 것이기 때문이다. 다시 말해, 이 책에 나오지 않는 기업이라고 해서 깨끗한 기업은 아니라는 뜻이다. 일례로 아디다스에 대한 이야기는 같은 업종인 나이키, 푸마 등의 콘체른에도 해당된다.

각각의 기업 초상화는 매출과 순수익 액수로 시작한다. 다른 출처에서 증명되지 않은 것은 콘체른 자체의 보고에서 나온 액수를 제시했다.

여러분이 직접 기업에 대해 알고 싶으면 이 책과 www.unsdiewelt.com

에 있는 링크를 살펴보라. 또는 검색어에 기업 이름을 쳐서 둘러봐도 좋다. 다음의 영어권 링크도 도움이 될 것이다.

www.corpwatch.org

www.corporatewatch.org.uk

www.multinationalmonitor.org

www.behindthelabel.org

www.nlcnet.org

www.nosweat.org.uk

www.business-humanrights.org

아디다스 Adidas Group

- **생산품, 상표**   스포츠용품과 아디다스 메이커 의류, 리복과 테일러메이드
- **홈페이지**   www.adidas-group.com
- **회사 자료**   매출(2007): 103억 유로

  순수익(2007): 5억 5100만 유로

  고용인: 50개국 이상에서 2만 8,500명

  본사: 헤르초게나우라흐(독일)
- **문제점**   하청 공장의 노동자 착취

2006년 초에 리복까지 인수한 아디다스 그룹은 나이키 다음으로 세계에서 두 번째로 큰 스포츠용품 생산 기업이다. 회사 이름은 기업 창설자인 아돌프(아디) 다슬러에서 따온 것이며, 형제인 루돌프 다슬러가 그와 다툰 후에 경쟁 회사인 푸마를 창설했다(푸마의 생산 조건도 나쁘긴 마찬가지다).

아디다스는 자체 생산 공장을 가동하지 않는다. 아디다스 또는 리복의 이름으로 팔리는 제품은 모두 저임금 국가, 특히 아시아와 라틴아메리카에 있는 하청 공장에서 생산된다. 과거에는 하청 공장에서 심각한 인권침해가 끊임없이 발생했다. 12살짜리 어린이들이 초과 근무를 하면서 다음 날 아침에 일이 시작될 때까지 공장의 맨바닥에서 잠을 자야 했고, 여성에 대한 성폭력과 강제적인 임신 테스트가 자행되었으며, 노동조합은 억압과 박해를 당했다.[1] 세월이 흐르면서 요즘은 아디다스를 비롯한 대부분의 콘체른들이 행동 규칙을 세워서 하청 공장이 생산과정에서 윤리적 원칙을 지키도록 의무화하고 있다. 그래도 여전히 많은 문제가 발생한다. 스포츠용품 기업들은 엄청난 이익을 벌어들이면서도 하청 공장에 적절한 임금을 지불하지 않는다. 이 때문에 하청 공장에 고용된 근로자들은 임금이 너무 적어 사람다운 생활을 할 수 없다. 비록 지금은 하청 공장에서 어린이들이 더 이상 일하지 않는다고는 하지만, 누구보다 먼저 어린이들이 어려움에 처한다. 부모들이 가족을 꾸릴 수 있을 만큼의 돈을 벌지 못하기 때문이다.

아시아 노동자들을 착취한 대표적인 예는 2006년 독일월드컵 대회를 위한 '팀 정신' 축구공을 생산하는 과정에서 일어났다. 아디다스는 태국에서 축구공을 제작하게 했다. 인권 단체인 태국노동캠페인의 2006년 보고에 따르면, 태국 노동자들은 하루에 3.60유로를 받았다.[2] 그 액수만으로는 태국에서 생활할 수 있는 돈이 되지 않는다. 태국 노동자들은 노동조합을 결성하거나 권리를 주장하는 일을 두려워했다. 이를 무릅쓰고 권리를 주장한 사람은 직장을 잃었다. 그곳에는 아무도 입을 열 수 없는 억압의 분위기가 깔려 있었다.[3] 아디다스는 이런 비난이 근거 없는 것이라고 되받아쳤지만, 임시 고용자들이 평균 일당 3.60유로를 받았다는 사실은 인정했다.[4] "아디다스, 아식스, 뉴밸런스, 나이키, 푸마와 같은 세계적인 메이커 회사의 제품을 생산하는 사람들은 턱없이 적은 임금을 받았다"며 베이징올림픽 전초전에 '플레이페어 2008 캠페인'도 같은 사실을 확인했다.[5] 노동자들의 일부는 일당으로 2달러도 안 되는 돈을 받았다. 아디다스, 나이키, 엄브로, 필라 기업의 하청을 맡은 중국의 조이풀 롱 공장에서는 노동자들이 일주일 내내 최고 8시간까지 매일 초과 노동을 했다. 그 공장의 임금은 법정 최저임금의 54퍼센트 수준이었다. 아디다스는 "난무하는 추측성 오해들 중에서 선택적으로 택해 집중 공격"하는 것이라고 반박했다.[6]

반면에 세계적 콘체른들은 광고를 위해 더욱 많은 돈을 쏟아 붓는다. 회사 자체 보고에 따르면, 아디다스는 연간 매출의 약 13퍼센트를 마케팅 비로 지출한다.[7] 약 13억 유로에 이르는 액수다. 〈포커스머니〉의 보고에 따르면, 아디다스 기업은 독일축구연맹 한 곳에만 2000만 유로를 지원하는데, 2001년부터는 매년 2500만 유로를 지원했다.[8]

우리가 할 일은?

생존을 보장하는 최저임금을 지불하고, 노동조합의 자유가 보장된 곳에서만 제품을 생산하라고 아디다스에 요구한다. corporate.press@wadidas−group.com

---

기타 정보

- www.cleancloth.org

  깨끗한 옷 캠페인

- www.saubere-kleidung.de

  정보 유포 활동을 하는 독일 캠페인

- www.thailabour.org

  태국노동캠페인

- www.ituc-csi.org

  국제노동조합연맹

알디Aldi

"책임 의식을 가진 경영"

- **생산품, 상표**   알디슈퍼마켓, 오스트리아에서는 '호퍼'라는 상호를 사용한다.
- **홈페이지**   www.aldi.com
- **회사 자료**   매출(2007): 약 400억 유로[1]

  순수익(2007): 약 10억 유로

  고용인: 전 세계 7,800개 체인점에 약 19만 명

  본사: 에센, 뮐하임/루르(독일)
- **문제점**   원료를 얻는 과정 및 하청 공장, 소매점에서 벌어지는 착취

알디는 1948년에 카를과 테오 알브레히트 형제가 '알브레히트 디스카운트'라는 상호로 창설했고, 1961년에 북부 알디와 남부 알디로 분리되었다. 두 알디 회사가 각각 독일에 약 4,000개의 체인을 두고 있고, 매년 평균 약 23만 유로의 수익을 올린다.[2] 게다가 전 세계 15개국이 넘는 나라의 약 3,000개 체인점에서 나오는 수입도 있다. 독일의 거의 모든 가정이 평균

일주일에 한 번 알디에서 물건을 산다.[3] 알브레히트 형제는 유럽에서 가장 부유한 가족이고, 재산은 300억 유로로 달해서 세계에서 네 번째로 부유한 가족이다. 이들은 독일인 평균 재산의 23만 2,000배가 넘는 엄청난 재산을 소유한다. 달리 표현하면, 알브레히트 형제가 세계 최빈국 40개국을 합한 전 인구의 1년 수입보다 더 많은 돈을 가지고 있다는 말이다.

알디 체인점은 검소함을 원칙으로 삼아 사업에 성공했다고 강조한다. 여기서 '검소함'이라는 말을 자세히 들여다보자. 알디가 높은 수익을 올리는 이유는 사실 사회적 환경을 고려하는 데 검소하기 때문이다. 한마디로 전혀 역할을 하지 않기 때문이라고 할 수 있다. 알디 기업은 광고를 위해 2006년에 약 2억 8300만 유로를 지출했다.[4] 반면에 전 세계적으로 이루어지는 원료 구입과 피고용인들에게 지출하는 비용은 참으로 검소하게 썼다.

알디를 비롯해 다른 체인점들도 대부분 공급자와 경쟁자에게 극단적인 가격을 제시해 압력을 행사한다. 그 결과 노동조건은 파국을 맞고 임금은 최저생계비 이하로 떨어지는데, 특히 원료가 나오는 아시아, 아프리카, 라틴아메리카에서는 열악함이 극에 이른다. 의류의 경우에도 사정은 이와 비슷하다. 쥐트빈트연구소가 2007년에 제시한 내용에 따르면, 중국과 인도네시아의 알디 소속 공급자들의 경우 지금까지 들어본 적이 없을 정도로 심한 노동권 침해를 당했다. 하루에 최소 11시간 작업은 예외적인 일도 아니었고, 노동자들은 한 달에 겨우 2~4일 정도 쉴 수 있었다. 게다가 임금은 중국 최저임금의 절반도 되지 않았다. 또한 건강이나 안전을 위한 기준을 소홀히 했고 노동조합을 억압했으며, 여성들을 성적으로 괴롭히거나 육체적, 정신적으로 학대했다. 어떤 공장에서는 노동자들에게 첫 한 달은 임금을 받지 않고 일하라고 요구했다. 여러 공장에서 미성년자들이 일했고, 미성년자임을 숨기기 위해 증명서 위조를 적극 도왔다. 심지어 어떤 공장에서는 노동자들의 생활을 효율적으로 감시하기 위해 공장 소유의 숙소에서 잠을 자게끔 강요하기까지 했다. 알디는 입장을 표명하는 자리에서 기꺼이 대화를 통해 상황을 해결하겠다고 했다. 이에 쥐트빈트연구소는 "그러나 콘체른이 상황을 개선하기 위한 '적절한' 준비 기간 이후에 글로벌 경쟁에서 공적으로 믿을 수 있는 인도적 공급 정책을 시행할지는 두고 봐야 할 일"이라며 회의적인 반응을 보였다.[5]

독일에서도 공공노조연맹Ver.di이 알디 체인점의 노동권 제한을 비판하고 나섰다. 알디 기업이 독립적으로 경영에 참여하는 근로자대표협의회를 만드는 대신에 '말 잘 듣는 노동조합과의 균형'을 만들어냈다고 비판했다.[6] 얼핏 봐서는 알디와 오스트리아의 호퍼 체인점이 괜찮은 임금을 지불하는 것 같지만, 피고용자들은 초과 수당에 대한 급료를 받지 못할 때가 빈번하고 감시와 위협을 당했으며, 반항하면 해고해버렸다. 그러나 알디는

이 같은 비난을 논박하고, 비판적인 질문에는 격앙된 태도로 반응했다.[7]

우리가 할 일은?

지역에서 생태학적으로 생산된 식품을 선호하고, 수입품은 오직 공정무역에 의한 것만 산다. 그리고 알디 회사에 모든 공급 공장을 포함해 그곳에서 지급된 최저임금 리스트를 전부 공개하라고 촉구한다. mail@aldinord.de, mail@aldisued.de

기타 정보

- "저렴한 의류 구입의 모든 것 – 좋고 싸기만 한가?"

  이 연구를 다운로드하려면 www.suedwind-institut.de를 이용하라.

- lidl.verdi.de

  리들 체인점과 기타 슈퍼마켓들도 노동권과 인권을 훼손한다. 이곳에서 《리들 흑서 Schwarzbuch Lidl》를 주문할 수 있다.

- "리들과 킥KiK 할인 체인점에서 의류의 값을 지불하는 쪽은 누구인가?"

  두 할인점 공급자들에게 가해지는 인권침해에 대한 연구 보고서를 주문하려면 inkota@inkota.de 사이트를 이용하라.

애플 Apple Inc.

"특히 사회적이고 책임 의식이 강하다"

- **생산품, 상표**   소프트웨어와 하드웨어, 메이커는 애플, 맥, 아이패드, 아이폰 등
- **홈페이지**   www.apple.com
- **회사 자료**   매출(2007): 240억 달러

    순수익(2007): 35억 달러

    고용인: 1만 9,000명[1]

    본사: 쿠퍼티노, 캘리포니아(미국)
- **문제점**   공급 공장의 고용인 착취, 환경 파괴

애플은 마이크로소프트에 필적하는 경쟁 회사다. 경제 잡지 〈포춘〉에 따르면 애플의 사장이었던 스티브 잡스는 세계에서 가장 영향력이 큰 사장[2]이자 2006년에 6억 5000만 달러의 연수입을 올림으로써 세계에서 돈을 가장 많이 번 매니저이기도 하다.[3] 스티브 잡스의 수입은 중국에서 애플 제품을 생산하는 여성 노동자 한 명이 100만 년을 일해야 벌 수 있는 돈이다.

중국 심천 지방에는 세계 최대의 전자제품 제조 공장이 있다. 산업 파크 '폭스콘 시티' 또는 '아이팟 시티'라고도 불린다. 여기에 약 20만 명이 일하는데, 이들 대부분은 젊은 여성이다. 이들을 '다공메이'라고 하는데, 도시로 돈 벌러 온 시골 처녀라는 뜻이다. 신천에서 다공메이들이 애플 회사의 아이패드 또는 델, 시스코, HP 회사의 하드웨어와 같은 컴퓨터, 휴대폰, 게임기 등, 세계시장에 팔리는 전자제품을 생산한다.

영국 〈데일리 미러〉가 근로자들이 하루 15시간 노동에 일주일 내내 일을 하는 것이 선전에서도 예외가 아니라는 기사를 2006년 6월에 실었다.[4] 노동자들이 그렇게 일을 하고 받는 돈은 한 달에 겨우 50달러 정도라고 한다. 물론 법정 최저임금보다 낮은 액수다. 여성 노동자들의 절반이 공장 부지에서 지낸다. 공동 침실에서 수백 명이 빽빽하게 들어차서 자는 일이 드물지 않고, 외부의 방문은 철저하게 금지된다. 공동 숙소로 가는 길은 경비원들이 지킨다. 한편 중국에서는 열악한 상태에 항거할 수 있는 독자적 노동조합이 금지되어 있다. 〈데일리 미러〉에 따르면, 군인들이 '폭스콘 시티'의 근로자들을 괴롭혔는데 노동자들에게 강제로 몇 시간 동안 꼼짝도 하지 않고 서 있게 했다. 시키는 대로 서 있지 못하는 사람은 처벌을 받았다. 현장 목격자의 증언을 들어보자. "근로자들이 로봇처럼 취급당했다. 다른 점이 있다면 한 가지, 근로자들이 로봇보다 더 적은 임금을 받았다는 것이다." 애플 기업은 이 비난에 대해 공식적으로 경악을 표하며, 앞으로는 법정 최저임금을 지키겠다고 약속했다. 물론 법정 최저임금이라는 것이 사람이 살 수 없을 정도로 극히 적은 돈이라는 사실은 언급하지 않았다.

그린피스는 애플 제품 중 특히 아이폰에 PVC 등의 유해 물질 부품이 들어 있음을 비판했다. 애플 측에서는 새로운 컴퓨터 모델은 과거에 비해 유해한 화학물질이 적게 들어갈 것이라고 했다.[5] 환경보호자들은 애플이 폐기 제품 회수와 재활용 합성수지 사용에 대한 구체적 자료를 제출하지 않았고 기후 결산 자료를 제시하지 않았기 때문에, 2008년 6월에 환경 친화적 테스트를 시행한 전자제품 회사 가운데 겨우 11위에 머물렀다고 했다.[6] 이에 애플 기업은 'A greener Apple' 발의와 관련해 환경 친화적 제품을 생산하겠다고 확언했다.[7]

우리가 할 일은?

반드시 필요한 전자제품만 산다. 항의 메일 보낼 곳: albrecht.g@euro.apple.com

기타 정보

- www.pcglobal.org
  WEED 단체가 컴퓨터 생산이 야기하는 환경 영향과 노동조건에 대해 설명한다.
  또 WEED에서 영화 〈디지털 수작업 – 중국의 컴퓨터 유명 메이커 공장〉과 교육용
  CD 〈컴퓨터의 길〉을 주문할 수 있다.
- www.greenmyapple.org
  환경에 유해한 애플 제품을 반대하는 그린피스 캠페인

바이엘Bayer AG

"더 나은 삶을 위한 과학"

- **생산품, 상표** 의약품, 농약 등. 바이엘과 쉐링 브랜드를 비롯해 아스피린, 알카셀처, 수르라딘, 야스민 등 다수가 있다.
- **홈페이지** www.bayer.de
- **회사 자료** 매출(2007): 324억 유로
  순수익(2007): 47억 유로[1]
  고용인: 10만 6,000명
  본사: 레버쿠젠(독일)
- **문제점** 위험한 약품과 농약 판매, 생산과 연구 과정에서의 착취

바이엘은 세계적으로 의약품 및 화학 콘체른 중에 가장 거대한 회사에 속한다. 독일 기업들에 대한 비난이 하도 많아서 그것만 모아도 책을 여러 권 쓸 수 있을 정도다. 더 자세히 알고 싶은 사람은 홈페이지 '바이엘위해 반대조합'에서 찾아볼 수 있다.

1925년 바이엘은 파르벤IG Farben이라는 이름으로 다른 화학 회사들과 제휴했다. 파르벤은 독일 나치스에 적극 협조한 회사 가운데 하나다. 이 회사는 2차 대전 중에 숱한 강제 노동자들을 부렸을 뿐만 아니라, 나치스를 위해 치명적인 독가스 치클론 B를 제조했다. 이 독가스는 강제수용소에서 유대인 대량 학살에 사용되었다. 2차 대전 후에 파르벤은 바이엘, 바스프, 훼히스트 세 개의 회사로 분리되었다. 지금까지 이 세 기업 중 어느 기업도 독가스 희생자와 유족에게 손해배상금을 지급하는 문제를 진지하게 받아들이지 않고 있다.

2003년, 미국에서는 혈우병 환자들이 독일 콘체른과 다른 회사를 상대로 소송을 제기했는데, 1980년대에 이 기업들이 특히 에이즈 바이러스로 오염된 의약품을 판매했다는 이유에서였다. 또 같은 시기에 에이즈 감염 위험이 높은 혈액 응고제를 라틴아메리카와 아시아에 판매했다.[2] 바이엘은 이 비난이 잘못된 것이라고 반박하며, 당시의 규정에 따라 판매했을 뿐이라고 해명했다.

바이엘 계열회사인 H. C. 슈타르크는 2007년 초까지 탄탈을 생산했다. 탄탈은 휴대전화, 컴퓨터를 비롯한 하이테크 기계의 전자 부품에 쓰이는 광물이다. 슈타르크 콘체른은 수년간 탄탈 원료 무역으로 콩고에서 1998~2003년 동안 전쟁이 지속되는 데 한몫했고, 그 전쟁으로 500만 명이 넘는 생명이 희생되었다. 내가 콩고에서 한 조사(3장 참조)가 국제연합 조사위원회의 조사 결과로 확증되었는데도, 콘체른은 지금도 모든 비난을 부인하고 있다.

바이엘이 생산한 수많은 농약이 건강과 환경을 심각하게 해쳤고, 무엇보다 지구촌의 가난한 나라들이 직격탄을 맞았다. 원인은 살충제였다. 예를 들어, 커피 재배 시에 사용하는 살충제 바이시스톤[Baysiston] 또는 독성이 강한 살충제 네마쿠르가 있다.[3] 이 두 가지 농약은 지금도 기업의 홈페이지에 실려 있다.[4] 2008년 6월 그린피스의 연구에 따르면, 다른 국제 콘체른과 비교했을 때 바이엘 농약 제품이 사람과 환경에 가장 많은 해를 끼친다고 한다.[5]

2003년 초에는 바이엘, 몬산토, 유니레버가 인도에서 파종용 씨앗 생산 과정에서 어린이 노동으로 이익을 취했다는 보고가 있었다.[6] 기업들은 이 문제를 6개월 이내에 해결하겠다고 공고했다. 그런데 2007년에 바이엘 다국적기업의 인도 측 계약업자의 현장에서 여전히 수백 명의 미성년자들이 고된 노동을 한다는 보도가 나왔다.[7] 이후 바이엘은 교육 프로그램에 투자하겠다고 약속했다. 그렇지만 그런 일은 어린이들에게 부차적인 도움을 주는 데 지나지 않는다. 어린이 노동이 생겨나는 원인은 무엇보다 부모들이 턱없이 적은 임금을 받기 때문이다. 그리고 이 일에는 바이엘도 책임이 있다.

브라질에서는 수많은 소작농들이 바이엘과 기타 화학 콘체른을 상대로 시위를 벌이는데, 이 기업들이 영구적으로 쓸 수 있는 농토를 심하게 훼손하기 때문이다.[8] 기업이 추진하는 유전자조작 농업으로 인해 토착 경작지를 오염시키는 것은 말할 것도 없고, 소작농들의 자치권마저 빼앗으려 든다.

독일에서는 바이엘이 위험한 일산화산소를 운반할 목적으로 67킬로미터에 이르는 긴 수송관을 깔고 있다. 냄새도 없고 사람에게 치명적인 일산화탄소 가스는 합성수지를 생산하는 데 필요하다. 수송관 설치 대규모 프로젝트의 비판자들은 무엇보다 수송관 설치의 안전 예방책을 지적하며, 수송관이 파손될 경우에 수많은 생명이 위험에 처할 가능성을 우려한다.[9] 그러나 바이엘은 확고부동한 자세로 수송관 건설에 주력하고 있다.[10]

아스피린을 포함한 바이엘 제약의 약품이 제약회사 측 주장과는 달리 전혀 해가 없지는 않다. 리포바이와 트라시롤과 같은 약품의 경우는 수많은 생명을 앗아가기도 했다.[11] 그러니 약을 복용하기 전에 반드시 의사에게 약의 부작용에 대해 물어보도록 하자!

우리가 할 일은?

사실 독일 정부는 오래전에 바이엘에 대해 조처를 취해야 했다. 하지만 유감스럽게도 정부가 조처를 취하지 않고 있다. 여러분이 다른 사람들에게 바이엘의 지저분한 간계에 대한 정보를 나눠주라.

기타 정보

- www.cbgnetwork.org

  '바이엘위해반대조합'이 기업의 범행을 밝히고 시위를 조직한다. 그리고 잡지 〈핵심어 바이엘〉을 간행한다.

- www.bukopharma.de

  '부코 파머' 캠페인이 가난한 나라에서 벌어지는 의약품 산업 행위를 주시한다.

브리티시아메리칸토바코 British American Tobacco Plc

"책임 의식은 우리 사업의 동반자"

- **생산품, 상표** 담배. 럭키 스트라이트, 폴몰, 던힐, 골루아즈, HB, 로드, 무라티, 파리지엔–프린스, 삼손, 야반스 용엔스 등
- **홈페이지** www.bat.com
- **회사 자료** 매출(2007): 126억 유로

  순수익(2007): 37억 유로

  고용인: 5만 5,000명

  본사: 런던(영국)
- **문제점** 담배 재배 과정의 착취, 비흡연자 보호에 대한 공격적 로비 활동

브리티시아메리칸토바코[BAT]는 세계에서 두 번째로 큰 담배 회사다. 흡연이 건강에 심각한 해를 끼친다는 사실은 오늘날 누구나 알고 있다. 반면에 담배 산업이 경제적 곤궁에 얼마나 큰 책임이 있는지에 대해서는 아는 사람이 드물다. 세계은행의 평가에 따르면, 건강관리에 들어가는 비용

과 관련해 전 세계 담배 사업이 한 해에 2000억 달러의 손실을 일으킨다. 흡연자들은 매년 4000억 달러가 넘는 액수를 담배 소비에 지출하는데, 그중에는 생활이 넉넉하지 않은 수많은 사람들이 포함된다.

말라위와 짐바브웨 같은 아프리카 국가들은 식민지 시기에 강대국에 수출할 담배를 강제로 경작해야 했다. 오늘날에도 여전히 수백 명의 농부들이 담배 산업에서 착취당하고 있다. 우림 지역의 토지가 배곯는 국민들의 식품 공급에 사용되는 대신에, 담배 경작으로 우림이 파괴되고 비옥한 토지가 황폐해지고 있는 것이다.[1]

2002년과 2004년의 연구[2]에서 담배 재배 국가인 브라질과 케냐에 있는 브리티시아메리칸토바코의 계열회사들이 농부들에게 속박 계약을 의무적으로 들도록 했다고 보고했다. 농부들이 담배 재배에 필요한 모든 것을 회사와 연결해서 구하고, 수확한 담배는 모두 회사에 넘겨야 한다는 계약이다. 그 과정에서 도매상은 종자, 비료, 각종 기구에 높은 가격을 요구한 반면, 담배 인도 가격은 너무 낮아서 많은 농부들이 비참하게 파산할 수밖에 없었다. 그 밖에도 브리티시아메리칸토바코는 농부들의 안전도 충분히 살피지 않았다. 농부들은 맹독성 농약을 뿌릴 때에 보호복을 착용하지 않고 일할 때가 많았고, 담배 잎을 딸 때 나오는 니코틴 독에 고통받았다. 받는 임금도 턱없이 적어서, 농부들은 아이들을 일터로 내보낼 수밖에 없었다. 이에 대해 브라질 담배 재배 농부의 변호사가 증언한다. "노예나 다름없는 상태였다. 상품이 훌륭해도 농부들은 최저임금을 받았기 때문이다. 수확이 나쁘기라도 하면 농부들은 다음 해에 담배 회사에 빚을 져야 했다."[3] 브리티시아메리칸토바코는 연구 보고가 나간 후에 기꺼이 협상하겠다며 개선을 약속했지만, 비판자들은 구체적인 결과가 없다는 점을 지적하며 비난했다.

독일에서 브리티시아메리칸토바코는 담배산업연맹의 회원인데, 이 연맹은 수년에 걸쳐 흡연자보호법을 반대하는 공격적인 로비 활동을 벌이고 있다. 2007년, 이 연맹이 해산되기 바로 몇 주 전에 담배 대기업 필립모리스도 탈퇴를 선언했다. 탈퇴 이유는 무엇보다 건강 우선 정책으로 담배 사업을 조절하고, 전면적으로 담배 광고를 금지하는 것에 한층 강력하게 대처하기 위해서였다.[4] 2006년에 나온 한 연구[5]는 경제와 정치에 미치는 담배산업연맹의 영향력 행사에 관한 보고서를 내놓았다. 보고서는 담배산업연맹의 로비로 간접흡연자와 질병의 상관관계에 대한 학문적 연구 결과가 반박되었고, 그 결과 담배 산업이 간접흡연자를 위한 보호조치를 오랜 기간 무산시킬 수 있었다는 내용이었다. 독일암연구센터의 자료를 보면, 독일에서 매일 최소 9명이 간접흡연의 결과로 사망한다.[6]

유럽과 미국에서 흡연 반대 캠페인이 대대적으로 벌어진 이후, 담배 다국적기업들은 새로운 담배 판매 시장을 찾아 아프리카로 눈을 돌리고 있다. 그래서 나이지리아 정부가 2008년 초에 담배 콘체른인 브리티시아메리칸토바코, 필립모리스, 인터내셔널토바코를 상대로 소송을 걸었다. 나이지리아 정부는 소송에서 어린이와 청소년의 흡연 결과 발생한 건강 상해에 대한 손해배상금으로 440억 달러를 요구했다. 증거로 나이지리아에 있는 콘체른 직원들의 이메일이 제출되었다. 그들의 메일에서는 청소년들이 흡연을 모방하도록 유도하는 방법을 비롯해 입법에 영향력을 행사할 수 있는 방법이 거론되었다.[7]

우리가 할 일은?

굳이 따로 이야기할 필요가 있을까? 담배를 피우지 말자. 그러나 흡연자들에게 친절하게 말하자!

기타 정보

- www.unfairtobacco.org

  담배 생산 조건에 대한 정보. 청소년들을 위한 DVD 〈더러운 행위Dirty Deeds〉도 있다.
- bat.library.ucsf.edu

  브리티시아메리칸토바코에 대한 영어 기록을 찾을 수 있다.

치키타브랜즈인터내셔널 Chiquita Brands International

"우리 기업에서는 자연과 경제가 균형을 이룬다"

- **생산품, 상표**   바나나 및 과일 채소 생산
- **홈페이지**   www.chiquita.com
- **회사 자료**   매출(2007): 47억 달러

  손실(2007): 4900만 달러

  고용인: 2만 5,000명

  본사: 신시내티, 오하이오(미국)
- **문제점**   바나나 농장 인부 착취, 위험한 농약 살포

미국의 치키타 콘체른은 유럽 최대의 바나나 공급 회사다. 이 기업은
1899년 유나이티드프루츠컴패니라는 이름으로 창설되었다. 이 콘체른은
중앙아메리카에 엄청난 부지를 소유하고 있으며, 수십 년간 바나나 수출
에 경제를 의존하는 많은 나라들의 정치를 좌지우지해왔다. 이런 나라들
에서는 바나나 무역을 민주주의의 이해보다 훨씬 더 중요하게 여기고, 과

일 콘체른이 정부보다 더 큰 영향력을 행사한다. 이 때문에 과테말라나 온두라스와 같은 국가들을 '바나나공화국'이라 부르기도 한다. 이들 국가에서는 바나나 수출업자가 정부의 인가와 지원을 받기 위해 공무원들에게 뇌물을 주었고, 그 결과 민주주의로 선출된 정부가 붕괴되었다. 그 자리에 군부독재가 들어서서 인권을 짓밟는 한편, 치키타 같은 기업들이 경제적 이해를 관철하도록 지원한다.

'휴먼라이츠워치'가 2002년에도 여전히 8~13세 어린이들이 치키타, 돌, 델몬트 등의 기업이 소유하는 농장에서 하루에 3.50유로의 임금으로 노동한다고 보고했다. 어린이들은 맹독성 농약에 그대로 노출되었고, 무거운 짐을 져야 했으며, 오염된 물을 마셔야 했고, 일부는 성적 학대까지 받아야 했다.[1]

치키타는 이러한 비난에 대해, 공급 농장 측에 어린이 노동을 금지할 것을 지시하고 있다며 맞섰다. 그러나 언론은 기업에 대해 계속 부정적인 기사를 실었다. 그 후로 치키타 기업은 실추된 회사의 이미지를 살리기 위해 얼마 전부터 국제 환경 단체 '열대우림동맹Rainforest Alliance'의 인증을 내세웠다. 과일이 공정하고 환경 친화적인 방법으로 재배된다는 이미지로 그럴듯하게 포장하기 위한 것이다. 그러나 코스타리카의 노동조합원이 2006년 〈슈피겔〉과의 인터뷰에서 "치키타는 환경 정책 면이나 노동권 면에서 전혀 모범적이지 않다"고 증언했다.[2] 또 독일 드라이자트 방송 〈나노〉 다큐멘터리에서도 바나나 농장에서 노동조합권이 묵살되고, 피고용인들의 일부는 위험한 맹독성 농약에 무방비로 노출되었다는 내용이 방송되었다. 또 아우스부르크대학도 조사를 통해 치키타가 농장에 독성 화학약품을 살포했고, 그 약물이 "신경 손상, 호흡기 질환, 피부염 등을 유발한다"는 사실을 밝혔다.[3] 치키타는 모든 비난을 단호하게 부인했다.

콜롬비아에서는 치키타가 수년간 우익 준군사 조직을 재정적으로 지원한 것 때문에 비난을 받았다. 이 준군사 조직은 국민들에게 테러를 가했고, 수천 명의 생명을 앗아간 장본인이었다. 치키타는 약 400가구의 가족이 고문과 살상을 당한 사건으로 2007년 말에 78억 달러의 손해배상금이 걸린 소송을 당했다.[4] 2007년 11월 〈포커스〉가 보도한 것처럼, 이미 그해 3월에 테러리스트들에게 1997년에서 2004년까지 170만 달러가 넘는 돈을 지원했음을 인정했다. 그 일로 기업은 2500만 달러의 배상금을 지급할 것을 판결받았다.[5] 그렇지만 사람들은 치키타도 희생자라고 생각한다. 결국 테러리스트들에게서 돈을 갈취당한 꼴이기 때문이다.[6] 인권 단체는 치키타에 콜롬비아에서의 모든 사업을 접을 것을 요구했다.

우리가 할 일은?

과일과 채소는 지역에서 환경 친화적으로 생산되는 것을 사고, 바나나와 같은 열대 과일
은 공정무역 인증 마크가 붙어 있는 것을 산다.

기타 정보

- www.bananalink.org.uk

  바나나 무역에서 일어나는 착취를 반대하는 영국의 언론 단체

- www.banafair.de

  '바나페어'는 독일에 공정무역 바나나를 수입하고, 바나나 산업에 대한 정보를 제공한다.

코카콜라 The Coca-Cola Company

"다양하게 살라"

- **생산품, 상표** 음료, 코카콜라, 환타, 스프라이트, 리프트, 네스티, 보나카, 아폴리나리스, 뢰머크벨레, 발저 등
- **홈페이지** www.thecoca-colacompany.com
- **회사 정보** 매출(2007): 290억 달러

  순수익(2007): 60억 달러[1]

  고용인: 60만 명

  본사: 애틀랜타, 조지아(미국)
- **문제점** 노동조합 박해, 환경 파괴와 어린이 노동

'코카콜라'는 '오케이' 다음으로 세상 사람들이 가장 많이 알고 있는 단어다. 코카콜라 상표의 가치만 해도 670억 달러라고 하는데, 이는 기업 매출의 몇 배에 달한다. 200개국이 넘는 나라에서 매일 10억이 넘는 사람들이 코카콜라 회사의 음료를 마신다. 이것을 양으로 따지면 매년 1100억

리터가 넘는다.

콜롬비아 식품노동조합 시날트라이날[2]에 따르면, 콜롬비아의 코카콜라 음료 주입 공장에서 우익 준군사 조직의 살인 기병 소대를 고용했고, 1989~2002년에 공장에서 자행되는 착취적 노동조건에 반대한다는 이유로 노동조합장 일곱 명을 살해했다.[3] 국제노동조합연맹과 인권 단체들은 그 후에도 코카콜라 회사가 피고용인을 위해 어떤 조치도 취한 적이 없다고 비난했다. 코카콜라는 심지어 노동자들을 폭력으로 협박해 이득을 취하기도 했다. 노동자들은 한 번 협박을 받고 나면 더 이상은 감히 임금을 올리고 노동조건을 개선하라며 나서지 않는다.[4] 코카콜라는 지금도 모든 비난에 대해 무조건 아니라고 반박한다.[5]

BBC 방송에 따르면, 코카콜라 기업이 물 수요를 감당하기 위해 서남 인도 지역에서 수많은 지하 수맥을 뚫는 바람에 지하수 수위가 낮아졌다. 그 결과, 지역 농업에 물이 부족해 파탄이 일어났다. 그 일로 코카콜라에 반대하는 시위를 한 사람 중에 300명 이상이 감옥에 갇혔다. 이를 비난하자, 코카콜라는 자기들은 관련이 없고 그 일이 정치적인 사건이었다며 책임을 부인했다.[6]

살바도르에서는 코카콜라가 사탕수수를 수확할 때 어린이 노동으로 이익을 취했다며 휴먼라이츠워치가 2004년 보고서에서 발표했다. 8~13세에 속하는 다수의 어린이들이 이미 노동을 시작했다고 한다. 기업은 해당 회사가 코카콜라 공급 회사인 것은 맞지만, 어쨌든 본사는 어린이 노동 금지를 지시했다고 주장했다.[7]

이처럼 코카콜라에 대한 많은 비난들이 일면서 점차 대학교, 노동조합, 청소년연맹이 코카콜라 불매운동을 확대해가고 있다. 이 불매운동은 건강이라는 측면에서도 적극 권장할 만하다. 코카콜라 1리터에는 각설탕이 36개쯤 들어 있다. 이 칼로리를 소모하려면 한 시간 이상 열심히 뛰어야 한다. 라이트 콜라에 들어 있는 설탕과 산화 물질은 치아를 상하게 하고, 코카콜라 제로에 들어 있는 감미료 아스파탐은 수많은 학자들이 건강에 매우 해로운 물질로 분류하고 있다.

우리가 할 일은?

간단하다. 사지 않는다. 톡 쏘는 갈색 탄산음료 코카콜라는 건강만 해치는 게 아니라 윤리적이지도 않다. 항의 메일 보낼 곳: presse@coca-cola-gmbh.de

기타 정보

- www.kolumbienkampagne.de

  콜롬비아에서 자행되는 인권침해에 대한 정보
- www.killerbrause.solid-brandenburg.de

독일 브란덴부르크 지방의 코카콜라 반대 캠페인

● www.killercoke.org

미국 코카콜라 반대 캠페인

● www.indiaresource.org

인도에 있는 코카콜라

● www.is.gd/CWC

살바도르의 어린이 노동에 대한 보도

다임러 Daimler AG

"우리의 모범상은 지속성, 세계화다"

- **생산품, 상표** 자동차 전반. 브랜드는 메르세데스 벤츠, 스마트, 마이바흐,
  프레이트라이너, 세트라 등
- **홈페이지** www.daimler.de
- **회사 자료** 매출(2007): 994억 유로

  순수익(2007): 87억 유로

  고용인: 27만 명

  본사: 슈투트가르트(독일)
- **문제점** 군수품 콘체른 지분 소유, 환경 파괴와 반환경보호 로비 활동

　　다임러는 세계 최대 실용차 생산 회사이자 고급 승용차 메르세데스 벤츠로도 유명하다. 그런데 다임러는 환경오염을 일으키는 리무진만 생산하는 게 아니라, 유럽항공우주방위산업EADS의 주요 주주이기도 하다.[1] EADS는 전투기 유로파이터와 산탄 미사일 발사 장치 등을 생산한다. '비

판적 주주' 단체는 다임러가 "산탄 미사일 발사 장치와 같은 비인간적 무기 체제"에서 손을 뗄 생각이 전혀 없다는 점을 특히 비난한다.[2] 일례로 미사일 발사 장치 GLMRS는 몇 분 이내에 1제곱킬로미터 면적에 8,000개의 산탄을 쏠 수 있다. "그 면적이 축구장 150개를 합쳐놓은 것과 같다. 터지지 않은 산탄은 불발탄으로 땅에 묻혀 있다가 지뢰처럼 작용한다. 특히 호기심이 많은 어린이들에게 위험하다."[3] 휴먼라이츠워치에 따르면, 걸프전에 투하된 산탄으로 민간인 수천 명이 희생되었다.[4] 몇 년 전부터 인권 단체와 전쟁 반대자들이 이처럼 민간인에게 지극히 위험한 무기를 추방하기 위해 애쓰고 있다. 2008년 6월에 111개국이 산탄 사용을 포기하는 데 합의했고, 독일도 속해 있다. 2008년 말에 조약이 체결되었는데, 물론 많은 예외 규칙이 포함될 것이다.[5]

2008년 5월에 미국의 최고법원이 인종차별 희생자들이 제기한 10억짜리 고소를 접수했다. 고소 대상은 다임러, 도이체방크, 드레스드너방크, 포드, 제네럴모터스, BP, 시티그룹과 기타 기업들이다. 이 기업들이 사업과 관련해 남아프리카의 인종차별적 분리 정책을 지원했다는 이유에서였다.[6] 이 고소에 내해 다임리는 근거 없는 말이라며 맞섰다.[7]

한편 '비판적 주주' 단체는 다임러가 생산한 화물차가 평균 100킬로미터당 9.7리터의 엄청난 벤진을 소모한다는 점을 비판한다. 생산 모델 중에

겨우 4퍼센트만이 유럽연합이 장려하는 이산화탄소 배출량인 130g/km
에 적합하다고 한다.[8]

2007년 말 BMW, 포르세, 다임러가 '유럽연합 최악의 로비상'을 받았다.
유럽기업감시기구Corporate Europe Observatory에 따르면, 이들 회사가 자동차 산
업 로비스트 중에서 가장 질이 나쁘기 때문이었다. 유럽연합위원회가 이산
화탄소 배출량 감소에 관련된 목표를 제시하자, 기업들은 당장 불안감 조
성 및 거짓 정보 유포 캠페인으로 대응했다. 공장을 닫아 일자리를 없애겠
다는 협박으로 의사결정권자들을 마구잡이로 조종했다는 주장도 있다.[9]

우리가 할 일은?

가능한 한 자동차를 이용하지 않는다. www.wir-kaufen-keinen-mercedes.de에서
산탄 생산에서 손을 떼라는 운동을 벌이는 단체에 접속할 수 있다.

기타 정보

- www.kritische-aktionaere.de
  '비판적 주주' 단체가 독일 콘체른의 어두운 측면에 대한 정보를 준다. 다임러와 폭스
  바겐에 대한 정보도 포함되어 있다.
- www.juergengraesslin.com
  다임러를 반대하는 '비판적 주주' 단체의 대표가 콘체른에 대해 여러 저서를 출판했

고, 그 때문에 고소를 당했다.

- www.landmine.de

  지뢰와 산탄을 반대하는 단체

- www.is.gd/oE3

  환경과 자연보호 단체가 아우디(폭스바겐주식회사의 자동차), BMW, 메르세데스 벤
  츠가 이산화탄소 배출량이 많다는 점을 비판한다.

도이체방크 Deutsche Bank AG

Deutsche Bank "열정에 의한 성취"

- **생산품, 상표** 금융 서비스
- **홈페이지** www.deutsche-bank.de
- **회사 자료** 매출(2007): 307억 유로

  순이익(2007): 65억 유로

  고용인: 7만 8,000명

  본사: 프랑크푸르트 암 마인(독일)
- **문제점** 파렴치한 사업과 연관된 신용 대출, 가난한 국가의 부채를 위한 투기

도이체방크는 독일 최대 금융기관이다. 그런데 대출 위탁과 이자율 상승에 관해서는 윤리 기준이 전혀 제 역할을 하지 못한다.

그래서 영국의 인권 기구인 글로벌위트니스Global Witness가 2006년에 도이체방크를 비난했다. 투르크메니스탄의 대통령이 살아 있던 시기에 독재 정권을 수년간 간접적으로 지원했다는 이유에서였다.[1] 투르크메니스탄의 수

십 억대 공금이 독일 금융에 의해 보관된 것이다. 〈타게스차이퉁〉의 기사에 의하면, 돈의 일부가 불법 금융거래에서 나온 것으로 투기와 인권침해, 독재자 개인의 사치를 위해 사용되었다.[2] 이에 은행은 고객의 계좌에 대한 정보는 일반적으로 내놓는 게 아니라고 고시했다.[3]

같은 달에 미국 최고법원이 인종차별을 당한 희생자들이 낸 10억의 고소를 접수했다. 상대는 도이체방크를 비롯해 약 40개에 이르는 여러 기업이었다. 고소인들은 기업들이 사업과 관련해 남아프리카의 인종차별적 분리 정책을 지원했다는 이유를 들었다.[4] 이에 도이체방크는 인종차별은 미국 법정이 관할할 문제가 아니라는 입장을 표명했다.[5]

2008년 수백만에 이르는 사람들이 급격하게 치솟는 생필품 가격으로 절망에 빠진 시기에 도이체방크는 식품으로 투기사업을 했다. 시민들은 프랑크푸르터백커 빵집의 종이봉투에 적힌 광고 문구를 읽고 기가 찰 수밖에 없었다. "치솟는 가격에 즐거우시죠? 전 세계가 원료에 대해 이야기합니다. 지금 농업 유로 펀드 상품에 가입하시면 가장 중요한 농업 원료 일곱 품목의 주가 상승으로 이익 배당을 얻을 수 있습니다." 이 야비한 선전에 대해 아탁이 항의한 후에 도이체방크의 간부 요제프 아커만이 공개적으로 사과했다.[6] 그러나 은행은 식품 위기로, 다시 말해 가난한 사람들의 배고픔으로 돈을 벌 수 있다고 재차 선전했다. 은행 홈페이지에 나와 있는 선전 문구를 보자. "세계 인구는 계속 상승하고, 농경지는 줄어들고, 수확량은 거듭 감소합니다. 농업에 더 많은 혁신력을 요구하고 있는 지금, DWS 글로벌 애그리비지니스 투자 증권으로 수익을 낼 수 있습니다."[7]

식품 위기가 더욱 악화된 이유 중 하나는 점점 더 많은 농경지가 식물에서 얻는 '바이오 연료' 재배로 사용되기 때문이다. 그 밖에도 브라질에서 우림이 벌목되고 토착민의 생활공간이 파괴되었다. 2008년 5월에 발표된 '지구의 벗Friends of the Earth' 연구에 따르면, 조사 대상 44개 유럽 은행 중에서 도이체방크가 라틴아메리카에서 바이오 연료를 생산하는 농업 콘체른에 가장 많은 자금을 댔다.[8]

우리가 할 일은?

저축을 잘하기 위한 방법은 책 194~195쪽을 보라. 항의 메일 보낼 곳: db.presse@db.com

기타 정보

- www.kritische-aktionaere.de

  '비판적 주주' 단체가 독일 콘체른의 어두운 측면에 관한 정보를 제공한다.
- www.suedwind-institut.de

  다운로드 받을 수 있는 책자: 《은행과 발전, 빈곤 완화를 위해 은행이 어떤 역할을 할 수 있는가?》

- www.urgewald.de

  이 사이트에서 〈독일 은행: 의심스러운 상표〉를 주문할 수 있다. 이 서류는 2008년 5월에 내란, 인권침해, 환경 파괴에 연루된 콘체른을 비난하는 내용을 담고 있다.

- www.bankwatch.org

  국제금융 상황을 감시하는 네크워크.

월트디즈니 The Walt Disney Company

"모든 분야에 책임감 있는 거래"

- **생산품, 상표**　　만화, 책, 영화, 장난감, 의류 및 미키마우스, 도날드덕, 구피,
　　　　　　　　　밤비와 같은 캐릭터 판매: 텔레비전 방송과 영화 제작소, 놀이공원
- **홈페이지**　　　http://corporate.disney.go.com
- **회사 자료**　　　매출(2007): 355억 달러
　　　　　　　　　순수익(2007): 47억 달러[1]
　　　　　　　　　고용인: 13만 3,000명
　　　　　　　　　본사: 버뱅크, 캘리포니아(미국)
- **문제점**　　　　하청 공장의 착취적 노동 상태

　　미키마우스를 만든 장본인이자 설립자 월트 디즈니의 이름을 딴 월트디즈니는 오늘날 세계 최대의 오락 분야 콘체른이다. 여러 사업 중에서도 특히 월트디즈니스튜디오와 계열회사인 미라맥스와 터치스톤, 영화 배급사 부에나비스타인터내셔널을 비롯해 수많은 미국 텔레비전 방송국, 디즈니

랜드 놀이공원, 독일 방송국 수퍼 RTL의 50퍼센트를 소유하고 있다.

2008년 초에 정평 있는 신문 〈뉴욕 타임스〉가 디즈니, 월마트, 델과 같은 콘체른의 중국 하청 공장이 착취적 노동 상황으로 비난받고 있다는 기사를 냈다. 어린이 노동, 컨베이어 벨트에서 이루어지는 하루 16시간씩의 강제 노동, 법정 최저임금에 못 미치는 임금 지불에 대한 이야기였다. 디즈니는 이런 비난들에 대해 언급을 회피하면서도 노동권 침해는 그냥 넘어갈 수 없는 사항이라고 강조했다.[2]

홍콩노동권기구 SACOM이 2007년 말에 발표한 연구에 따르면, 중국 하오웨이 공장에서 근로자들이 하루 15시간까지 노동을 해야 했다. 그리고 근로자들은 시간당 약 20센트의 돈을 받았다. 하오웨이 공장에서 10분 넘게 화장실에 다녀온 근로자는 벌금으로 두 시간치 임금을 빼앗겼다. 근로자들은 독성 가스에 그대로 노출되었고, 근무 상해보험과 연금도 없었다.[3] 그 공장은 아주 작은 방 하나를 12명의 근로자가 쓰도록 했고, 근로자들은 낡은 침대에서 잠을 잤다. 한 근로자가 오스트리아발전기구 '쥐트빈트' 회원에게 이 같은 상황을 설명했다. "매 층마다 약 200명이 기숙했다. 위생적인 조건에 대해 차마 입을 열기가 부끄럽다. 200명이 넘는 근로자들에게 화장실이 최대 세 개까지 배당되었고, 그 화장실도 여성과 남성이 같이 써야 했다. 화장실 색이 하얀색이었다가 갈색으로, 나중에는 시커렇게 바뀌었고, 화장실 문은 망가졌다. 여성 근로자들은 화장실을 절대로 사용하지 않으려 했다." 디즈니는 실상을 조사하겠다고 약속하면서도, 모든 책임을 하청 공장에 돌렸다.[4] 그러나 늘 수십억의 이윤을 올리는 다국적기업으로부터 재정적 지원이라고는 눈곱만큼도 받지 못하는 지역 하청 공장들이 어떻게 사회적 최저 기준을 유지할 수 있겠는가?

우리가 할 일은?

글로벌 착취는 무엇보다 법으로 막을 수 있다. 그러므로 정치 책임자에게 세계무역을 사회적, 생태학적 방향으로 이끌게끔 압력을 넣어야 한다. 또 www.petitiononline.com/wlchan에서 중국의 착취적 노동 상황을 중지하라고 디즈니에 요구할 수 있다.

기타 정보

- www.suedwind-agentur.at

  '쥐트빈트' 단체가 무역 정책의 연대 형성을 위해 노력한다.

- www.sacom.hk

  중국에서 벌어지는 다국적 콘체른의 착취를 반대하는 홍콩 대학생 단체다.

- www.cleanclothes.org/companies/disney.htm

  '깨끗한 옷 캠페인'이 하청 공장에서 일어나는 불공정을 찾아낸다.

엑손모빌ExxonMobil Corporation

ExxonMobil "환경보호, 안전, 건강 보호가 기업의 목표다"

- **생산품, 상표**   에소Esso와 모빌Mobil 상표의 주유소 및 연료와 윤활유 제품
- **홈페이지**   www.exxonmobil.com
- **회사 자료**   매출(2007): 3900억 달러

  순이익(2007): 406억 달러

  고용인: 8만 2,000명

  본사: 어빙, 텍사스(미국)
- **문제점**   내란과 무기 거래에 간접적으로 재정 지원, 유전 지역에 있는 수많
  은 사람들의 생활 기반 파괴, 기후 보호를 반대하는 로비 활동

    엑손모빌은 세계에서 매출과 이익이 가장 큰 콘체른이다. 이들의 경제
력은 세계 대부분의 국가보다 더 대단하다. 따라서 정치적 영향력도 어마
어마하다. 미국에서 20만 명의 학자들로 구성한 유명한 '걱정하는과학자
들의연합Union of Concerned Scientists, UCS'이 2007년 초에 증명한 바에 따르면,

엑손모빌은 미국에 파국적 재해를 부르는 기후 정책을 촉진했다. 미국에는 세계 전체 인구의 단 4퍼센트만이 살고 있지만, 동시에 매년 전 세계 에너지 중 25퍼센트나 소비함으로써 미국은 지구상의 어떤 나라보다도 훨씬 더 많은 에너지를 소비한다. UCS는 조사를 통해 엑손모빌이 수년간 많은 돈을 들여 학자들의 지식을 은폐하고, 정치가와 매스컴과 여론을 조작했으며, 이산화탄소 배출 억제 조치를 방해하는 치밀한 전략을 세웠다는 사실을 밝혀낼 수 있었다. 2007년 초에 정평 있는 신문 〈파이낸셜 타임스 도이칠란트〉가 그 일에 대해 기사를 냈다. 그러자 엑손모빌은 고소를 공표하며, UCS 보고서를 "심각하게 명예를 훼손한 허위"라고 주장했다.[1] 이 석유 대기업은 유럽연합이 엄청난 금액을 들여 지원하는 기후 보호 노력에 끈질지게 반대하고 있다. 이 때문에 2006년 말 여러 환경 단체가 뽑은 '유럽연합 최악의 로비상'을 받았다.[2] 그런데 최근 엑손모빌의 홈페이지에는 뜻밖에도 "기후변화가 세계 전반에 걸쳐 일어난다. 이는 사람과 생태계에 심각한 위험을 불러올 가능성이 있다"는 문구가 보인다.[3]

엑손모빌은 여러 나라의 유명한 환경 단체와 인권 단체로부터 생활 기반 파괴와 부패 정부 지원으로 비난을 받는다.[4] 게다가 엑손모빌은 오늘날에도 여전히 차드와 카메룬에 거대한 수송관을 설치하는 신디케이트를 이끌고 있다. 인권 단체에 의하면, 차드 정부에 흘러들어간 돈의 대부분이 무기 구입에 쓰였다. 수송관 건설 현장에서는 늘 무자비한 인권침해가 일어난다. 수송관 프로젝트의 반대자들은 박해와 협박을 당했다.[5] 세계은행조차도 처음에는 건설을 비판하다가, 나중에 재정적으로 지원했다. 이때 세계은행은 석유 수입의 일부를 교육과 건강 시설, 지역 발전과 사회 기반 시설에 사용한다는 조건을 달았다. 그러나 언론에 따르면, 돈이 해당 국민을 위해 사용되는 경우는 거의 없다고 한다.[6] 2006년부터 차드는 내란으로 들끓었다. 그런데도 엑손모빌은 차드 지역에서 기업이 생태적, 사회적 분야에 모범적으로 참여하고 있다고 강조한다.[7]

셸, 토탈과 더불어 엑손모빌은 이라크전쟁이 끝난 후에 이라크 유전의 분할에 결정적인 역할을 했다.[8]

뉴욕 노동자 구역 지하에 미국 최대의 환경 파괴 사례가 숨겨져 있다. 6500만 리터가 넘는 석유가 땅을 오염시켰다. 그리고 그보다 1.5배나 되는 석유가 1989년에 '엑손 발데즈'의 유조선 사고로 알래스카 지역 환경에 해를 입혔다. 그 사고의 배후에 에너지 다국적기업 엑손이 있었다고 2007년 2월에 〈슈피겔〉이 보도했다. 엑손은 최대의 수익을 올리고 있으면서도 붕괴를 막기 위한 소처는 거의 취하지 않는다. 수송관이 새고 오일 탱크가 녹슬었는데도 지하수 보호를 위한 조치는 없었다. 이 때문에 2007년 1월에 뉴욕 구역과 뉴타운 크릭 강의 넓은 지역이 독성 화학물질과 기름으로 오염되었고, 그중에는 납, 벤졸, 케로신이 포함되어 있었다. 피어나는 독성 수증기는 주민들의 건강에 심각한 해를 끼쳤다.[9] 콘체른은 오일 유출에 대해 언급을 회피한다.[10]

우리가 할 일은?

불매운동을 벌인다. 그리고 자동차를 타는 횟수를 줄이고 비행기도 가능하면 타지 않는다.

기타 정보

- www.exxposeexxon.com

  수많은 자료와 단편영화가 있는 콘체른 캠페인
- www.exxon-files.eu

  '지구의 벗' 캠페인
- www.exxonsecrets.org

  그린피스가 정치적 권력 중심부와 콘체른과의 밀접한 관계를 밝힌다.
- www.erdoel-tschad.de

  중앙아프리카의 석유 프로젝트에 대한 정보

H&M Hennes & Mauritz AB

- **생산품, 상표**   의류, 화장품, 액세서리
- **홈페이지**   www.hm.com
- **회사 자료**   매출(2007): 98억 유로

    순수익(2007): 20억 유로

    고용인: 6만 8,000명

    본사: 스톡홀름(스웨덴)
- **문제점**   하청 공장의 착취적 노동 상태, 목화 채집에서 어린이 노동,

    노동조합 방해

H&M은 자체 생산 공장을 소유하지 않고 약 700개에 이르는 독립 제조 시 들과 함께 일한다. 생산의 약 60퍼센트가 아시아에서, 나머지는 주로 동유럽에서 생산된다. 도처에서 콘체른의 자체적인 지시에 따라 어린이 노동, 노동권 침해와 같은 폐해를 막기 위해 관리한다. 그 밖에도 H&M

은 노동조건을 관리하는 '공정근로협회Fair Labour Association'의 회원이라며 자랑한다. 이 조직은 실제로 수많은 콘체른들의 '깨끗한' 이미지를 포장하는 역할을 한다. H&M이 하청 공장의 리스트를 다 내놓지 않는 것으로 보아, 기업의 독자적 관리가 예전과 다름없이 불가능하다는 것을 알 수 있다.

뿐만 아니라 기업이 가격을 낮추고 있어서, 하청 공장들은 피고용인들을 착취하지 않을 수 없다. H&M이 하청 공장에 지시한 행동 규칙에 따르면, 물론 법정 최저임금을 지불하라고 한다. 그러나 최저임금은 결코 생활에 필요한 것을 충당할 수 있는 금액이 되지 않는다. H&M이 하청을 맡기는 캄보디아에서 최저임금은 한 달에 겨우 37유로밖에 되지 않는다. 다만 H&M만은 "어떤 종류의 일에 종사하는 사람이든 법정 최저임금과 요구하는 초과 수당을 받는다"고 확언한다.[1] 이때 '법정' 최저임금이라고는 하지만, 어떻게 한 달에 37유로로 살 수 있는지에 대해서 기업은 아무 말도 하지 않는다. 아무리 빈국에서 집세와 생필품이 유럽보다 싸다고 해도 말이다. 유명 메이커 물건 따위는 차치하고, 그들에게도 역시 필요한 물건이 있다. 게다가 유럽에서는 공적으로 지원되는 많은 부분, 즉 좋은 교육과 건강관리 등의 비용을 대려면 개인의 주머니를 털어야 한다. 그러니 H&M의 피고용인들에게는 꿈일 뿐이다. '플레이페어' 캠페인의 보고에 따르면, 의류 산업 근로자들의 평균임금은 초과 근무 수당과 보너스를 합쳐

50유로 정도다. 이 액수로 근로자들이 가족과 정상적인 생활을 누린다는 것은 말도 안 되는 소리다.[2]

2007년 말, 스웨덴 텔리비전 방송에서 H&M이 목화 수확에서 어린이 노동으로 이익을 취했음을 비난했다. 하청업자들이 우즈베키스탄에서 어린이들이 딴 목화를 사들였던 것이다. 우즈베키스탄은 세계에서 두 번째로 큰 면 수출국으로, 목화의 90퍼센트를 손으로 딴다. 그것도 어린이들의 손을 빌릴 때가 많다. 일하는 어린이 중에 가장 나이가 어린 아이는 일곱 살도 채 되지 않는다. 보고에 의하면, H&M은 어린이 노동에 대한 조처를 취하고, 생태학적으로 재배된 목화로 만든 제품 생산을 더 많이 늘리겠다고 통보했다.[3]

독일에서 서비스업 노동조합 베르디가 2008년 2월에 의류 콘체른이 경영참여근로자대표협의회를 고의적으로 집단 따돌림한 사실을 비난했다. 피고용인의 30퍼센트가 '불쾌한 상황'에서 일을 하고 있고, 300개가 넘는 H&M 상점 중에 단 64개 지점에만 경영참여근로자대표협의회가 있다고 한다. 노동조합에 따르면, 그 이유는 다음과 같다. 경영참여근로자대표협의회가 생기면 체계적으로 방해를 당하고 차별을 당하다가 결국 지쳐 떨어진다는 것이다. '슈피겔 온라인'에 따르면, 지점장이 해당자를 육체적 폭력으로 협박했다. 콘체른은 이 일에 대해 단호하게 반박했다. H&M은 경영참여근로자대표협의회의 창설을 '전적으로 완전히' 인정한다는 것이다. "하지만 개개의 경우에 지점장들이 경영참여근로자대표협의회와의 관계를 세심하게 다루지 못했을 수는 있다"고 변명했다.[4]

우리가 할 일은?

꼭 필요한 것만 산다. 그리고 가능한 한 지역에서 생태학적으로 생산되는 제품이나 중고품을 산다. 법을 떠나 공정한 최저임금을 보장하고, 모든 하청 공장을 포함해 그곳에 지불되는 임금의 리스트를 모두 공개하라고 H&M에 요구한다. info.de@hm.com

기타 정보

- www.cleanclothes.at

  오스트리아 '깨끗한 옷 캠페인'
- www.renaklader.org

  스웨덴 캠페인
- www.is.gd/KKg

  H&M에 대한 정보를 볼 수 있는 서비스업 노동조합 베르디 홈페이지

크래프트푸즈 Kraft Foods Inc.

- **생산품, 상표** 식품, 음료, 과자류, 브랜드로는 제이콥스, 하그 커피, 벤스도프, 카바, 슈샤르, 밀카, 피네사, 코트도르, 토블러론, 미라벨 모차르트쿠겔른, 다임, 미라콜리, 필라델피아 크래프트.
- **홈페이지** www.kraft.com
- **회사 자료** 매출(2007): 372억 달러

  순수익(2007): 26억 달러

  고용인: 9만 명

  본사: 노스필드, 일리노이즈(미국)
- **문제점** 원료 납품업체 착취

크래프트푸즈는 네슬레와 펩시 다음으로 세계에서 세 번째로 큰 식품 콘체른이다. 그리고 최대 초콜릿 생산 회사이기도 하다. "코트디부아르의 카카오, 알프스산맥의 우유, 설탕, 이것이 바로 그 유명한 연보라 포장으

로 싸인 밀카 초콜릿의 기본 재료입니다. 밀카는 크래프트푸즈가 전 유럽에 팔기 위해 독일 뢰라히에서 생산합니다." 크래프트푸즈 홈페이지에 나와 있는 말이다.[1]

그런데 코트디부아르의 카카오는 비인간적인 조건에서 생산되는 경우가 잦다. 서아프리카 국가에서는 수천 명의 어린이들이 노예 취급을 당하며 카카오 생산 현장에서 일한다. 많은 어린이들이 6세나 7세밖에 되지 않고, 이웃 나라에서 강제로 들판으로 끌려와 가혹한 조건 속에서 임금을 제대로 받지도 못한 채 힘겨운 강제 노동에 시달린다.[2] 그 결과 초콜릿 생산 회사가 악평을 얻게 되자, 2001년에 손해를 줄이기 위해 애쓰며 어린이 노동 퇴치 투쟁을 벌이겠다고 공표했다. 그러나 국제노동권리포럼은 기업이 카카오 생산에서 어린이 노동을 없앴음을 증명할 수 있지 않다고 보고했다. 어쨌든 크래프트푸즈가 적어도 그 방향으로 노력을 기울였다는 점은 확인했다.[3] 콘체른이 스스로 어린이 노동 착취 방지를 위한 기업 소속의 운동 단체에 지시를 내렸다.[4] 그렇지만 만족할 만한 결과는 얻지 못했다. 전과 다름없이 공정한 임금을 보장받지 못했기 때문이다.

반면에 회사는 세계시장 가격을 최대한 낮게 유지함으로써 이익을 보고, 그 결과 지역 생산자들은 착취와 무상 노동 인력의 나락으로 떨어지는 수밖에 없다. 공정무역협회의 보고에 따르면, 서아프리카 소작농들은 카카오를 1년간 수확해서 겨우 150유로를 벌었다. "초콜릿 생산 거대 콘체른이 수년 전부터 이 문제를 알고 있었지만, 카카오 원료의 값이 싼 이상 그들은 아무 조처도 취하지 않는다." 쥐트빈트 단체 대표 헬무트 아담이 이러한 상황을 비판했다.[5]

커피의 경우에도 사정은 비슷하다. 커피도 일반적으로 세계시장 가격이 낮고 가격 변동이 심한데, 콘체른이 세계 증시에서 가격을 조정하기 때문이다. 이처럼 낮은 가격 때문에 소작농과 농장 노동자들은 인간다운 생활을 할 수 없다. 크래프트푸즈는 최근에 커피 생산의 일부가 '지속 가능한 방식으로 재배되고' 환경보호 단체 '열대우림동맹'으로부터 관리를 받고 있다고 자랑한다. 더 나아가 맥도날드도 그 커피를 공급받는다고 한다. 그러나 여기에서 말하는 '지속 가능한 방식'이라는 개념은 '생태학적' 또는 '유기농'이라는 말과는 달리 법적인 보호를 받지 않는다. 다시 말해 공정무역도, 생태학적 생산도 보장되지 않는다는 뜻이다. 그리고 열대우림동맹은 산업 친화적인 단체로, 이 단체의 규정은 검증 마크가 붙는 공정무역 규정보다 훨씬 느슨하다. 초콜릿에 어린 노예들의 피가 녹아 있지 않고, 커피에 착취의 쓴맛이 담겨 있지 않는 제품은 오직 공정무역 인증 마크만이 보장한다.

우리가 할 일은?

커피, 초콜릿, 카카오 제품들은 공정무역 인증 마크가 붙어 있는 것만 산다. 크래프트푸즈 생산품도 공정무역 인증을 받으라고 요구하라. *presse@krafteurope.com*

기타 정보

- www.transfair.org

  공정무역 홈페이지
- www.thebroma-cacao.de

  카카오 생산에 대한 배경 정보
- www.gmtn.at

  오스트리아 금속, 의류, 식품 노동조합이 글로벌 착취의 수많은 경우에 대한 정보를 제공한다.
- www.is.gd/NbX

  학교 교육 영화 〈서아프리카의 어린이 노예〉를 주문할 수 있다.

마텔_{Mattel}

"환경, 건강, 안전에 대한 높은 기준"

- **생산품, 상표**   장난감. 바비인형, 피셔 프라이스, 빅 짐,
  마스터스 오브 디 유니버스 등
- **홈페이지**   www.mattel.com
- **회사 자료**   매출(2007): 60억 달러
  순수익(2007): 7억 3000만 달러
  고용인: 3만 명
  본사: 엘 세군도, 캘리포니아(미국)
- **문제점**   생산 하청 공장의 극심한 착취

마텔은 세계 최대의 장난감 생산 기업으로 바비인형으로도 유명하다. 비쩍 마른 금발 머리라는 미의 이상을 바비인형을 통해 창조했고, 세대를 거쳐 젊은 여성과 소녀들에게 영향을 미치고 있다. 현재 여성들의 그릇된 미의 추구는 거식증에 걸릴 지경으로 병적인 수준이 되었다.

바비인형을 비롯한 장난감이 소위 저임금 국가들, 특히 동남아시아에서 생산된다. 이 기업은 "모든 생산 설비는 회사 소유로 하고, 마텔의 전 세계 사업 파트너 회사에서 인간적 노동 및 생활 조건을 유지하고 이를 지속적으로 관철하는 책임 의식에 기초를 둔 글로벌 생산 원칙"을 자랑한다.[1]

그런데 현실은 2002년 초부터 다르게 보였다. 당시에 US 인권 단체 '국내노동위원회'가 발표한 중국 공장의 상황에 대한 보고를 살펴보자. 이 공장들은 마텔, 디즈니, 맥도날드, 월마트와 같은 콘체른의 장난감을 생산했다. 공장의 근로자들이 다섯 달 동안 뼈 빠지게 일하면서 단 하루도 쉬지 못했고, 하루에 13시간에서 16시간까지 일해야 했다. 근로자들의 시간당 임금은 겨우 11센트였다.[2] 콘체른은 이 비난을 잘못된 것이라 반박했다.[3]

2007년에도 같은 단체에서 5,000명의 피고용인을 부리는 중국의 다른 하청 공장의 실태에 대해 보고했다. 이 공장도 마텔, 맥도날드, 월마트 제품을 생산하는 곳이었다. 그곳에서는 근로자들이 하루에 14.5~17시간 동안 일하면서 일주일에 6일간 노동이라는 불법이 행해지고 있었다. 노동자들에게는 시간당 40센트를 지불했고, 규칙적으로 임금의 20퍼센트를 가로챘다. 초라한 방 하나에서 근로자들은 12명씩 잠을 자야 했고, 일하는 도중에 대화를 나누거나 지독하게 더운 공장 안에서 땀을 흘리다가 자리에서 일어나기라도 하면 처벌을 받았다.[4] 마텔은 처음에 공장의 상황에 대해 책임을 회피하다가, 나중에 감시팀을 보내서 조사하겠다고 약속했다.[5] 이후 이 기업은 하청 공장에서 계속되는 극심한 노동권 침해를 증명하는 감시팀의 정기적인 보고를 자체적으로 발표하기까지 했다.[6]

2007년 가을에 마텔은 유럽에서 평판을 해치는 기사가 대서특필되는 곤란에 처했다. 이 기업이 납 성분이 함유된 염료와 자석이 든 어린이 장난감을 수백만 개나 팔았기 때문이다. 어린이들이 쉽게 삼킬 수 있고, 건강에 심한 손상을 가져올 수 있는 제품이었다. 더욱 좋지 않은 것은 납이 뇌를 손상시킬 위험이 있다고 했다. 회사는 약 1900만 개의 제품을 회수하고 공개적으로 사과하는 한편, 중국 하청 공장이 아니라 기업이 이 일에 책임이 있음을 여론에 인정해야 했다.[7]

우리가 할 일은?

지역에서 생산되는 장난감을 산다. 항의 메일 보낼 곳: info.de@mattel.com

기타 정보

- www.nlcnet.org

  국내노동위원회가 글로벌 착취에 대한 정보를 제공한다.

- www.fair−spielt.de

  장난감 생산에서 공정 규칙을 마련하기 위한 독일 단체

맥도날드 McDonald's

"난 그걸 좋아해"

- **생산품, 상표** 패스트푸드 레스토랑
- **홈페이지** www.mcdonalds.com
- **회사 자료** 매출(2007): 228억 달러

  순수익(2007): 24억 달러

  본사: 오크브룩, 일리노이(미국)
- **문제점** 판매와 하청 공장에서의 착취,

  사료 생산에서 비롯된 파국적인 생태학적, 사회적 결과

맥도날드의 자체 발표에 따르면, 전 세계 3만 개 체인점에서 하루에 5200만 명이 맥도날드 제품을 먹는다. 맥도날드는 지구에서 가장 큰 레스토랑 체인점인 동시에 세계 최대 소고기 소비자이기도 하다. 햄버거와 치킨 맥너겟을 만들 때 쓰이는 소와 닭을 먹이는 사료는 주로 브라질과 같은 가난한 나라에서 수입한다. 이 때문에 브라질에서 동물 사료에 쓰이는 콩이 어

마어마한 규모로 단일경작된다. 토착 농부들은 지역의 대지주로부터 대부분 최저임금밖에 받지 못하고, 어떤 농부들은 노예처럼 착취당하기도 한다. 국민의 다수가 기아에 허덕이고 있는데도 비옥한 땅이 지역 농산물을 생산하는 데 쓰이지 못한다. 1헥타르의 땅에 곡물을 기르면 동물 사료 생산에 쓰이는 것보다 일곱 배나 많은 사람이 먹을 수 있다. 다시 말해, 부자들의 소가 가난한 사람들의 밥을 먹는 셈이다.[1] 브라질에서 콩 재배를 하는 농업 회사가 우림을 벌목하고 토착민들의 생활 터전을 파괴한다. 2006년 그린피스 캠페인에 따라, 맥도날드는 아마존 지역에서 새로 개간해 얻은 땅에서 생산된 유전자조작 콩을 수입하지 않겠다고 약속했고, 그 일로 환경 지킴이라는 칭찬까지 들었다.[2] 그러나 사료 수입으로 인해 생기는 착취와 기아의 문제는 여전히 조금도 해결되지 않았다.

2007년 9월, 소비자단체 '푸드워치'가 맥도날드를 비난했다. 독일만 계산해도 햄버거를 만드는 데 들어가는 소고기가 하루에 10만 킬로그램인데, 유전자조작으로 생산된 사료를 먹여 기른 소를 썼기 때문이다. 이에 맥도날드는 유전자조작이 이루어지지 않은 사료를 시장에서 충분히 구할 수 없었기 때문이라고 변명했다.[3]

가난한 나라에서는 배고픔을 초래하는 소가 우리에게는 비만의 원인이 된다. 특히 어린이와 청소년의 비만이 심각하다. 빅맥과 탄산음료는 건강하고는 거리가 먼 음식이다. 그런데도 맥도날드는 햄버거만이 아니라 어린이들을 대상으로 장난감을 끼워주는 '해피밀'까지 팔고 있다. 2000년 여름에 홍콩의 기독교 단체가 보고하길, 해피밀을 만들기 위해 12~13세의 어린이 160명이 착취당했는데 허위 증명서로 나이를 속이고 일당으로 겨우 1.50유로를 받고 일했다고 한다.[4] 《나쁜 기업》에서 그 일을 고발하자, 맥도날드의 대표자가 착취 실태를 인정하며 이를 개선하기 위해 모든 조치를 다 취했노라고 확언했다. 그런데 2005년에 해피밀 장난감을 제작한 베트남 근로자들이 입을 열었다. 그들은 '짐승' 취급을 받으며 일했다고 증언했다. 하루에 12시간 일을 하는 것은 기본이었고, 하루에 단 두 번 화장실에 갈 수 있었다고 한다. 또 근로자들에게 하루에 딱 한 번 물 한 잔을 주었다고 한다.[5] 〈포브스〉의 기사에 대해 맥도날드는 비난을 매우 진지하게 받아들였다고 강조했다. "우리는 하청업자들에 대한 엄격한 행동 규칙을 가지고 있고, 피고용인들을 품위와 존중으로 대해야 한다고 규정하고 있다."[6] 2006년에 맥도날드와 디즈니 그리고 하스브로Hasbro의 제품을 납품하는 중국 공장에서 이상한 상황이 벌어졌다. 경찰이 불법적인 노동 조건에 항거했다는 이유로 근로자들을 체포한 것이다. 근로자들은 일하는 기계처럼 취급당하는 것을 더 이상 참을 수 없었고, 한 달에 70시간까지 초과 근무를 하면서 고작 55유로도 되지 않는 임금을 받는 열악한 상황에 항거했다. 한 달에 55유로로는 중국에서도 가족을 먹여 살리기는커녕 생활이 불가능하다는 것은 두말할 필요도 없다. 이때에도 역시 맥도날드는 우려를 표명하면서 하청 공장에 엄격한 행동 규범을 지시했다.[7] 하지만 문제는 다국적기업의 하청 공장업자들이 재정적으로 심하게 억압당하기 때문에 근로자들에게 같은 억압을 계속 전달하는 것밖에 달리 방법이 없다는 사실이다.

맥도날드는 유럽에서도 피고용인들을 착취했다. 2007년 ZDF 시사 방송 '프론탈 21'에서 맥도날드가 피고용인을 해고하고, 경영참여근로자대표협의회를 괴롭히고, 위생과 안전 의무를 위반한 실태를 보고했다. 일례로 종업원들이 장갑도 끼지 않고 화장실을 청소한 후에, 손도 씻지 않은 채로 튀김기로 돌아왔다. 이 실태를 예전 교대 근무 조장이 보고했다. 그리고 손님의 역겨운 악몽은 사실로 확인되었다. "나는 햄버거에 침을 뱉는 동료들을 끊임없이 해고했다. 그런 동료들은 대부분 맥도날드에 좌절감을 갖고 있었다." 맥도날드에서는 그런 비난들을 조사하겠다고 약속했다.[8]

맥도날드에 가는 것은 사실 창피한 일이다. 여러분의 친구들에게도 맥도날드 기업의 파렴치한 간계에 대해 정보를 주라. 항의 메일 보낼 곳: info@mcdonald.de

기타 정보

- www.mcspotlight.org

  포괄적 정보지만 너무 오래된 것이라 유감스럽다.

- www.mcvideogame.com

  이 사이트에서 여러분이 직접 착취자 역할을 해볼 수 있다.

- www.foodwatch.de

  푸드워치 단체가 음식에 들어 있는 독과 식품 산업의 음모에 대해 정보를 준다.

- www.slowfood.de

  패스트푸드에 대항하는 즐거움이 가득한 반대 운동

마이크로소프트 Microsoft Corporation

"경제적 책임뿐만 아니라 사회적 책임도 맡는다"

- **생산품, 상표** 컴퓨터 구동 시스템, 소프트웨어와 부속품, 게임 콘솔 Xbox, MP3 Zune
- **홈페이지** www.microsoft.com
- **회사 자료** 매출(2007): 510억 달러

  순수익(2007): 185억 달러

  고용인: 7만 1,000명
- **문제점** 독점화 시도와 소프트웨어 특허권을 둘러싼 치열한 싸움, 중국에서의 인권침해 묵인

마이크로소프트의 창설자 빌 게이츠는 세계에서 세 번째로 부유한 갑부다. 빌 게이츠 한 사람이 소유한 약 600억 달러는 전 세계 50개 최빈국의 모든 국민들이 1년간 쓸 수 있을 만큼 어마어마한 돈이다. 그런데 그것으로도 부족한 모양이다. 마이크로소프트는 컴퓨터 산업의 수많은 분야

에서 거의 독점적 위치에 있는데도 더욱 독점권을 확장하려고 한다. 예컨대 기업은 자신의 '발명품'에 대해 모든 권리를 가지는 소프트웨어 특허권을 통해 독점적 위치를 확장할 수 있다. 복잡한 프로그램만이 아니라 때로는 마우스의 더블 클릭 같은 하찮은 것도 해당한다.[1] 마이크로소프트는 각각의 프로그램 단계마다 특허권을 설정함으로써 자유롭게 사용할 수 있는 오픈 소스 프로그램이 심각한 경쟁 상대가 되는 것을 막으려 한다. 경쟁을 전면 차단하려는 시도 때문에 마이크로소프트는 이미 벌금으로 약 5억 유로를 판결받았다.[2] 그 밖에도 빌 게이츠와 마이크로소프트는 '지식재산'을 전 세계적으로 보호해주는 TRIPS의 열렬한 옹호자이기도 하다.[3] 이 협정은 의약품과 같은 생명에 꼭 필요한 물건에도 적용된다. 그 결과 의약품의 특허세가 너무 비싸서 가난한 사람들로서는 도저히 약을 사서 쓸 수 없는 일이 벌어진다.

그와 동시에 빌 게이츠는 가난한 나라에서 에이즈와 말라리아와 같은 질병을 퇴치하기 위한 재단을 창설하기도 한다. 그래서 빌 게이츠는 많은 사람들로부터 선한 일을 하는 사람으로 칭송받는다. 실제로 투입한 재단의 자본에서 나온 수익은 오직 '공공의 이익'을 위한 프로젝트로 들어간다. 그런데 프로젝트가 실제 이용자들의 복지를 위한 것인지는 의견이 분분하다.[4] 재단은 자본의 일부를 대기업에 투자하는데, 그 일로 재단이 없애려고 하는 수많은 문제가 사실은 더 악화된다고 〈로스앤젤리스 타임스〉가 2007년 초에 기사를 냈다.[5] 예를 들어 게이츠재단은 에이즈 약을 너무 비싸게 팔아서 지구촌의 가난한 지역에 사는 많은 환자들이 도저히 약을 구입할 수 없게 만든 제약회사 애보트Abbott나 머크Merck와 같은 기업에 투자했다.[6] 한편 게이츠재단은 나이지리아에 소아마비와 홍역 예방 프로그램을 위해 1억 6700만 유로를 지원했다. 반면에 재단은 약 두 배에 이르는 돈을 나이지리아에서 석유를 태워 사람과 환경에 대대적인 해를 끼치는 독성 물질을 나오게 하는 콘체른에 투자했다.[7] 홍역 예방으로 게이츠재단에 감사하는 바로 그 어린이들이 연소되는 석유에서 나오는 유독가스를 맡고 극도의 호흡기 질환으로 고통받는다.[8] 이 비난에 대해 재단 대변인 여성은 투자 분야에 윤리적 평가를 내리는 일은 너무 복잡한 문제라고 답했다.[9]

국제사면위원회는 마이크로소프트를 비난하고, 구글과 야후도 마찬가지로 비난한다. 중국을 통해 인터넷 검열에 참여했기 때문이다.[10] 회사는 이익을 앞세워 중국 독재 정권의 억압에 고개를 숙이고 의견의 자유 침해에 동참했다. 중국의 MSN 스페이스 사이트에서는 '민주주의'와 '인권' 또는 '의견의 자유'라는 단어가 들어간 웹 블로그는 만들 수 없다. 2005년에 마이크로소프트는 중국 정부의 요청으로 그곳 저널리스트가 만든 국내 검열을 주제로 하는 블로그를 폐쇄했다.[11] 영국 신문 〈가디언〉의 보도에 따르면, 마이크로소프트의 경쟁자인 야후는 심지어 비판적 내용의 메일을 보낸 저널리스트의 개인 정보를 넘겨주기까지 했다. 그 후로 저널리스트는 체포되어 10년 구금형과 강제 노동을 선고받았다.[12] 해당 콘체른은 모두 자기들의 잘못이 아니라며, 다만 지역 법을 따라야 했을 뿐이라고 변명했다.[13] 과연 이런 것을 두고 빌 게이츠와 그의 회사가 '자유 시장 경제'하에서 하는 일이라고 이해해야 할까? 중국의 국가 주석 후진타오는 마이크로소프트의 창설자가 2006년 중국을 방문하자, 기뻐하며 이렇게 말했다. "당신, 게이츠 씨가 중국의 친구이니 나도 마이크로소프트의 친구요."[14]

우리가 할 일은?

가능한 한 자유롭게 사용할 수 있는 소프트웨어를 사용한다. 예를 들어 Linux-Distribution, OpenOffice.org, Firefox 등이 있다.

기타 정보

- en.wikipedia.org/wiki/Criticism_of_Microsoft

  마이크로소프트를 비판하는 위키피디아 사이트

- www.is.gd/O8Q

마이크로소프트, 야후, 구글에 대한 국제사면위원회의 보고

- www.irrepressible.com

  인터넷상에서의 검열과 억압을 반대하는 국제사면위원회 캠페인

- www.googlefalle.com

  구글에 대한 흥미진진한 책 《인터넷에서의 통제되지 않는 세계 권력》이 있다.

- www.fsf.org

  '프리소프트웨어파운데이션'이 자유롭게 사용할 수 있는 소프트웨어를 위해 노력한다.

몬산토 Monsanto Company

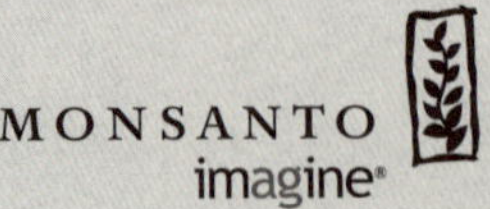

- **생산품, 상표**   인공감미료, 농약, 유전자조작으로 생산된 종자
- **홈페이지**   www.monsanto.com
- **회사 자료**   매출(2007): 86억 달러

                  순이익(2007): 14억 달러

                  고용인: 1만 7,000명

                  본사: 세인트루이스, 미주리(미국)

- **문제점**   유전자공학과 특허권을 이용해 농업 자원을 지배하려는 시도,

                  농부를 대상으로 속박 계약, 회사 생산품의 위험성 은폐,

                  하청업체의 어린이 노동

몬산토는 주로 유전자공학과 종자, 농약 출시에 독점권을 주는 특허권으로 돈을 번다. 기업의 주장으로는 유전공학과 특허권으로 농산물 생산을 늘려서 세계의 기아를 퇴치할 수 있다고 한다.[1] 반대로 비판자들은 몬산

토가 전 세계의 농업을 손아귀에 쥐고 조종하려는 의도를 우려한다. 이미 2001년에 전 세계에서 재배된 유전자조작 식물의 90퍼센트가 몬산토의 것이었다.[2] 그 덕에 콘체른은 기아에 허덕이는 사람들로서는 도저히 감당할 수 없는 비싼 특허세를 챙길 수 있었다. 실제로 단 하나의 회사가 곡물 종자의 전 세계 생산에 대해 권력을 가지고 있다면 어떻게 될지 생각해보라!

"몬산토는 전 세계적 종자 독점을 이루기 위해 마치 톱니바퀴가 맞물린 것 같은 교묘한 전략을 쓴다"고 그린피스가 보고서를 통해 발표했다.[3] 그 내용을 좀 더 자세히 살펴보면 이렇다. "정치와 학문 분야에 영향력을 행사하고, 경쟁 기업을 사재기하며, 공격적으로 특허권을 취득하고, 농업을 통제하며, 유전자 변이 식물이 재배되는 대경작지 오염을 감수한다." 경작지 오염이란 유전자 변이된 식물의 일부가 통제되지 않고 널리 퍼진다는 뜻이다.[4] 무엇보다 특히 라틴아메리카의 지역 기업들이 유전자 변이 콩을 재배하기 위해 전 우림을 벌목해서 개간함으로써 중요한 생태계와 토착민들의 생활 터전을 파괴한다.[5] 북아메리카에서는 전통적 옥수수 및 콩의 종자 절반 이상, 그리고 유채 씨앗의 거의 전량이 몬산토의 유전자 변이 종자로 '전염'되었다.[6] 게다가 오늘날에는 유전자 변이 기술로 발아 능력을 억제한 씨도 만들 수 있다.[7] 몬산토는 어떤 경우에도 이윤을 추구하기 위해 그런 기술을 사용한 적이 없고, 소작농이 곡물 종자를 계속 사용하지 못하도록 한 적이 없다고 단언했다.[8] 그렇지만 이러한 우려가 근거가 없지 않다는 사실을 미국의 사정을 들여다보면 쉽게 알 수 있다. 미국에서 몬산토는 소작농에게 속박 계약을 맺게 만들어 종자를 다음 해에 계속 파종할 수 없도록 했다. 이는 수천 년을 이어 거듭 씨를 뿌려온 농업 방식을 거스르는 일이다. 그런데도 씨앗을 계속 심는 농부는 어마어마한 금액의 벌금을 물어야 했다고 온라인 매거진 〈텔레폴리스〉는 전한다. 몬산토는 무료 상담 전화 서비스 중 기업의 특허권 위반 혐의가 있을 경우 경고를 받을 수 있다고 스스로 말했다.[9] 그러나 최근 10년 사이에 농부들을 상대로 겨우 120번밖에 소송을 걸지 않았다고 했다.[10]

몬산토는 수십 년간 기업의 생산물이 사람과 환경에 끼치는 위험한 영향을 은폐해왔다. 다른 기업들과 더불어 몬산토는 제초제 헤르비지드를 공급했는데, 그 일로 '에이전트 오렌지Agent Orange'(월남전에서 미군이 쓴 고엽제로, 용기가 오렌지색이다─옮긴이)라는 이름으로 슬픈 유명세를 얻었다. 이 제초제는 특히 1960년대 베트남전쟁에 투입되어 그곳 국민들의 농경지를 파괴했다. 이후 480만 명에 이르는 베트남 국민들이 에이전트 오렌지로 인해 기형과 암을 비롯해 각종 질병에 시달렸다. 지금도 헤르비지드에 노출된 부모에게서 심각한 기형아가 태어난다. 하지만 베트남 희생자가 생산 회사를 상대로 낸 소송은 2008년 2월에 미국 법정에서 기각되었는데,

제초제가 미군의 권유로 생산되었다는 이유에서였다.[11]

　인도에서 몬산토는 비싼 목화 종자를 판매했는데, 기록에 남을 만한 엄청난 수확량을 약속했다. 그 결과는 빚더미에 나앉은 수많은 농부들의 자살 시도였다. 인도 정부의 자료에 따르면, 2003년 한 해에 1만 7,000명이 넘는 인도 농부들이 자살로 생을 마감했다.[12] 이에 몬산토 측은 농부들의 자살과 기업과는 아무 상관이 없으며, 오히려 목화 종자로 농부들에게 성공할 수 있는 길을 마련해주었다고 주장했다.[13]

　같은 해에 네덜란드 인권 단체가 내놓은 연구에 따르면, 몬산토와 바이엘, 유니레버 등의 콘체른이 인도에서 종자를 생산할 때 어린이들을 착취해 이익을 취했다.[14] 몬산토는 처음에 단호하게 부인했다.[15] 2007년, 같은 인권 단체에서는 어느 정도 수위가 낮아지기는 했지만, 문제점은 전과 다름없이 해결되지 않았다고 보고했다.[16] 경제 잡지 〈포브스〉도 2008년에 몬산토로 인해 인도에서 벌어지는 어린이 노동 착취에 대해 기사를 냈다.[17] 몬산토는 그 기사가 '극단적으로 잘못된' 기사라고 혹평[18]하면서 어린이 노동을 포기하는 농부들에게 보너스를 지급함으로써 어린이 노동을 20퍼센트에서 5퍼센트로 낮추었다고 강조했다.[19] 물론 〈포브스〉는 하청 농부의 증언을 인용하여 기사를 냈다. 농부는 어린이 노동을 이용했을 때와 비교해서 보너스까지 합쳐도 결과적으로 돈을 더 적게 벌었다고 말했다.

2006년 말에 WDR 방송이 몬산토가 돼지의 유전질 부분을 해독했고, 전 세계에 특허를 내려고 한다는 보도를 전했다. 그 일로 돼지 사육업자들이 몬산토에 의존하게 될 위험에 처했다.[20] 몬산토는 이를 반박하면서 점차 돼지 사육 산업에서 손을 뗄 것이라고 말했다.[21]

우리가 할 일은?

몬산토는 국민들의 반대를 무릅쓰고 중부 유럽에서도 그들의 생산품을 퍼뜨리려 한다. 정당들도 이를 반대한다. 독일에서 유전자 변이 옥수수를 반대하는 사람들이 어떤 방식으로 대항하는지 다음 사이트에서 볼 수 있다. http://is.gd/oli.

기타 정보

- www.greenpeace.de/themen/gentechnik

  몬산토에 대한 비판

- www.freie-saat.de

  종자를 독점하려는 몬산토의 시도에 관한 정보

- www.is.gd/Pr5

  인도의 목화 재배지에서 벌어지는 어린이 노동에 대한 보고

- www.is.gd/PqC, www.is.gd/jPq

  아르테 방송의 다큐멘터리 〈몬산토, 독과 유전자를 가지고〉

- www.is.gd/jPs

  독일 WDR 방송 다큐멘터리 〈불쌍한 돼지〉

네슬레 Nestlé

"좋은 식품, 좋은 인생"

- **생산품, 상표** 식품과 기호식품, 상표는 네스카페, 네스퀵, 네스프레소, 카로, 뫼펜픽, 쇨러, LC1, 알레테, 페리에, 비텔, 부이토니, 헤르타, 마기, 토미, 애프터 에이트, 킷캣, 리온, 넛츠, 스마티스 등
- **홈페이지** www.nestle.com
- **회사 자료** 매출(2007): 660억 유로

  순수익(2007): 66억 유로

  고용인: 27만 6,000명

  본사: 베베이(스위스)
- **문제점** 원료를 얻는 과정에서의 착취, 세계에서 추방된 출시 방식으로 유아 식품 판매, 식수의 사유화

네슬레는 세계 최대의 식품 콘체른이다. 네슬레는 많은 제품을 그 나라의 농업 방식 자체가 인권을 전혀 보호하지 못하는 나라에서 생산한다. 특히 카카오와 커피를 수확하는 과정에서 사람들이 착취당한다. 세계 카

카오 생산의 대부분을 차지하는 코트디부아르에서 수천 명의 어린이들이 노예와 다름없이 일한다. 네슬레는 공정무역를 보장한다는 열대우림연맹의 회원이라고 자랑한다. 실제로 열대우림연맹은 산업을 우선시하는 단체로서, 인증 마크를 붙이는 진정한 공정무역협회보다 규칙이 훨씬 더 느슨하다. 요즘 초콜릿에 어린이 노예의 피가 묻어 있지 않고, 커피에 착취의 쓴맛이 섞여 있지 않음을 보장하는 곳은 오직 공정무역협회밖에 없다. 네슬레는 시장을 이끄는 주도자로서 극단적으로 불안정하고 낮은 세계 카카오 가격에 큰 영향력을 행사한다. 그래서 소작농과 농부들의 비참한 가난에 공동의 책임이 있다.

　수년 전부터 인권 단체들이 네슬레 기업의 유아식 출시 방식을 비판하고 나섰다. 네슬레는 주로 가난한 나라에 끊임없이 광고하고, 수유하는 젊은 엄마들에게 보너스 제품을 뿌리는 식으로 제품을 팔아치우려 한다. 세계보건기구에 따르면, 매년 150만 명의 아기들이 수유를 받지 못해 죽어간다. 많은 나라에서는 분유를 사용하는 게 위험하다. 가난한 여성들이 깨끗한 물을 얻을 수 없어서 분유를 탈 때 오염된 물을 사용할 수밖에 없기 때문이다. 모유야말로 한결같이 아기에게 가장 안전한 식품이다. 국제불매단체("네슬레가 아기를 죽인다"[1])와 국제연합기구의 반대 운동에 따르면, 네슬레는 광고를 자제하겠다고 약속해놓고 계속해서 광고를 하고 있다.[2] 그러자 영국 신문 〈가디언〉이 2007년 5월에 네슬레 대표가 방글라데시의 산부인과에서 모유의 대안으로 분유를 먹이라는 광고를 강력하게 추진했다는 기사를 냈다. 그러나 네슬레는 WHO의 규칙을 어겼다는 사실을 부인했다.[3]

네슬레는 또 식수로 사업을 하기 위해 식수의 사유화에 적극 뛰어든다. 식수는 모든 사람의 생존에 필수적이다. 그런데 식수가 물건이 되고 있고, 이것이 세계에서 가장 가난한 국가들에 직접적인 타격을 준다. 영화 〈우리가 세계를 먹인다〉[4]에서 그 일에 대해 당시 네슬레 대표 페터 브라벡이 말한다. "문제는 우리가 국민들이 널리 사용하는 식수 시설을 사유화할 수 있느냐 없느냐 하는 것이다. 식수를 사유화하는 문제에는 두 가지 상이한 의견이 있다. 한 가지 의견은 내가 보기에 극단적이라고 말할 수 있는데, 비정부기구의 몇몇이 주장하는 소리다. 이들은 식수에 대한 공공의 권리를 집요하게 주장한다. 다시 말해, 사람이니까 무조건 물을 소유할 권리가 있다는 것이다. 그것은 극단적인 견해다." 그의 말대로 물에 대한 권리가 '극단적인 견해'라면, 우리 모두가 극단주의자가 되는 셈이다.

콜롬비아에서는 노동조합원들이 수년 전부터 네슬레를 비난했다. 기업이 유통기한이 지난 식품을 팔고, 노동조합을 억압할 뿐만 아니라, 콜롬비아에서 매우 빈번하게 벌어지는 일이지만 조합원들에게 폭력을 행사해 이득을 취했기 때문이다.[5] 스위스 인권동맹 '멀티워치'의 문서에 나오는 내용을 보자. "네슬레의 지배적 위치는 또한 파탄에 이른 나라의 극심한 정치적 상황에서 이익을 취할 줄 아는 능력을 특징으로 한다."[6] 스위스 뉴스 중개 프로덕션 sda의 보도에 대해 네슬레 기업 대변인은 비난의 많은 부분이 완전히 날조되었다고 주장했다.[7]

수많은 스위스 매스컴이 2008년 6월과 7월에 보도한 내용에 따르면, 아탁이 《네슬레, 세계 콘체른의 해부》[8]를 쓰기 위해 기업들의 간계를 조사하던 당시에, 스위스 보안회사 세큐리타스가 네슬레와 계약을 맺고 글로벌화 비판자로 위장한 여성 요원을 편집 팀에 잠입시켰다.[9] 네슬레는 '슈피겔 온라인'에 발표하기를 "2003년 G8이 진행되는 동안 벌어진 시위에 대해 '적절하고 완전히 합법적인 조처'를 취했다고 주장했다.[10] 그러나 그들의 의심스러운 염탐은 물론 G8 이후에 비로소 시작된 것이었다.

우리가 할 일은?

커피, 초콜릿을 비롯해 카카오 제품들은 공정무역 인증 마크가 있는 것만 산다. 정부와 정당에게 식수의 사유화를 중단하라고 요구한다.

- schweiz.attac.org/-Nestle-Kampagne-

  책까지 발송하는 아탁의 네슬레 캠페인

- www.babynahrung.org

  유아식 행동 단체가 네슬레 불매운동을 촉구한다.

- www.is.gd/jPS

  콜롬비아에서의 네슬레 행위에 대한 보고

- www.is.gd/olu

  영화 〈우리가 세계를 먹인다〉에 나오는 네슬레 대표 브라벡을 볼 수 있다.

노키아 Nokia

"성공은 비밀이다. 노키아에서 그 비밀은 사람이다!"

- **생산품, 상표**　휴대전화, 셋톱박스Set-Top-Boxen, 네트워트 기계,
  BMW와 아우디 자동차의 스피커
- **홈페이지**　www.nokia.com
- **회사 자료**　매출(2007): 510억 유로
  순수익(2007): 80억 유로
  고용인: 11만 2,000명
  본사: 에스푸(핀란드)
- **문제점**　휴대전화 생산에서 벌어지는 착취적 노동조건

　　노키아는 전 세계 40퍼센트에 이르는 시장 점유율을 가진 휴대전화 최대 생산업체다. 이들은 행동 규범으로 좋은 이미지를 만든다. 하지만 핀란드 인권 단체가 2005년 3월에 내놓은 보고서에 의하면, 중국 하청 공장에서는 이 규범을 더 이상 따르지도, 관리하지도 않는다.[1] 중국에서는

관행적인 일이지만, 노키아 하청 공장에서 일하는 근로자들은 노동조합을 결성해서도 안 되고 생존을 보장해주는 액수는 고사하고 법정 최저임금도 받지 못한다. 근로자들은 한 달에 45~75유로를 받는다. 이 수입에서 다양한 이유의 '벌금'을 물어야 한다. 초과 근무와 끊임없는 욕설은 일상이다. 이에 노키아는 기업이 국제 기준을 지키고 있으며, 그 기준이 심지어 지역적 관습을 넘어설 정도라고 강조하며 더 많은 개선을 약속했다.[2]

2006년 말 네덜란드 단체는 태국의 노키아 하청업체의 피고용인들이 무방비 상태로 독성의 납이 함유된 납땜 재료로 작업한다고 보고했다. 회사는 근로자들에게 몸을 씻으라고 매일 우유 1리터를 주었는데, 그 우유가 몸에 묻은 독성 물질을 씻어냈다고 했다. 다른 하청업체에서는 근로자들이 하루에 12시간을 작업해야 했다. 그리고 주말과 공휴일에도 빠짐없이 일했다. 초과 근무 수당은 주지 않았다.[3] 노키아는 그런 보고를 오류가 많은 내용이라고 항의하면서도, 필요하다면 개선하겠다고 약속했다.[4]

독일에서는 2008년 초에 노키아가 보쿰 지방에서 제작을 그만두고 루마니아에서 생산하겠다고 공표하자, 대대적인 시위가 일어났다. 시위 참가자들은 약 2,300명에 이르는 피고용인들을 포함해 하청업체 직원과 차용 노동자 2,000명이었다. 노키아는 1989년부터 독일 정부로부터 착수금으로 총 8800만 유로를 받았다. 이는 모두 국민의 세금이다. 정부가 노키아를 지원해준 이유는 이 기업이 많은 일자리를 창출하겠다고 약속했기 때문이다.[5] 〈슈테른〉의 2008년 1월 설문 조사에 따르면, 독일인 56퍼센트가 노키아 불매운동에 참여하겠다는 의사를 밝혔다.[6] 이제 기업은 적어도 지역에 투자를 지원해야 한다. 매스컴 보도에 따르면, 루마니아 피고용인들이 평균적으로 한 달에 170~238유로를 받는데, 이는 평균임금 320유로의 절반에도 미치지 못하는 적은 액수다.[7] 루마니아노동조합연맹은 노키아와 관련해 "새로운 형태의 노예제"라고 말한다. 노키아는 더 나아가 루마니아의 노동법을 바꾸어 주당 60~70시간까지의 근무를 합법으로 만들려고 애쓴다.[8] 노키아는 각각의 국가에 통용되는 법률의 범위 내에서 노동권에 합의하고 적용해야 한다는 사실을 공공연하게 부인한다.[9]

우리가 할 일은?

노키아로 인해 일자리가 없어진 것을 독일 정부가 한탄하는 일은 기만에 지나지 않는다. 결국 정부가 스스로 신자유주의 입지 경쟁을 위한 자리를 마련해주지 않았는가. 거대 콘체른은 장기적 안목으로 볼 때 결코 일자리를 보장해주지 않으며, 사회체제에 합당한 기여도 하지 않는다. 오히려 중소기업을 장려하는 편이 낫다!

기타 정보

- www.is.gd/oIG

중국에 있는 노키아에 대한 연구

- www.is.gd/jQc

  태국에 있는 노키아에 대한 연구 〈The high cost of calling〉

- www.gep.de/ezef

  이 사이트에서 훌륭한 영화 〈좋은 회사 – 노키아 메이드 인 차이나〉를 주문할 수 있다.

지멘스 Simens AG

SIEMENS "사회적 책임을 맡는다"

- **생산품, 상표** 전화기, 오스람 전구, 터빈, 궤도 차량, 자동화 기계, 동력 장치 기계, 의료기기, 화물차 기계, 보안 기계, 보쉬 가전제품, 후지쓰 지멘스 컴퓨터 등
- **홈페이지** www.siemens.com
- **회사 자료** 매출(2007): 724억 유로

  순수익(2007): 40억 유로

  고용인: 41만 9,000명

  본사: 베를린과 뮌헨(독일)
- **문제점** 위험한 원자력발전소 건설 참여, 댐 건설 프로젝트를 통한 수많은 사람들의 대량 추방 및 생활 터전 파괴

지멘스는 전자기술과 전기제품 분야에서 세계에서 가장 큰 회사에 속한다. 또한 "원자력발전소의 건설과 발전에 있어서 세계적인 주도자"라는

사실을 자랑스럽게 여기는 프랑스 회사 아레바 NP의 34퍼센트 지분을 가지고 있는 콘체른이기도 하다.[1] 아레바가 건설한 원자력발전소까지 계산하면 지구상의 어떤 기업도 원자력발전소를 이보다 더 많이 건설한 곳은 없을 것이다. 수십만 명의 희생자를 낸 체르노빌 원전 사고를 통해 알게 된 것처럼, 원자력은 우리 시대의 가장 위험한 기술이다. 그런데 몇 년 전부터 원자력 로비 활동이(거기에 지멘스도 속한다) 핵에너지가 기후 문제의 해결책이라고 선전하고 있다. 물론 그 주장이 완전히 틀렸다는 근거는 수없이 많이 댈 수 있다. 원자력은 높은 비용 때문에 에너지 수요를 충당할 수 없고, 온실효과를 일으키는 가스를 생산하며, 지속적인 에너지에 대한 투자를 가로막는다.[2] 그보다 원자력발전소가 예전과 다름없이 생명에 위협이 된다는 점, 그리고 방사능 폐기물이 지구와 후세에 해를 끼친다는 점이 훨씬 더 심각한 단점이다.

거기에 아레바가 중국[3], 리비아[4], 아랍에미리트[5] 등의 독재국가에 원자력발전소를 건설하고 싶어 하는 것도 문제다. 이에 '비판적 주주' 단체의 상부 조직이 의문을 제기했다. "리비아와 아랍에미리트 국가들이 시민들을 위한 원자력발전소를 건설하는 것이 아니라, 갑자기 핵에너지를 군사적 용도로 오용하지 않는다고 지멘스가 어떻게 보장할 것인가?"[6]

지멘스는 또 수력발전소 건설 기업 보이트 지멘스Voith Siemens[7]의 지분 35

퍼센트를 소유한 양대 소유주이기도 하다. 보이트 지멘스는 주로 가난한 나라에 건설하는 수많은 거대한 댐에 터빈과 발전기를 공급한다. 이들 나라에서 거대한 댐 건설 사업의 생태학적 기준은 유럽에서는 상상할 수 없을 정도로 낮다. 세계 최대 수력발전소 사업인 중국의 산샤 댐 건설에 지멘스와 보이트 지멘스 회사가 참여했는데[8], 도시와 마을 전체 그리고 희귀한 생태계를 완전히 파괴하고, 140만 명의 주민들을 강제 이주시켰다. 앞으로 최대 400만 명의 주민들(오스트리아 인구의 절반에 해당한다)이 같은 운명에 처하게 된다.[9] 수많은 사람들이 생활 터전을 잃었다. 피해액은 짐작할 수 없을 정도다. 보이트 지멘스는 인도의 옴카레쉬와르Omkareshwar 댐 건설에도 참여했다. 그곳 주민 5만 명이 고향을 잃었다.[10] 콘체른은 옛날부터 그런 큰 사업이 손해보다 더 큰 이익을 가져다줄 것이라고 주장해왔다.[11] 과연 누구에게 이익이 될까?

2008년 6월, 이라크 정부가 국제 거대 콘체른 10여 곳을 상대로 고소를 제기했다. 이들 기업이 독재자 사담 후세인 정권에 수십억에 달하는 뇌물을 주었다는 이유에서였다. 7월 초에 수많은 독일 매스컴이 금융정보통신 〈블룸버그〉가 제공한 자료를 인용하여 보도한 내용을 보면, 고소를 당한 기업 중에 지멘스와 다임러크라이슬러도 속해 있다. 손해배상금에 대한 소송은 뉴욕연방법원에 제기되었다.[12] 지멘스는 고소에 대해서 1월에 "지금까지 우리가 아는 바에 의하면 공동 작업자가 행한 형법 위반은 없었다"[13]라고 반박했다.

지멘스는 또 브라질 군사독재(1964~1985년) 시대에도 그곳에 원자력발전소 건설을 도운 적이 있다. 물론 원자력발전소는 군사적인 목적이 있었는데, 2000년에 와서야 비로소 가동되었다.[14] 그와 같이 거대한 사업은 나라를 채무 위기로 몰아넣었다.[15]

2007년 말 지멘스는 엄청난 뇌물 사건으로 널리 알려지게 되었다. 전년도부터 총 13억 유로가 알 수 없는 곳으로 사라졌는데, 사람들은 외국에 뇌물로 썼을 것이라고 추측한다. 독일 검찰 외에도 형사소추 담당자들이 스위스, 이탈리아, 그리스, 헝가리, 중국, 인도네시아, 노르웨이, 이스라엘, 러시아에서 당시와 현재 지멘스 매니저를 색출하고 있다. 지멘스 기업 대표 페터 뢰셔는 뇌물 스캔들이 관행적인 일이라고 해명했다.[16]

한편 2006년 말 간부들의 월급이 30퍼센트나 올랐다.[17] 월급이 오르기 전에도 간부들은 일반 직원의 평균 월급보다 47배나 더 많이 받고 있었다. 근로자들은 꾸준히 줄어드는 임금 때문에 계속 해고당하고 있는 중이다. 기업은 다음 해에 1만 7,000개의 일자리를 없애겠다고 말했다.[18]

독일연방정부에 압력을 행사함으로써 독일 콘체른이 전 세계의 인권을 침해하고 사회체
계에 구멍을 내는 짓을 정부가 나서서 막도록 촉구한다.

기타 정보

- www.siemens-boykott.de

  '핵전쟁 예방을 위한 의사들'의 정보

- www.kritischeaktionaere.de

  '비판적 주주' 단체가 독일 콘체른의 위반 사항을 고발한다.

- www.narmada.org

  '나르마다 강의 친구' 단체가 지멘스 댐 건설에 반대하는 투쟁을 벌인다.

01 세계는 누구의 것인가?

1. 〈Fortune Magazine〉, 2007. 8. 20., World Bank, 2007. 7. 1., 〈UNDP Human Development Report〉, 2006. 11. 9.

2. World Wealth Report에 의하면, 10만 명에 달하는 사람들이 미화 3000만 달러의 재산을 가지고 있다.

3. '게이츠 재단의 지저분한 사업: 어린이들을 감염시키면서 홍역 접종을 한다', 〈Süddeutsche Zeitung〉, 2007. 1. 10.

02 콘체른의 세계

1. 〈Fortune Global 500〉, Weltbank für 2006.

2. 각 국가마다 상이한 가격 수준에 균형을 맞추는 구매력기준KKS으로 측정. http://europa.eu/abc/keyfigures/qualityoflife/index_de.htm

3. 표준, 2006. 9. 21.

4. 유럽위원회 위원 마리오 몬티가 1998년에 계산한 바에 따르면, 유럽연합에서 노동에 대한 평균 세금이 지난 15년간 35퍼센트에서 42퍼센트로 올랐다(동시에 자본에 대한 세금은 45퍼센트에서 35퍼센트로 줄었다). 오스트리아에서 전체 세금 수입 중 기업수익세는 1965년 이후로 27퍼센트에서 14퍼센트로 절반이 줄었다. 같은 시기에 전체 세금 수입 중 노동세의 몫은 10퍼센트에서 30퍼센트로 올랐다.

5. 'Die schlimmsten Strippenzieher der EU', Spiegel online, 2007. 10. 16.

03 휴대전화를 위한 전쟁

1. 도미니크 존슨, '장관이 생기려 한다', ⟨die tageszeitung⟩, 2000. 11. 21.
2. 가명이다.
3. Sixth report of the Secretary−General on the United Nations Organization Mission in the Democratic Republic of the Congo, 2001. 2. 12.
4. '바이엘이 비난을 극구 부인하다', Presseinformation, 2001. 8. 31.
5. Nikolaus Förster: '바이엘: 악순환', Financial Times Deutschland, 2001. 8. 29.
6. 'Final report the Panel of Exports of the Illegal Exploitation of Natural Resources and Other Forms of Wealth of the Democratic Republic of the Congo', 유엔 안전보장이사회, 2002. 10. 16.

04 글로벌화가 부른 가난

1. 이케아 카탈로그 2001, 19쪽.
2. 2000. 12. 11. 저자와의 인터뷰.
3. '현대의 노예들', Stern, 43/1999.
4. Play Fair 2008: 올림픽 로고가 부착된 제품 생산의 노동조건에 대한 보고.

05 만들어진 기아

1. 1997. 3. 26. 저자와의 인터뷰.
2. www.greenpeace.de/themen/gentechnik/welternaehrung도 참고하라.
3. 'Cocoa Industry Fails to Deliver on 2008 July 1, Child Labor Commitments', ILRF 2008. 6. 30.
4. "Child cocoa workers still 'exploited'", BBC, 2007. 4. 2.
5. '성불구가 된 바나나 채취 노동자를 위한 수백만에 이르는 손해 배상금', Spiegel online, 2007. 12. 21., 그리고 'Nemagön: un pesticida devastador', BBC Mundo, 2007. 7. 20., www.nicanet.org, www.nemagon.info
6. '바나나 농장의 치명적 바이엘 살충제', 바이엘 위해 반대 조합, 7/2000.

07 병든 사업

1. Christian Felber : '빈자의 약국', Die Presse, 2007. 8. 24.
2. 'Pfizer Faces Criminal Charges in Nigeria', Washington Post, 2007. 5. 30., 그리고 '나이지리아에서의 치명적 실험', Spiegel online, 2001. 8. 30.
3. '화이자제약이 어린이 대상 실험으로 고소를 당하다', Die Welt, 2008. 6. 5.
4. Markus Grill: '병든 사업, 제약산업이 어떻게 우리를 조종하는가', Reinbek bei Hamburg, 2007.

09 세계는 우리 것이다!

1. '수렁에 빠진 유럽이 끝장나는 곳', Die Zeit, 2005. 7. 21.

10 스스로 세계를 만든다!

1. www.jugendkongress-muenchen.de
2. www.adbusters.org, 독일에서의 예는 www.greenpeace-magazin.de/index.php?id=ka
3. www.konsummensch.net
4. www.thevacuumcleaner.co.uk
5. www.is.gd/008의 Kino-Spot도 참조

12 기업의 초상화

아디다스

1. Newsletter der Clean Clothes Campaign, 2000 November, 13.
2. 이 사건에 대해 Stern 기사 'Internatoinale Härte'에도 보도되었다, Heft 8/2006.
3. 'The Life of Football Factory Workers in Thailand', Thai Labour Campaign, 2006. 6. 30.
4. 'The Life of Football Factory Workers in Thailand', 2006. 6. 30. 보고에 대한 아디다스 그룹의 입장 표명

5. '장애물 극복, 글로벌 스포츠용품 생산에서의 임금과 노동조건 개선을 위한 전진', Play Fair, 2008.
6. www.net-tribune.de/article/210408-118.php
7. 'Adidas einer der Gewinner der Fußball-EM', Oberösterreichische Nachrichten, 2008. 6. 17.
8. 'Nike/Adidas: Kampf um den EM-Titel', Focus-Money, 2008. 6. 25.

알디

1. 알디는 재정에 관한 자료를 공개하지 않는다. 자료는 'Hart aber unherzlich'에서 인용, profil vom, 2008. 5. 26.
2. 'Die Inventur', ManagerMagazin, 2006. 3. 7.
3. 'Ein Phantom wird 85', ManagerMagazin, 2007. 3. 13.
4. 위의 문헌.
5. 'All die Textilschnäppchen-nur recht und billig?', Südwind-Institut, 2007. 5.
6. http://handel.bawue.verdi/einzelhandel/betriebe/aldi, Stand, 2008. 6.; 'Moral zum Discount-Tarif', Süddeutsche Zeitung, 2008. 4. 6.
7. 'Hart aber unherzlich', profil, 2008. 5. 26.

애플

1. Fortune Global 500.
2. http://money.cnn.com/2007/11/21/news/newmakers/power_jobs.fortune/index.htm
3. www.forbes.com/lists/2007/12/lead_07ceos_Steven-P-Jobs_HEDB.html
4. Welcome to iPod City, Daily Mirror, 2006. 6. 14.
5. www.greenpeace.org/raw/content/usa/missed-call-the-iphone-s-haza.pdf
6. www.greenpeace.org/raw/content/international/press/reports/guide-grenner-electronics-8-edition.pdf

7. www.apple.com/hotnews/agreenerapple, Stand, 2008. 6.

바이엘

1. 1t. Aktionärsbrief 1. Quartal, 2008.
2. '바이엘이 비난을 단호하게 부인했다', Süddeutsche Zeitung, 2003. 6. 6.
3. 'Die Giftfracht made in Germany', Stichwort Bayer 04/2005; www.corporate-watch.org.uk/?lid=200, www.foeeurope.org/corporates/locked/study2.htm 등등
4. www.bayercropscience.com, Stand, 2008. 6.
5. 'Die schmutzigen Portfolios der Pestizid—Industrie', Greenpeace, 2008. 6. 16.
6. 'Child Labour and Trans—National Seed Companies in Hybrid Cooton Seed Production in Andhra Pradesh', India Committee of the Netherlands, 2003. 4. 24.
7. 'Kinderaebeit und kein Ende', Magazin Stichwort Bayer, 3/2007.
8. 'Blutiger Streit um genmanipuliertes Saatgut', die tageszeitung, 2007. 10. 28.
9. 'Kohlenmonoxid vergiftet Stimmung', die tageszeitung, 2007. 8. 4.
10. www.pipeline.bayer.de
11. 'Bayer zieht Herzmittel endgültig zurück', Die Welt online, 2008. 5. 16., 그리고 Stichwort Bayer, Ausgabe 4/2007.

브리티시아메리칸토바코

1. 'Benebelt und belämmert', Südwind Magazin 9/2004.
2. 'Hooked On Tobacco', Christan Aid/DESER 2002, 'Behind the mask, The real face of corporate social responsibility', Christan Aid 2004; 'British American Tobacco(BAT): zweitgrößter Tabakkonzern der Welt'; www.unfair—tobacco.org/index.php?id=38
3. 위의 문헌.
4. 'Tabak—Lobbyverband löst sich auf', Spiegel online, 2007. 6. 29.

5. 'German Tobacco Industry's Successful Efforts to Maintain Scientific and Political Respectability to Prevent Regulation of Second Smoke', Deutsche Krebsforschungzentrum u.a., 2006. 4.

6. 위의 문헌.

7. 'Nigeria takes on tobacco giants', BBC, 2008. 1. 14.

치키타

1. 'Ecuador: Harmful Child Labour and Anti—Union Bias on Banana Plantations', Human Rights watch, 2002. 4. 25.

2. 'Bananenmulti Chiquita: Unter falscher Flagge?', Spiegel, 2006. 8. 14.

3. 'Biosiegel von 'Rainforst Alliance' trotz Chemikailien', 3sat Magazin nano, 2006. 12. 20.

4. 'Milliardenschwere Sammelklage gegen Chiquita', Focus, 2007. 11. 14., 그리고 www.heise.de/tp/r4/artikel/25/25493/1.html

5. 위의 문헌.

6. 'Milliarden—Klage gegen Chiquita', Kurier, 2007. 11. 15.

코카콜라

1. 1t. Financial Overview 2007, Coca—Cola.

2. www.stopcorporareabuse.org

3. 'Sieben Morde bei Coca Cola', Telepolis, 2001. 12. 7., 'Profitable Konzerngewalt in Kolumbien', Telepolis, 2006. 1. 6.; 'Coke sued over death squad claims', BBC, 2001. 1. 20., 'Zynische Realität', Süddeutsche Zeitung, 2006. 1. 11.

4. 'Profitable Konzerngewalt in Kolumbien', Telepolis, 2006. 4. 9.

5. www.thecoca—colacompany.com/presscenter/viewpointscolombian.html

6. 'Indien: Indigene Völker kämpfen gegen Coca—Cola', Labour Net, 2002. 5.

9.; 'Coke adds life? In India, impoverished farmers are fighting to stop drinks giant 'destroying livelihoods', Independent, 2003. 7. 25.

7. 'El Salvador: Kinderarbeit auf Zuckerplantagen', Human Rights Watsch, 2004. 6. 10.

다임러

1. 주주 구조는 이 사이트를 보라. www.eads.com/1024/de/inverstor/Stock_information/Sharenholding_structure.html, Stand, 2008. 6. 30.: 2007년까지 EADS에 22.5퍼센트의 지분을 가지고 있었던 다임러 기업이 주식의 7.5퍼센트를 판 후에도 독일 투자자 신디케이트에 옛 투표권(22.5퍼센트의 지분을 요구한다)을 그대로 유지하고 있다. 그럼으로써 다임러 기업이 EADS에 가장 영향력 있는 양대 주주로 머물러 있다. 다음을 참고하라. 'Daimler-Chrysler gibt EADS-Paket ab', Tagesspiegel, 2007. 2. 10.

2. www.dfg-vk.de/thematisches/wir_kaufen_keinen_mercedes/2008/236

3. 비판적 주주 단체의 언론 보도, 2007. 10. 11.

4. 'USA setzen Streumunition im Irak ein', 2003. 4. 1.

5. '100 Staaten einigen sich auf Streubomben-Verbot', www.tagesschau.de/ausland/streubomben10.html

6. 'CNN: Höchstes US-Gericht gestattet Klage von Apartheid-Opfern', dpa, 2008. 5. 12.

7. 'Daimler hält Klage für unbegründet', Berliner Morgenpost, 2008. 5. 14.

8. 비판적 주주 단체의 언론 보도, 2007. 4. 2.

9. 'Preis für Kampagnen zur Desinformation', Telepolis, 2007. 12. 5.

도이체방크

1. 'Korruptionswächter kritisieren Deutsch Bank', Die Welt, 2006. 12. 29.

2. 'Nijasows Geld liegt in Frankfurt', die tageszeitung, 2006. 12. 22.

3. 주1을 볼 것.

4. 'CNN: Höchstes US-Gericht gestattet Klage von Apartheid-Opfern', dpa, 2008. 5. 12.

5. www.kritischeaktionaere.de/deutsche_bank.html

6. 'Kritik an menschenverachtenden Spekulation mit Agrarrohstoffen', Bericht des Dachverband der Krituschen Aktionäre von Hauptversammlung der Deutschen Bank am, 2008. 5. 29.

7. http://www.dws.de/DE/showpage.aspx?pagelD=79, Stand, 2008. 6.

8. www.foeeurope.org/agrofuels/financers_report_May08.pdf

월트디즈니

1. corporate.disney.go.com/investors/fact_books/2007/book.html

2. 'In Chinese Factories, Lost Fingers and Low Pay', New York Times, 2008. 1. 5.

3. 'Disney violates Chinese labour laws: report', AFP, 2007. 9. 12.

4. '중국 장난감 공장의 문제가 많은 노동조건', Südwind, 2007. 12. 6.

엑손모빌

1. '엑손이 세상을 어둡게 만드는 방법', Financial Times Deutschland, 2007. 1. 11.

2. www.worstlobby.eu/2006/showinfo.php?id=3&lang=ger

3. www.exxonmobil.de/unternehmen/service/interview_stuewer.html

4. 'Indonesia: What did Mobil know?', Business Week, 1998. 12. 28; 'Time for Transparency', Global Witness, April 2004.; '고문대를 이용해', taz, 2001. 6. 23.; www.corporatewatch.org.uk/?lid=295; '아프리카 대통령이 3500만 달러짜리 호화 주택을 사다', Spiegel online, 2006. 11. 9.

5. 출처: www.erdoel-tschad.de, 'Contracting out of Human Rights: The Chad-Cameroon pipeline project', Amnesty International, 2005. 9. 7.; '엑손이 차드/카메룬 간의 파이프라인 건설로 아프리카의 자연을 파괴하다',

Greenpeace, 12/2004; '차드와 수단', Telepolis, 2006. 5. 1.; '차드 – 중앙아프리카의 새로운 주유소', www.swr.de/swr2/programm/extra/afrika/laender/printlaendertschad_babila5.html

6. '차드에 존재하는 기름: 의심스러운 축복', le monde diplomatique, 2005. 9. 16.

7. www.exxonmobil.de/unternehmen/energie/reserven/tschad/index.html, Stand, Juni 2006.

8. '이라크의 오일 콘체른: 지원–그리고 요구하다', Süddeutsche Zeitung, 2008. 6. 19.

9. '뉴욕의 눈에 보이지 않는 오일 흑사병', Der Spiegel, 2007. 2. 4.

10. '뉴욕 중심지의 거대 오일 흑사병', Die Welt, 2007. 8. 7.

H&M

1. '캄보디아 내에서의 H&M 회사의 행동 규칙', lt. Konzernhomepage, Stand Juni 2008.

2. '장애를 극복하다: 글로벌 스포츠 의류 산업에서의 임금 및 노동조건 개선을 위한 조처', Play Fair 2008, www.playfair2008.org/cocs/Die_Hurden_uberwinden.pdf

3. '어린이들의 손으로 목화를 따다', Stern.de, 2007. 11. 30.

4. 'H&M 경영참여근로자대표협의회에 대한 무관심', Spiegel online, 2008. 2. 28.

크래프트

1. www.kraftfoods.de/kraft/page?siteid=kraft–prd&locale=dede1&PagecRef=2283&Mid=2283, Stand Juni 2008.

2. 'Child cocoa workers still 'exploited'", BBC, 2007. 4. 2.; '초콜릿: 고통의 원료', Süddeutsche Zeitung, 2005. 12. 23.

3. 'Cocoa Industry Fails to Deliver on July 1, 2008 Child Labor Commitments', Internatoinal Labour Rights Forum, 2008. 6. 30.

4. www.kraftfoods.de/kraft/downloads/dede1/Kakaobroschuere_web.pdf, Stand Juni 2008.

5. '카카오는 초콜릿이 아니다', Der Standard, 2006. 12. 18.

마텔

1. www.mattel.de/cr.php?sub=global, Stand Juni 2008.
2. 'Toys of Misery, A report on the toy industry in China', National Labor Committee, 2002. 1.
3. www.theglobalreport.org/issues/161/labor.html
4. 'Toys of Misery 2007. Santa's Helpers Suffer Constant Abuse. While Making Barbie, Thomas & Friends, and Other Tous for Wal-Mart at the Xin Yi Factory in China', National Labor Committee, November 2007.
5. 'Blumner: Third-World children slave so Barbie can accessorize', Salt Lake Tribune, 2007. 2. 11., www.democracynow.org/2007/10/30/gap_mattel_speedo_wal_mart_products
6. www.mattel.com/about_us/Corp_Responsibility/cr_mimco.asp
7. '마텔이 세 번째로 장난감 리콜을 실시하다', Der Standard, 2007. 10. 22.

맥도날드

1. 'Eating Up The Amazon' 등 참조, Greenpeace International, 2006. 4. 6. '맥도날드 회사가 우림 지역을 사료로 다 써버리다', die tageszeitung, 2006. 4. 15.
2. 'Victory as fast food giant pledges to protect the Amazon', Greenpeace International, 2006. 7. 25.
3. '시민 운동: 맥도날드의 유전자공학 반대 시위', foodwatch, 2007. 9. 5.; '맥도날드가 바이오 제품을 만들다', die tageszeitung 2008. 2. 29.
4. 'McDonald's Toys: Do they manufacture fun or more exploitation?' Hong Kong Christian Industrial Committee, 2000. 8. 27.
5. 'Happy Meals, Unhappy Workers', CorpWatch, 2006. 3. 6.
6. 'The Not Exactly Happy Meal', Forbes, 2005. 5. 13.

7. 'An unhappy toy story: Unrest in China', International Herald Tribune, 2006. 7. 29.

8. '모함과 횡포: 맥도날드에 대한 강력한 비난', ZDF Frontal21, 2007. 4. 3.

마이크로소프트

1. '마이크로소프트가 더블 클릭에 대한 특허권을 신청하다', netzeitung.de, 2004. 6. 7.

2. '유럽연합 법원이 마이크로소프트의 항고를 기각하다', Spiegel online, 2007. 9. 17.

3. www.dw-world.de/dw/article/0,,2058046,00.html?maca=de-rss-de-all-1119-rdf

4. 'Unintended victims of Gates Foundation generosity', Los Angeles Times, 2007. 12. 16.; '빌게이츠재단이 대중매체 콘체른을 지원하다', 2006. 8. 21.

5. 'Dark clouds over good works of Gates Foundation', Los Angeles Times, 2007. 1. 7.

6. 위의 문헌 및 '치명적 판권', Telepolis, 2007. 8. 5.

7. 'Dark clouds over good works of Gates Foundation', Los Angeles Times, 2007. 1. 7.

8. 'Coverage of the Gates Foundation', www.latimes.com/news/la-na-gatesx-7jan07-sg,0,3151382.storygallery; '빌 케이츠 재단의 지저분한 사업: 어린이들을 감염시키는 한편 홍역 예방접종을 하다', Süddeutsche Zeitung, 2007. 1. 10.

9. '재단을 둘러싼 소용돌이: 게이츠가 지저분하게 번 돈으로 선행을 하다', Spiegel online, 2007. 1. 13.

10. 'Undermining freedom of expression in China: The role of Yahoo!, Microsoft and Google', Amnesty International, Juli 2006, http://irrepressible.info/static/pdf/FOE-in-china-2006-lores.pdf; '국제인권운동단체가 검색창 검열을 비난하다', focus online, 2006. 7. 20.

11. 위의 문헌; www.focus.de/digital/internet/suchmaschinen_aid_112273.html

12. ‘중국: 인권변호사가 야후의 데이터를 제공한 이유로 검거되다’, www.amnesty.
at/gewerkschafterInnen/china/google.htm, Juli 2006; ‘국제인권운동단체가 블
로거들을 자유롭게 하려 한다’, Spiegel online, 2006. 10. 27.

13. ‘Today, our chance to fight a new hi-tech tyranny’, The Guardian, 2006. 5. 28.

14. ‘게이츠의 훌륭한 사업’, ManagerMagazin, 2006. 4. 19.

몬산토

1. www.monsanto.de/Service/broschueren/Kompendium.pdf, Stand Juni
2008.

2. ‘몬산토: 유전공학 거물이 농업을 통제한다’, Greenpeace, April 2005; www.
greenpeace.de/fileadmin/gpd/user_upload/themen/gentechnik/greenpeace_
monsantoreport.pdf

3. 위의 문헌.

4. 일례로 ‘녹색 유전공학을 둘러싼 싸움이 계속되다’ 참조, Telepolis, 2008. 4. 8.

5. ‘Eating up the Amazon’, Greenpeace, April 2005.

6. ‘몬산토: 유전공학 거물이 농업을 통제한다’, Greenpeace, April 2005.

7. www.global2000.at/files/hg-gen-terminator.pdf

8. http://monsanto.mediaroom.com/index.php?s=59&item=136, Stand Juni
2008.

9. ‘도둑을 잡았는가?’, Telepolis, 2005. 4. 26.

10. http://monsanto.mediaroom.com/index.php?s=59&item=165, Stand Juni
2008.

11. ‘미국 법정이 베트남 오렌지 생산 희생자 중개인의 고소를 기각하다’, Spiegel
online, 2008. 2. 26.

12. ‘On India’s Farms, a Plague of Suicide’, New York Times, 2006. 9. 19.

13. http://monsanto.mediaroom.com/index.php?s=59&item=135, Stand Juni
2008.

14. www.indianet.nl/cotseed.html

15. '고리高利를 위한 어린이 노동', die tageszeitung, 2003. 7. 25.

16. Seeds of change, 2007. 9. 8, www.indianet.nl/pdf/seedsofchangefinal.pdf 참조.

17. 'Child Labor', Forbes.com, 2008. 2. 25.

18. 'Executive Responds To Child Labor Story', Forbes.com, 2008. 2. 22.

19. www.monsanto.com/responsibility/our_pledge/stronger_society/child_labor.asp, Stand Juni 2008.

20. 불쌍한 돼지-유전질을 이용한 사업, WDR, 2006. 10. 9.

21. http://monsanto.mediaroom.com/index.php?s=59&item=168, Stand Juni 2008.

네슬레

1. 제3세계 베른의 노동자 단체에 대한 1974년의 한 연구에 대한 제목을 문제 삼다. 네슬레가 명예훼손을 이유로 그 연구를 고소했다.

2. www.babymilkaction.org/resources/boycott/nestlefree.html; 'Breaking the Rules, Stretching the Rules 2007', International Baby Food Action Network, 2007. 11. 27.

3. 'Milking it', Guardian, 2007. 5. 15.; www.nestle.com/Resoure.axd?Id=BBB18D23-E029-4981-922A-E58C70970CE1, Stand Juni 2008.

4. Erwin Wagenhofer: 'We feed the World', Allegrofilm 2005.

5. '네슬레 콜롬비아 사건 업데이트(2006년 4월부터 2007년 8월까지)', Multi Watch, www.humanrights.ch/home/upload/pdf/071018_ASK_nestle.pdf; '콜롬비아-네슬레를 믿을 수 있는가?', WoZ, 2004. 1. 15., 2~3쪽, Nestlé-Dossier www.humanrights.ch/home/upload/pdf/040227_rimml_nestle.pdf; www.ila-bonn.de/artikel/268nestle.htm

6. '콜롬비아에서의 콘체른의 특권적 권력' 인용, Telepolis 2006. 4. 9., 또한 '콜롬비아: 많은 용기가 필요하다', WoZ, 2007. 2. 15.도 참조.

7. www.humanrights.ch/home/de/Schweiz/Politik'Aussenwirtschaftspolitik/
TNC/idart_3683—content.html

8. Rotpunktverlag 2005.

9. 'Securitas: un privé qui vous surveille', Temps présent, 서부 스위스 텔레비전
방송 TSR, 2008. 6. 12.; '의심스러운 배후 조종자', Sonntagsblick, 2008. 6. 22.;
'지금 여성 첩자가 말한다', Sonntagsblick, 2008. 7. 13.; '스웨덴 보안업체 세쿠리
타스가 빨리 퍼지는 법', Beobachter, 14/2008.

10. '네슬레가 아탁을 감시했다고 한다', Spiegel online, 2008. 6. 13.; '아탁에 대한 공
격', Spiegel online, 2008. 7. 9.

노키아

1. 'Day and Night at the Factory', FinnWatch u.a., März 2005, www.vientiluotto.
net/en_kiina—raportti.pdf

2. 위의 문헌.

3. '휴대전화—노동 착취 공장에 대한 연구', ORF Futurezone, 2006. 11. 28.; http://
somo.nl/html/paginas/pdf/High_Cost_of_Calling_nov_2006_EN.pdf

4. 'Investigation into SOMO claims of poor working conditions at two
Nokia suppliers', Nokia, www.nokia.com/NOKIA_COM_1/Corporate_
Responsibility/Sidebars_new_concept/Nokia_comments_on_the_SOMO_
report/somo_finalrep.pdf, 2007. 4. 16.

5. '보쿰 시를 위한 수백만 세트: 노키아가 몸값을 내고 풀려나다', netzeitung, 2008.
7. 3.

6. '노키아가 지속적 비판, 시위, 보이콧을 무시하다', netzeitung, 2008. 1. 23.

7. '72억의 수익, 2,300명의 실직: 노키아가 루마니아에 '실리콘 벨리'를 만들다',
Kurier, 2008. 1. 17.

8. '노동조합이 루마니아 내의 노키아를 '노예제'라 비난하다', Die Welt, 2008. 2. 20.

9. '루마니아: 노동조합이 노키아를 '노예제'라 비난하다', Die Presse, 2008. 2. 20.

지멘스

1. www.areva-np.com, Stand Juni 2008.

2. 일례로 참조, www.global2000at/pages/atom_klimaschutz.htm

3. www.areva-np.com/scripts/info/publiegen/content/templates/show.asp?P=1541&L=DE, Stand Juni 2008.

4. '아레바가 엔지니어를 리비아로 보내다', Handelsblatt, 2008. 7. 31.; '프랑스가 리비아와 무기 사업을 했다고 시인하다', Die Presse, 2007. 8. 3.; '독일연방정부가 사르코지와 가다피가 맺은 핵무기 협정을 비판하다', Spiegel online, 2007. 7. 26.

5. '토탈과 아레바가 동부 근교에 원자로를 공급하려 하다', dpa, 2008. 7. 9.; '프랑스가 원자핵 사업을 강행하다', Handelsblatt, 2008. 7. 10.

6. 2008. 1. 23. 비판적 주주의 언론 보도.

7. www.powergeneration.siemens.de/press/press-releases/renewable-energy/, Stand juni 2006.

8. 지멘스의 팸플릿 'Everything. Factc, Figures & References', www.energy.simens.com/cms/00000011/de/ueberuns/Documents/brochure_e_1384148.pdf

9. '400만에 이르는 중국인이 집을 잃는다고 한다', ARD Tagesschau, 2007. 10. 12.

10. 2008년 지멘스 총회를 계기로 한 비판적 주주의 상부 조직.

11. 일례로 참조, '거인 혼자서는 좋지도 나쁘지도 않다', Die Zeit, 46/1977; http:a1.siemens.com/innvation/de/publikationen/zeitschriften_pictures_of_the_future/pof_herbst_2006/nachhaltige_stadtenentwicklung/chonquing.htm

12. '이라크가 다임러와 지멘스를 고소하다', Tagesspiegel, 2008. 7. 1.; '이라크 정부가 다임러와 지멘스를 고소하다', Welt online, 2008. 7. 1.

13. '지멘스: 사담에게 수상한 지급', Reuters, 2007. 1. 3.

14. '핵보유국 브라질', Die Zeit, 1987. 1. 9.; '고물 상자에서 나온 원자핵', Die Zeit, 06/2000; '25년이나 된 낡은 원자로를 위한 30억 유로', Berliner Zeitung, 2007. 6. 19.

15. '태평한 주변', Die Zeit, 1993. 3. 12.; '좋지 않은 사업. 자동차 수출과 프로젝트 지원의 어두운 측면', urgewald Mai 2004.

16. '수렁이 생각했던 것보다 더 깊다', ARD tagesschau, 2007. 11. 8.
17. '지멘스가 간부진 급료를 30퍼센트 올리다', Spiegel online, 2006. 9. 16.
18. '지멘스의 인력 해고', n-tv, 2008. 7. 8.

•Amann, Marc: go. stop. act!, Trotzdem−Verlag 2004

Anschober, Rudi/Ramsauer, Petra: Die Klimarevolution. So retten wir die Welt. Deuticke 2007

•Attac: ABC der Globalisierung. Von 'Ästhetik des Widerstandes' bis 'Ziviler Ungehorsam'. VSA 2005

•Attac: Konzern, Kritik, Kampagne! Ideen und Praxis für soziale Bewegungen. VSA 2006

•Blissett, Luther: Handbuch der Kommunikationsguerilla. Assoziation a 2001

•Brand, Ulrich u.a.: ABC der Alternativen. VSA 2007

•Busse, Tanja: Die Einkaufsrevolution. Konsumenten entdecken ihre Macht. Heyne Verlag 2008

•Felber, Christian: 50 Vorschläge für eine gerechtere Welt. Gegen Konzernmacht und Kapitalismus. Deutticke 2006

•Le Monde diplomatique: Atlas der Globalisierung. taz 2007

•Milborn, Corinna: Gestürmte Festung Europa. Mauern. Gettos. Terror. Styria 2006

•Notes from nowhere: Wir sind überall. weltweit. unwiderstehlich. antikapitalistisch. Edition Nautilus 2007

Seifert, Thomas/Werner, Klaus: Schwarzbuch Öl, Ullstein 2008

•Stiglitz, Joseph E.: Die Chancen der Globalisierung, Pantheon 2008

•Werner, Klaus/Weiss, Hans: Das neue Schwarzbuch Markenfirmen. Ullstein 2006

•Ziegler, Jean: Das Imperium der Schande. Der Kampf gegen Armut und Unterdrückung. Pantheon 2007

•Ziegler, Jean: Wie kommt der Hunger in die Welt? Ein Gespräch mit meinem Sohn. Cbt 2002

- 다윈의 악몽Darwins Alptraum

  아프리카의 착취를 다룬 위베르 소페Hubert Sauper의 다큐멘터리. 예컨대 빅토리아 호수의 일이 사람을 경악하게 한다.

- 불편한 진실Eine unbequeme Wahrheit

  기후변화에 대한 앨 고어의 훌륭한 영화.

- 패스트푸드의 제국Fast Food Nation

  이 영화에서 리처드 링클레이터Richard Linklater가 햄버거를 먹고 싶다는 생각을 싹 가시게 만든다.

- 로저와 나Roger & Me, 식코Sicko 등등

  마이클 무어의 자본주의, 사기업화의 광기. 미국식 생활방식에 대한 비판이 재미있다.

- 슈퍼사이즈 미Supersize Me

  모건 스펄록Morgan Spurlock이 한 달 동안 맥도날드에서 식사를 한 후 결과가 좋지 않았다.

- 기업The Corporation

  콘체른을 사람이라 간주하고 관찰해보았더니, 모든 기준에서 가장 심한 정신장애를 가진 사람에 해당한다.

- 월 마트 – 싼 가격의 값비싼 대가Wal Mart - Der hohe Preis der Niedrigpreise

  세계 최대 콘체른의 비판적 초상화.

- 우리가 세계를 먹인다We feed the World

  에르빈 바겐호퍼Erwin Wagenhofer가 글로벌화하는 식품산업에 대해 제작한 훌륭한 다큐멘터리.

- 노동자의 죽음Workingman's Death

  글로벌 직업 세계를 포착한 미하엘 글라보거Michael Glawogger의 흥미로운 르포.

Klaus Werner-Lobo 18, 80, 145, 214쪽

2006 SASI Group (University Sheffield) 그리고 Mark Newman (University of Michigan) 30쪽

Österreichisches Ökologie-Institut 30쪽

wikimedia 38, 157쪽

Statistisches Bundesamt, Schäfer/WSI 2007 51쪽

Hans-Böckler-Stiftung

Michael Zumstein 72, 74쪽

ullstein bild/Reuters 88쪽

Clean Clothes Kampagne/Michaela Königshofer 114쪽

Clean Clothes 124쪽

Lisa Bolyos 148쪽

Martin Langer/Greenpeace 158쪽

Bildstelle/A. Di Loeto, Juli 2007 207쪽

Dachverband der Kritischen Aktionärinnen und Aktionäre e.V. 234쪽

ullstein bild/Still Pictures 242쪽

Bertolt Brecht, Alfabet ⓒ Bertolt-Brecht-Erben 15쪽

Bertolt Brecht, Die Dreigroschenoper ⓒ Bertolt-Brecht-Erben 129쪽

왼쪽에서 본 세계는
지금 어디쯤 왔을까?

1판 1쇄 찍음	2012년 2월 1일
1판 1쇄 펴냄	2012년 2월 7일

지은이	클라우스 베르너 로보
옮긴이	송소민
펴낸이	정혜인
편집	전상희, 천경호, 성기승
디자인	엄혜리, 이보람
책임 마케팅	심규완
마케팅	안정원
온라인 마케팅	이상혁, 한민아, 장선아
제작처	(주)상지사 P&B

펴낸곳	(주)알마
출판등록	2006년 6월21일 제406-2006-000044호
주소	(우)413-756 경기도 파주시 문발동 파주출판도시 513-8
전화	031) 955-8888(판매) 031) 955-3565(편집)
전송	031) 955-2557
전자우편	alma@munhak.com
트위터	@alma_books

ISBN	978-89-94963-26-6	03300

이 책의 내용을 쓰고자 할 때는 저작권자와 (주)알마의 허락을 받아야 합니다.

(주)알마는 문학동네 출판그룹의 인문 교양, 교육 비평, 어린이·청소년을 위한 고전 부문의 계열사입니다.
살아 숨 쉬는 인문 교양, 대안을 담은 교육 비평, 오늘 읽는 보람을 되살린 고전을 펴냅니다.